Os Grandes
INVESTIDORES

GLEN ARNOLD

Os Grandes INVESTIDORES

As estratégias dos maiores mestres na arte de investir

Tradução
Marcelo Barbão

2ª edição

Benvirá

Copyright © Glen Arnold, 2011

Tradução publicada mediante acordo com a Pearson Education Limited.

Título original: *The Great Investors*

Direção executiva Flávia Alves Bravin
Direção editorial Renata Pascual Müller
Gerência editorial e de projetos Fernando Penteado
Edição Tatiana Vieira Allegro
Produção Daniela Nogueira Secondo

Consultoria técnica Miguel Longuinio
Revisão e diagramação Join Bureau
Capa Deborah Mattos
Impressão e acabamento Bartira

| **Dados Internacionais de Catalogação na Publicação (CIP)** | |
| **Vagner Rodolfo da Silva - CRB-8/9410** | |

A752g   Arnold, Glen

Os grandes investidores: as estratégias dos maiores mestres na arte de investir / Glen Arnold ; trad. Marcelo Barbão. - 2. ed. - São Paulo : Benvirá, 2021.
   376 p.

Tradução de: The Great Investors
ISBN 978-65-5810-002-7 (Impresso)

1. Administração. 2. Investimentos. 3. Mercado de ações. 4. Finanças pessoais. I. Barbão, Marcelo. II. Título.

| | CDD 658.4012 |
| 2021-475 | CDU 65.011.4 |

Índices para catálogo sistemático:
1. Administração : Investimentos   658.4012
2. Administração : Investimentos   65.011.4

2ª edição, abril de 2021 | 2ª tiragem, junho de 2022

Todos os direitos reservados à Benvirá, um selo da Saraiva Educação.
Av. Paulista, 901, 4º andar
Bela Vista - São Paulo - SP - CEP: 01311-100

SAC: sac.sets@saraivaeducacao.com.br

CÓDIGO DA OBRA   10985   CL   671002   CAE   759810

SUMÁRIO

Existem algumas pessoas especiais que parecem possuir um talento excepcional para adquirir riqueza. Imagino que muitas conseguirão desenvolver essa habilidade e que adorariam ler análises sucintas das técnicas usadas pelos maiores investidores. Essas lições mostram como tiveram um desempenho acima da média. Fui, por isso, levado a investigar as formas como trabalham nove grandes investidores, como Warren Buffett, Charles Munger, Benjamin Graham, John Templeton, George Soros, Anthony Bolton, Philip Fisher, Peter Lynch e John Neff, fazendo perguntas do tipo: Como essas pessoas conseguiram tanto sucesso? Quais estratégias usaram para ganhar suas fortunas? Um investidor "comum" pode aprender suas técnicas?

Eu precisava explorar não só os triunfos passados dos mestres, mas também os fatores centrais que eles procuraram, além dos traços de personalidade que permitiram que controlassem a emoção e pensassem racionalmente em onde colocar seus fundos. Como esses mestres dos investimentos aperfeiçoaram habilidades mesmo com experiências amargas e triunfos a fim de desenvolver suas maneiras de acumular riqueza?

O que descobri foi que, apesar de existir muito material que fornece dicas e visões das posturas usadas pelos investidores de maior sucesso, é preciso muito tempo (e muito conhecimento) para vasculhar tudo isso. As ideias estão aí; o problema é que esses escritos, discursos, entre outros materiais, estão espalhados e geralmente desorganizados. Assim, a sabedoria essencial não está disponível de maneira fácil de assimilar. Havia a necessidade de um livro que destilasse a essência de como essas pessoas ficaram bilionárias, que apresentasse sistematicamente ideias e disciplinas centrais de uma maneira focada e acessível.

Por que esses investidores?

No começo parecia muito difícil escolher só uns poucos investidores que fossem classificados como "ótimos". Mas, quando comecei a pesquisar, descobri um alto grau de consenso dentro da comunidade de investimento sobre os que se destacam na multidão. Primeiro, essas pessoas têm um histórico de sucesso. É mais provável que seu desempenho esteja baseado em habilidades concretas que na sorte. Em segundo lugar, quando você examina suas ideias e posturas, descobre uma profunda compreensão do funcionamento dos mercados e da mente de outros investidores. Em terceiro lugar, eles têm um impressionante conhecimento das empresas e de como se formam os retornos de longo prazo. Quarto, colocaram em domínio público informações suficientes sobre sua filosofia de investimentos para que possamos ter uma ideia de elementos centrais. Resumindo, são universalmente reconhecidos como investidores líderes. Há pouca controvérsia sobre os motivos pelos quais são incluídos. Até onde sei, outros investidores não satisfazem todos os quatro critérios para inclusão. Esses são os melhores.

O que eles têm em comum?

Foi intrigante descobrir que, apesar do fato de que cada investidor desenvolveu uma postura única, há certos fatores em comum. Na verdade, a frequência com que investidores recorrem a ideias similares é bastante incrível. Aqui estão alguns dos temas comuns:

- *Analista de negócios* em vez de *analista financeiro*. As ações não deveriam ser vistas como apostas em um jogo de azar, mas como afirmações sobre uma empresa. Investidores precisam entender a empresa em si, e não focar nos movimentos dos preços das ações.

- *Lição de casa*. Você não deve só estar preparado para trabalhar duro a fim de analisar empresas individuais, mas deve desenvolver uma ampla consciência social, econômica e política.

- *Controle das emoções.* Eles desenvolveram uma força mental para evitar serem arrastados com o resto do mercado quando este fica bastante agitado ou totalmente em baixa. Investidores precisam de resiliência, autodisciplina e coragem. Haverá longos períodos em que a paciência será vital, intercalada com a necessidade de agir com decisão.

- *Consistência de postura.* Cada investidor difere do outro; mesmo assim, todos mantêm uma consistência em suas posturas durante várias décadas – mesmo quando têm anos ruins, não deixam de ter fé em seus métodos.

- *Simplicidade.* Os componentes centrais das decisões de investimento são essencialmente simples. Não complique demais. Veja a floresta, não as árvores. O verdadeiro valor de um investimento deveria ser evidente para você; assim cálculos detalhados e complexos simplesmente não são necessários para alcançar a margem de segurança necessária. Você já aprendeu na escola até o ensino médio toda a matemática de que precisa.

- *Aprendizado constante dos erros.* Até esses grandes investidores, quando já passaram dos 80 anos, aprendem coisas novas todo dia, geralmente de seus erros, que podem ser: (a) de omissão (por exemplo, Warren Buffett está sempre se repreendendo por perder uma grande oportunidade – apesar de encontrar várias outras que compensem!), (b) de decisão (comprar uma ação que acaba sendo um investimento ruim), e (c) de outros – aprenda com os erros dos outros, pois você nunca viverá tempo suficiente para cometer todos os erros. Descobrirá que os grandes investidores estão constantemente lendo e aprendendo (biografias, ciência e história das Bolsas, jornais, além de relatórios de empresas) – eles simplesmente nunca param de desenvolver a mente.

- *Autoconfiança.* A crença que eles possuem em si mesmos vem de anos de trabalho e conhecimento focado. Podem então se destacar da multidão e seguir com uma lógica própria.

- *Riscos razoáveis.* Eles não jogam. Fazem análises racionais e cuidadosas de grandes fatores de risco e fazem movimentos quando as chances estão a seu favor. Erros e infortúnios são inerentes nos investimentos – até grandes investidores erram mais de 40% do tempo. São cuidadosos para sempre diversificarem; assim, não arriscam uma grande proporção de seu dinheiro em apenas um resultado.

Essas são algumas das coisas em comum que posso pensar agora – você vai descobrir outras mais no livro.

Este livro é para mim?

O leitor típico deverá ter algum conhecimento com termos e conceitos básicos de investimento, mas isso não é necessário para ler este livro – pois ele foi escrito para ser acessível a todos os tipos de investidor, desde o relativamente inexperiente. No entanto, o iniciante pode querer consultar um livro introdutório sobre investimento para ganhar alguma familiaridade com os termos da área.

Outro grande público é o de investidores profissionais e gestores de fundos. Pode parecer estranho – eles já não conhecem essas coisas? Não necessariamente. Por que não? Muitos podem ter um conhecimento superficial das filosofias de investimento porque as universidades ensinam finanças com álgebra, e as associações profissionais gostam de material de investimento baseado em números. Normalmente, só mais tarde em suas carreiras é que percebem o quão limitado é esse currículo e só então procuram livros sobre boas posturas em investimentos. Na verdade, as ideias para cada capítulo foram pesquisadas quando me pediram que apresentasse uma série de cursos de um dia na Schroders Asset Management focados em filosofias de investimento e ineficiências do mercado de ações. Os participantes tinham vindo de cursos de treinamento formais que ensinaram as tecnicidades da valorização e os funcionamentos dos mercados. Reconheciam que precisavam aprender mais sobre filosofias de investimento bem-sucedidas.

Tenho que ler o livro em uma determinada ordem?

Não. Pode ler os capítulos na ordem que quiser. Eles foram escritos de forma a ser independentes.

Espero que gostem de ler o livro tanto quanto eu gostei de escrevê-lo.

CAPÍTULO 1

Benjamin GRAHAM

Para muitos, o maior gênio financeiro do século XX e o pai da moderna teoria de investimento. Benjamin Graham se tornou o mentor de muitos investidores famosos, incluindo Warren Buffett, que trabalhou para Graham durante dois anos. Buffett teve o primeiro contato com a forma de pensar de Graham ao ler o que ele afirmou ser "o melhor livro de investimentos já escrito", *O investidor inteligente*, quando tinha 19 anos. Mais tarde, ele se ofereceu para trabalhar de graça para Graham. Apesar da oferta, Graham não o aceitou. Buffett mais tarde brincou que ele o vira como supervalorizado, "levava esse negócio de valor realmente a sério". Graham, contudo, não acumulou uma vasta fortuna para si mesmo (uns poucos milhões). No geral, ele se voltava mais para seus vários interesses artísticos e intelectuais – mas suas ideias influenciaram a criação de muitas fortunas multibilionárias.

Graham era o principal expoente da escola de valor em investimento. Sua posição é muito mais sofisticada do que a simplista "regras de valor" seguidas por alguns apostadores de hoje. Ele se permitia olhar uma multiplicidade de fatores quando julgava o valor de uma ação. Ele fugia do simplesmente comprar uma ação porque ela caía na categoria de um baixo índice preço/lucro (P/L[1]). Ele buscava entender as características dos negócios da empresa cujas ações estava comprando e o pensamento do mercado. Combinava isso com ferramentas mentais poderosas para controlar as emoções ao investir. Se você dominar essas três áreas, será capaz de se juntar aos outros seguidores de Graham que acumularam fortunas com seus investimentos.

---

[1] O índice preço/lucro compara o preço atual da ação de uma empresa com seu último (ou prospectivo) lucro por ação, por exemplo: P/L = preço atual da ação/lucro por ação do último ano.

Há muitas coisas a aprender sobre Graham:

- Entender a diferença entre ser um investidor e ser um especulador em ações.
- Determinar os fatores centrais da análise do valor de uma ação.
- Ser independente para poder explorar a irracionalidade dos preços de mercado, em vez de ser vítima dela.
- Investir com margem de segurança – comprar não só ações que estão muito baixas, mas aquelas que estão extremamente baixas.

Os primeiros anos

Graham nasceu Benjamin Grossbaum em 1894 em Londres e mudou-se com a família para os Estados Unidos quando tinha um ano. Seu pai trabalhava na indústria de porcelana, proporcionando-lhe uma vida confortável. No entanto, em 1903, o pai morreu, e a família foi arrastada para a pobreza. Para equilibrar o orçamento, sua mãe transformou a casa em uma pensão. Precisando aumentar a renda familiar ainda mais, ela especulava com ações, inicialmente com sucesso modesto, mas perdeu tudo na quebra da Bolsa de 1907. A lição dos perigos da especulação em oposição à segurança do investimento se tornaria uma das questões principais no desenvolvimento da filosofia de Graham. Se você nunca pensou na diferença entre especulação e investimento, então uma vida inteira de reflexões de Graham sobre isso vai ajudá-lo.

Educação

Um aluno muito capaz. Graham foi ágil em seus estudos, conciliando-os com uma grande variedade de empregos comuns aos jovens estudantes. Ganhou uma bolsa de estudo integral na Universidade de Columbia, com notas altas em todas as matérias, apesar de trabalhar meio período durante todo o curso. Conseguiu se formar em apenas dois anos e meio, no final de 1914. Antes de se formar, com apenas 20 anos, foi convidado a ingressar em três departamentos diferentes na Columbia: Inglês, Filosofia e Matemática. Ele não aceitou e, apesar, ou talvez por causa, da situação financeira de sua mãe, decidiu trabalhar em Wall Street, inicialmente como mensageiro de uma corretora, depois como escriturário, analista e finalmente como sócio.

Primeiras aventuras em investimento

Em 1923, ele se juntou a ex-colegas de faculdade para criar a Graham Corporation. Em seus dois anos e meio de atuação, conseguiu uma alta porcentagem de retorno sobre o capital. Recebia um salário e uma porcentagem dos lucros. Entretanto, Graham sentia que estava sendo usado por seus sócios e que merecia uma porcentagem maior dos lucros. Convencido de que sabia tudo sobre como ganhar dinheiro em Wall Street, ele propôs renunciar ao salário, preferindo receber uma porcentagem dos lucros em uma escala variável que ia dos 20 aos 50%.

Isso levou à dissolução da Graham Corporation e à criação da Benjamin Graham Joint Account. O capital de 400 mil dólares veio do próprio Graham e de um grupo de velhos amigos. Graham continuava sendo pago de acordo com a escala variável que ele tinha proposto antes. Em 1929, o capital tinha aumentado para 2,5 milhões de libras, e o número de investidores tinha crescido, apesar de Graham se recusar a aceitar fundos de pessoas que não conhecia.

> *Ele propôs renunciar ao salário, preferindo receber uma porcentagem dos lucros em uma escala variável.*

Parceria com Newman

Jerome Newman era o irmão mais jovem de um dos amigos que Graham havia conhecido na faculdade e que tinha se formado na faculdade de Direito de Columbia. Ele se juntou a Graham em 1926, oferecendo-se para trabalhar sem salário até provar ser útil. Graham aceitou a oferta: obviamente, o rapaz foi considerado mais valioso por ele do que Buffett! Logo se destacou, e isso foi o começo de uma associação que duraria até a aposentadoria de Graham. Apesar de não serem bons amigos – na verdade, Graham tinha muitos conhecidos, mas nenhum amigo de verdade –, a dupla trabalhava harmoniosamente. Newman tinha uma cabeça excelente para as praticidades e para negociar, enquanto Graham era o cérebro por trás das novas teorias e estratégias financeiras que iriam revolucionar a forma como os investimentos eram feitos. Com o tempo, a Benjamin Graham Joint Account se transformou na Graham-Newman Corporation e a Newman & Graham. Essas empresas iriam empregar alguns dos melhores analistas de investimentos do século XX.

Wall Street

Graham entrou no mercado financeiro em uma época de grandes mudanças. Em sua autobiografia, *The memoirs of the dean of Wall Street*, escreveu: "Nos primeiros dias, o negócio de Wall Street era mais um jogo de cavalheiros, com um conjunto elaborado de regras".[2] Que cavalheiros! A ênfase era na descoberta de informações internas com pouca atenção dispensada à análise financeira. Entender as estatísticas parece um esforço perdido quando as reais influências sobre as ações estavam muito mais relacionadas às emoções humanas e aos "contatos", era o que se acreditava. No entanto, nos anos 1920, esse sistema estava começando a declinar, e em seu lugar estavam aparecendo as ferramentas modernas de análise financeira. Graham foi pioneiro desse novo regime, usando sua inteligência privilegiada para analisar títulos.

[2] GRAHAM, B.; DODD, D. *Security analysis*, p. 34-5.

Ele desenvolveu sua filosofia de procurar ações que estavam sendo vendidas bastante abaixo do valor real. Para fazer isso, tinha de aprender a analisar o valor subjacente de uma empresa. Depois de muito esforço, descobriu os elementos-chave, que, ao serem encontrados, geram confiança na obtenção de bons retornos de uma forma conservadora. Depois que você sabe como avaliar, pode comprar as ações subvalorizadas. E, tão importante quanto, evitar as sobrevalorizadas. O crescimento acelerado em todos os setores da economia e as tendências de alta que o acompanharam foi o momento perfeito para Graham e suas novas teorias. Ele desfrutou de um período de triunfos financeiros que levaram a um forte aumento do seu padrão de vida.

Carreira acadêmica

Em 1927, Graham estava pensando em publicar suas teorias em um livro, que acabaria sendo publicado, em parceria com David Dodd, com o nome de *Security analysis*, que deu ao mundo a noção de investimento de valor e especialmente a escola "Graham-Doddsville" de pensamento. Nunca saiu de catálogo desde sua primeira publicação em 1934. Antes de escrever o livro, para testar suas ideias, ele resolveu dar aulas na Universidade de Columbia. Seu curso foi um sucesso e marcou o início de 40 anos de magistério e palestras em várias universidades como trabalho paralelo ao mercado financeiro. Graham era um verdadeiro erudito, conhecedor de vários campos e idiomas. E tinha uma real curiosidade em aprender. Além de gerir sua empresa e sua carreira acadêmica, ele ainda encontrava tempo para escrever várias peças de teatro, uma das quais foi produzida. Atuou ainda como especialista em valorização em importantes julgamentos. Escreveu poesia; e, claro, em 1949, *wligente*. Como o trabalho anterior, esse livro foi um best-seller mundial: até hoje está no alto das listas de vendas. Eu o recomendo.

Primeiros contratempos

Graham era do tipo de investidor que colocava *relativamente* a segurança em primeiro lugar no final dos anos 1920. Apesar disso, também admitiu ter sido influenciado pela maioria:

> Estava convencido de que sabia tudo – ou pelo menos tudo que precisava saber sobre como ganhar dinheiro em ações e títulos –, que eu dominava Wall Street, que meu futuro era tão ilimitado quanto minhas ambições. Eu era muito jovem, também, para perceber que sofria de um grave caso de húbris.[3]

Durante a Grande Quebra de 1929-32, os até então lucrativos investimentos de Graham amargaram perdas de quase 70% do capital. Isso mudou sua atitude em relação às posses materiais e ele resolveu não ser levado por gastos que não podia bancar. Nunca mais quis ser manobrado ou motivado pela ostentação e luxos desnecessários. Mais do que isso: Graham refletiu profundamente sobre o período 1928-29 para tentar descobrir quais foram os erros fundamentais. Concluiu que investidores tinham se convertido em especuladores. Na verdade, a palavra investidor não deveria ser aplicada a eles. Tinham distorcido ideias equivocadas de valores de investimentos e se afastado de princípios centrais. Esqueceram que é preciso muita cautela para avaliar ações se a ideia é ter uma postura segura. Avaliações baseadas em projeções de lucros podem ser bastante duvidosas, e os ativos tangíveis deveriam receber mais atenção. Vamos explorar essas ideias mais adiante.

Graham sentiu-se com um compromisso de honra de trabalhar bem para as pessoas que ainda confiaram seu dinheiro a ele. Não quis receber salário durante a Depressão e batalhou para recuperar o dinheiro dos investidores. Juntando os cacos depois da queda e começando em 1933 com um capital de clientes de apenas 375 mil dólares, a Graham-Newman

---

[3] GRAHAM, B. *The memoirs of the dean of Wall Street*, p. 190.

Corp. conseguiu um lucro de 50% em 1933. Continuou até alcançar um dos melhores recordes de investimentos a longo prazo dos 20 anos seguintes e a aposentadoria de Graham em 1956. Durante um "bom período de anos", seus clientes tinham ganhado ao redor de 20% bruto por ano e 17% depois da dedução das taxas de administração da Graham-Newman. Um desempenho cerca do dobro do retorno do mercado.

Desenvolvimento de uma teoria de investimento

Graham rejeitou a visão antiquada de que investidores que não queriam correr riscos deveriam aceitar baixos retornos em seus investimentos. Era possível conseguir altos retornos combinados com baixo risco, mas só se os investidores tivessem conhecimento suficiente dos princípios básicos de investimento (em vez de especulação) e conhecimento de setores da economia e análise de empresas (um interesse genuíno em como as empresas funcionam). Também era necessário que o investidor ganhasse experiência com o tempo já que a escola de investimento é difícil e você precisa estar aberto para sempre continuar aprendendo com seus erros. Finalmente, era preciso que os investidores controlassem suas emoções. A análise de valor deve ser o foco central, e o investidor deve aprender a evitar ser carregado pelo humor passageiro e pelos modismos dos apostadores em ações. Evitar se tornar muito exuberante exatamente no momento errado ou muito deprimido e desesperançado também no momento errado.

Como ser um investidor inteligente

Tendo sofrido consideráveis perdas na Grande Depressão, Graham posteriormente fez o máximo para evitar qualquer tipo de especulação, baseando-se, em vez disso, na sua teoria de análise financeira com uma atitude "de busca, reflexiva e crítica". Ele enfatizou a importância de uma análise abrangente e detalhada que levaria a investimentos que davam um retorno satisfatório com uma margem de segurança. Qualquer operação que não concordasse com esses critérios, era desdenhada por ele como especulativa. A Figura 1.1 mostra as características centrais de uma "operação de investimento" de Graham.

Figura 1.1 Exigências de Graham para uma operação de investimento seguro

É importante notar que Graham falou de uma operação de investimento, não de ações isoladas. Seu raciocínio é que uma ação em particular pode ser considerada como um investimento a um preço se existir uma margem de segurança grande o suficiente entre o valor analisado e o preço pelo qual os investidores estão atualmente vendendo no mercado, mas seria especulativo a um preço maior em que houvesse uma margem de segurança insuficiente. Uma ação pode também ser um bom investimento se for parte de um portfólio, mas não seria suficientemente segura se comprada sozinha. Para Graham, a segurança sempre vem em primeiro lugar.

Ele foi impreciso sobre o significado de "retorno satisfatório". Avisou que não devíamos esperar retornos acima do normal, a menos que você conheça tanto sobre o título em questão quanto saberia sobre uma empresa que fosse sua. E desencorajou investidores a tentar jogadas de curto prazo para vencer o mercado porque acreditava firmemente que não havia uma forma confiável de ganhar dinheiro fácil e rapidamente, seja nos mercados financeiros ou em qualquer outro. Em uma lição inicial, Graham estava tentando avisar contra o excesso de otimismo e ganância que poderia varrer indivíduos, encorajando-os a abandonar sólidos investimentos para especular em ações que parecem oferecer a perspectiva de rápida valorização. A ironia é que Graham, seguindo sua postura pessimista e com ênfase na segurança, sempre ganhou acima do mercado. Ao não procurar retornos absurdamente altos, mas concentrando-se em princípios de bons investimentos em um sistema disciplinado, ele conquistou resultados extraordinariamente atípicos.

> *A ironia é que Graham, seguindo sua postura pessimista e com ênfase na segurança, sempre ganhou acima do mercado.*

As quatro seções seguintes discutem ideias centrais de Graham que podem transformar aqueles que as entendem de especuladores em investidores de valor: análise completa, margem de segurança, valor intrínseco e controle de emoções diante das flutuações de mercado.

Análise completa

Investidores inteligentes deveriam ser capazes de analisar uma empresa. Isso começa com a interpretação de um relatório financeiro da companhia e a compreensão de sua posição. Na teoria, tentar estimar os ganhos futuros de uma empresa significa simplesmente juntar os dados do passado e projetá-los para o futuro. Na prática, isso não é uma tarefa simples. Há muitos fatores a levar em conta, incluindo a posição financeira da empresa, a qualidade de sua direção, sua posição estratégica, seu histórico de dividendos e o montante pago em dividendos, mudanças da taxa de juros e perspectivas para o futuro.

Quando se olha para as contas de uma empresa, é preciso manter uma mente cética e ler as notas contábeis porque a diretoria (e contadores complacentes) tem uma tendência a pintar uma visão cor-de-rosa. Além do mais, Graham não confiava em projeções futuras. Ele disse que, apesar de ser fácil extrair qualquer coisa de estatísticas para analisar números do passado, a dificuldade de fazer previsões futuras (especialmente o crescimento dos lucros de uma empresa) significa que não pode existir excesso de confiança em nenhuma fórmula. Ele tinha presenciado tantas projeções de lucros excessivamente otimistas no final dos anos 1920 transformadas em poeira que, apesar de reconhecer que o investidor deveria tentar estimar os lucros futuros, ele colocaria muito mais peso nos números comprovados do passado e muito menos no valor de expectativa envolvido em qualquer projeção futura.

Quando analisava uma empresa, Graham identificava dois elementos diferentes: quantitativo e qualitativo. A análise quantitativa é direta, sendo estatística e baseada em fatos registrados classificados por Graham como:

* o valor de mercado atual da empresa como foi determinado pelos investidores (quantidade de ações *versus* preço);

* lucros e dividendos do passado;

* ativos e passivos; e

* estatísticas de operação, como a eficiência do controle de inventário.

Toda essa informação está geralmente disponível por meio de material publicado e é uma tarefa razoavelmente tranquila para um analista competente. A intensidade da análise depende das circunstâncias. Por exemplo, o detalhe e o escrutínio necessários para considerar a compra de um título de dívida de mil dólares é muito menor do que os necessários para a compra de milhões de ações.

A arte da análise bem-sucedida é ser capaz de distinguir entre dados importantes e irrelevantes. Você precisa desenvolver a capacidade de se concentrar no que é essencial e está escondido sob uma massa de dados. Os elementos que são "essenciais" variam de setor para setor. Por exemplo, quando julgar um varejo em um ambiente estável, o histórico de cinco anos de vendas e lucros pode fornecer mais indicações sobre a atratividade das ações. Mas, quando chega às empresas de exploração de petróleo, o histórico de cinco anos pode ser tão enganador quanto iluminador, porque os fatores principais para os lucros futuros estão relacionados ao preço mundial de petróleo e à taxa de poços perfurados, que podem ser radicalmente diferentes no futuro em relação ao passado.

A análise qualitativa é muito mais difícil de realizar. Apesar de Graham reconhecer que fatores qualitativos eram muito importantes na avaliação, estava consciente de que avaliações precisas eram difíceis e susceptíveis a serem vistas por meio de óculos cor-de-rosa, como em 1929. O dado é menos tangível e inclui variáveis como a natureza do negócio, a competência de sua diretoria e suas perspectivas futuras. Apesar de ser bem fácil entender quais são esses fatores qualitativos, não é totalmente fácil observá-los ou interpretá-los com sucesso. Você não vai encontrar essa informação nos relatórios da empresa e deve olhar outras fontes; é muito comum isso simplesmente ser uma questão de opinião de alguém. Graham comentou que os elementos desse tipo de análise são muito importantes, mas também muito difíceis de lidar de maneira inteligente. A maioria das pessoas tem noções razoavelmente definidas do que é "uma boa empresa" e do que não é. Essas visões são baseadas parcialmente nos resultados financeiros, parcialmente no conhecimento de condições específicas na indústria e parcialmente também em suposições e tendenciosidades.[4]

Você provavelmente tenha percebido que é fácil encontrar uma boa empresa, mas é difícil analisar as razões qualitativas para seu sucesso, e até mais complicado prever seu comportamento futuro usando análise qualitativa. O desempenho do passado pode ter uma influência menor sobre o desempenho futuro. Graham encontrou numerosos investimentos ótimos em empresas que eram vistas como "empresas

---

[4] GRAHAM, B.; DODD, D. *Security analysis*, p. 34-5.

ruins" situadas em "setores ruins", que por isso eram evitadas pelo resto do mercado. Entretanto, ele também observou empresas com registros superiores sendo arrematadas a níveis absurdos quando os investidores migravam para as ações glamourosas antecipando lucros ainda maiores. A conclusão tirada pela generalidade dos investidores pode ser bastante errada porque condições anormalmente boas ou más não duram para sempre, tanto para empresas individuais quanto para todo um setor da economia. Há forças corretivas que levam empresas com baixo desempenho a melhorar seus lucros e outras empresas com altas expectativas a desapontarem. Acadêmicos chamam isso de reversão à média. Não é que empresas ruins troquem de lugar com as que têm desempenho excelente, mas somente que as ruins não continuam a declinar e podem até crescer para a média enquanto as últimas ações "que cresceram" caem de seus pedestais quando rivais entram no mercado, a mudança tecnológica ou algo mais diminui o crescimento esperado. Olhamos as razões que Graham deu para a expectativa que muitas das "caídas" cresçam mais tarde.

Para Graham, o fator mais importante na análise qualitativa era a inerente estabilidade dos negócios. Mais uma vez, ele estava procurando segurança, e ambientes empresariais instáveis não permitem análises que poderiam, em qualquer sentido importante, serem vistas como tendo uma margem de segurança. Ele cita a comparação entre a Studebaker, uma fabricante de carro, e a First National Stores, uma cadeia de supermercados. A cadeia de supermercados tinha lucros constantes e crescentes, mas não espetaculares, enquanto os lucros da automotiva, apesar de maiores, mostravam um grau maior de flutuação, o que seria esperado nessa indústria cíclica. Graham, portanto, achava que a cadeia de supermercados era um investimento mais sólido por causa da sua estabilidade inerente, que permitia ter um desempenho melhor nos próximos anos, barrando qualquer política de expansão temerária. O que podíamos tirar disso é que algumas indústrias possuem tal grau de incerteza inerente em relação a sua previsão, que é impossível, com qualquer noção de segurança, analisá-las. Então, a menos que você tenha um conhecimento excepcional de, digamos, softwares de computadores ou desenvolvimentos na web, nem tente adivinhar. Existe uma legião de imponderáveis. A computação por nuvem vai dominar o mercado de PC? Um site de rede social vai triunfar sobre o outro? A Apple será capaz de manter o fluxo de produtos incríveis que seus competidores não conseguirão copiar? Porém, mudanças no mercado de refrigerantes ou chocolates serão, provavelmente, pequenas, por isso a demanda futura e a posição competitiva dos líderes atuais podem ser avaliadas com certo grau de confiança.

Para tentar pensar da forma correta ao analisar profundamente o mercado de ações, Graham aconselhava que deveríamos imaginar que estamos comprando uma parcela de uma empresa. Melhor ainda: você deveria estimar seu valor como se fosse o dono de toda a empresa. Faça a pergunta: quanto vale a empresa? Se estivesse comprando uns 10% das ações de uma empresa por US$ 250 mil, o primeiro processo mental que você deveria fazer é multiplicar a quantidade por dez para ver se o valor de toda a empresa é algo razoável – ela vale US$ 2,5 milhões? Quando olhar para uma empresa, você deve considerar os ativos que estão sendo oferecidos, a força de seus recursos financeiros e seu potencial de lucro. As mesmas considerações deveriam ser aplicadas quando estiver considerando um investimento na Bolsa. Infelizmente, uma grande parte dos investidores foca sua atenção em outro lugar: as ações de telecomunicações vão aumentar no mercado? O que os últimos números do PIB dizem sobre para onde está indo o mercado de ações nos próximos seis meses? Focar nas empresas permite que você evite o erro de considerar somente as perspectivas de curto prazo para o movimento das ações. Geralmente fatores de curto prazo desfavoráveis pesam muito sobre o preço de mercado de uma ação. Esses eventos temporários têm pouca importância sobre o valor fundamental da empresa e, ainda assim, os corretores no mercado jogam peso no preço. É como deixar de lado um varejo com excelente potencial a longo prazo e com uma posição fantástica no mercado e ótima direção simplesmente porque o resultado do próximo trimestre será baixo, pois há uma obra na rua em frente à loja. A Bolsa de Valores pode ser direcionada por notícias negativas temporárias e deprimir de forma pouco razoável o preço das ações.

Na visão de Graham o mercado não é uma máquina racional fazendo cálculos precisos, mas coloca preços depois de processar a mente de todos os seres humanos, que têm uma tendência a distorcer fatos e usar raciocínios equivocados devido a falhas cognitivas, problemas de memória ou emocionais. Como resultado, ele insistia aos investidores que fizessem seus próprios cálculos de valor e não fossem guiados por um mercado que estabelece preços não depois de pesar as evidências, mas como resultado dos votos (compra e venda) de milhares de indivíduos com problemas: "O mercado de ações é uma máquina de votos em vez de uma máquina de análise".[5] Você deve ter uma linha independente baseada em um raciocínio sólido. Avaliar criticamente os fatos sobre a empresa. Para isso, precisa de conhecimento de como as empresas funcionam. Também precisa de coragem para agir quando a maioria pensa que você está errado. Buffett disse sobre Graham que seu investimento não tinha a ver com modismos. "Ele sempre procurava o investimento mais sólido, e acho que o bom investimento pode deixá-lo rico se você não tiver muita pressa, e nunca o deixa o pobre, o que é ainda melhor."[6]

Apesar da defesa de Graham em relação a ter independência de pensamento, tome cuidado sobre sempre escolher a linha contrária ao mercado, porque ele nem sempre está errado – está frequentemente correto. O analista independente e crítico deve prestar muita atenção ao julgamento do mercado, mas permanecer separado quando for necessário.

Margem de segurança

A ênfase de Graham na segurança é um dos fatores-chave que Warren Buffett aprendeu de Graham. O valor deve estar bem acima do preço

---

[5] GRAHAM, B.; DODD, D. *Security analysis*, p. 452.
[6] Discurso de Warren Buffett na New York Society of Security Analysis em 6 de dezembro de 1994.

pago, então, mesmo se o título comprado for menos atrativo do que parecia no momento da análise, ainda é possível obter um retorno satisfatório. A margem de segurança é análoga à margem de capacidade excedente construída em pontes ou navios, o que é mais do que o necessário para aguentar tudo o que é normal, e até eventos anormais imagináveis. Graham nos manda comprar títulos que não estão só com o preço mais baixo do que o valor calculado, mas estão bem abaixo.

Houve momentos na história da Bolsa de Valores, como o crescimento de 1972, em que Graham declarou publicamente que havia uma margem de segurança inadequada. Em 1972, seu raciocínio era de que, embora o poder estimado de ganho das ações estivesse maior do que a taxa de retorno dos títulos do governo, a diferença não era o bastante (resultando em um custo suficientemente grande, por causa dos altos preços das ações) para garantir uma margem de segurança, dada a vulnerabilidade do retorno sobre o patrimônio para quedas no ambiente empresarial. Assumir o risco não era suficientemente compensador. Isso foi julgado profético depois da forte queda de 1973-74. Os investidores em 1972, como os de 1929, negligenciaram a necessidade de padrões de valor bem estabelecidos e se asseguraram de que os preços pagos não estivessem muito perto da linha de corte, já que isso significaria que os bons valores estavam muito perto dos ruins. Na verdade, os valores bons deveriam estar bem abaixo daquela linha.

Especuladores parecem criar novos padrões no momento, normalmente baseados nos preços atuais. Assim, se o mercado passou por uma fase ascendente, os especuladores recalibram o que consideram um preço razoável. Independentemente do quão alto continue a ser o preço dominante, ele continua a ser uma medida de valor para o especulador irrefletido.

No geral, os especuladores operam sob a crença de que as chances estão a seu favor, que eles têm uma "sensibilidade" para o mercado e que, portanto, estão operando com uma margem de segurança. Mas a sua crença não é subscrita por nenhum tipo de raciocínio factual e não há margem de segurança. No entanto, um bom investidor vai basear suas escolhas em análises completas e interpretações de dados estatísticos reais, e a margem de segurança é o produto de seu esforço inteligente.

Não posso oferecer uma fórmula ou uma regra simples para decidir se uma ação oferece uma margem suficiente de segurança. Você precisa pensar em termos de proteção provável contra perdas sob todas as condições ou variações normais ou razoáveis. Lembre-se: você não deve apostar em toda ação que estiver à venda. Investir não é como o beisebol, em que você tem três tentativas e então é eliminado. No investimento você pode manter a posição por muito tempo deixando a maioria das bolas passar porque elas não têm margem de segurança suficiente. É só quando está realmente convencido de que o mercado está oferecendo algo que está bem abaixo da sua estimativa de valor que você dá uma tacada. Só dê a tacada quando a bola estiver no ponto certo.

Valor intrínseco

Valor intrínseco é um conceito que Graham enfatizava muito. Ele via isso como uma ideia elusiva, mas apesar de sua imprecisão é essencial que o investidor consiga estimá-lo. O mais próximo que ele chegou a uma definição era dizer que era o valor da empresa para o proprietário privado. É o preço pelo qual uma ação deveria ser vendida se recebesse um preço apropriado em um mercado normal. Quer dizer, um preço justificado pelos fatos. Esses fatos incluem ativos, ganhos, dividendos e perspectivas definidas.

O conceito é difícil de aplicar de uma forma que se possa chegar a um único número. Analistas tentaram. No começo pensava-se que seria o mesmo que o valor de balanço contábil (depois que os ativos tivessem sido ajustados para refletir o preço justo). Isso tinha sérias limitações — os valores patrimoniais das corporações geralmente têm pouca relação sistemática com os lucros e, portanto, com os valores. Algumas empresas têm um valor patrimonial negativo, mas produzem grandes lucros e possuem um preço alto na Bolsa; outras têm grandes quantidades de ativos, poucas dívidas, mas baixa rentabilidade.

Uma visão alternativa, apoiada por Graham, foi ver o valor intrínseco como sendo determinado pelo poder de ganho. Novamente, isso é muito difícil de estabelecer com qualquer nível de precisão. Examinar os lucros do passado (a média, a tendência de crescimento ou declínio) é de algum uso, mas deve haver uma boa base para acreditar que a tendência é um bom guia para o futuro se a simples extrapolação for usada. Em muitos casos, a plausibilidade dessa suposição é fraca. Apesar das dificuldades, é necessário de alguma forma derivar expectativas de lucros futuros nos quais você tiver confiança.

> *O valor deveria ser gritante para você.*

Graham disse que não é necessário ter um número exato; precisamos somente estabelecer se o valor é inadequado ou consideravelmente maior do que o preço de mercado. Graham, que não era famoso por ser politicamente correto, diria que se você visse um homem gordo caminhando pela rua não precisava pesá-lo para concluir que é gordo. O valor deveria ser gritante para você.

Os analistas deveriam trabalhar em termos de uma ampla margem de valores intrínsecos para uma empresa, em vez de um número único. Por exemplo, em 1922, Graham designou um valor intrínseco entre US$ 20 e US$ 40 para a Wright Aeronautical. Para a mais arriscada Case, em 1933, a margem era muito mais ampla, de US$ 30 a US$ 130. Podem parecer margens incrivelmente amplas comparadas com as estimativas precisas de valor feitas por empresas de corretagem hoje em dia, mas as margens amplas de Graham refletem mais precisamente a realidade do investimento. Hoje, como em 1922, é impossível ser preciso sobre o valor de uma ação porque ela depende do dinheiro futuro que vai para os acionistas e isso depende de muitos fatores, de novos produtos ao comportamento das empresas concorrentes, e esses elementos geralmente são bastante suscetíveis à mudança. É por isso que deveríamos insistir em uma grande margem de segurança – só comprar abaixo do limite inferior estimado de valor intrínseco.

Flutuações de mercado

Investidores inteligentes em ações deveriam tentar tirar vantagem das flutuações e não ficar muito preocupados com elas. Ficar amigo das flutuações de mercado é uma das três lições mais importantes que Warren Buffett aprendeu de Graham (as outras duas foram olhar as ações como pequenos pedaços das empresas e a margem de segurança). O grau de flutuação que vemos nos mercados de ações não tem lógica, e o mercado geralmente entende tudo errado. Investidores deveriam ignorar as inumeráveis previsões da imprensa e não deveriam ser persuadidos a agir por conta delas. Graham não tinha fé em nenhum método de previsão de mercado e achava absurdo pensar que previsões de mercado poderiam de alguma forma levar a ganhos importantes com o tempo – elas podem funcionar de vez em quando, mas irão, na média, desapontar. Não perca tempo lendo o que algum prognosticador diz sobre como o mercado ou quanto uma ação vai variar nos meses seguintes. Quando vir essas pessoas na TV ou na imprensa, lembre-se de que elas não têm a menor ideia, mas são pagas para ter uma opinião.

Empresas reconhecidas como bem-sucedidas geralmente são aquelas com maior flutuação de preços nas ações. Por exemplo, a Microsoft tem tido décadas de rendimentos impressionantes e viu suas ações subirem e caírem por amplas porcentagens. Isso não significa que a Microsoft tem um futuro incerto, mas que o mercado de ações sobrevalorizou as ações em vários momentos.

Você pode usar as flutuações de preço a seu favor porque elas abrem a oportunidade de comprar de forma inteligente quando os preços caem bastante e vender também de forma inteligente quando elas avançam muito. No resto do tempo, quando o preço das ações não está nem na zona em que faz sentido comprar com uma margem de segurança nem na zona de venda, o melhor é você simplesmente esquecer o mercado de ações e prestar atenção aos dividendos e aos resultados operacionais anuais que estão sendo produzidos pela empresa. A visão desdenhosa de Graham sobre os especuladores do mercado e as oportunidades que eles trazem, com seu comportamento maníaco-depressivo, é lindamente expressa na parábola do Sr. Mercado:

> Imagine que em alguma empresa privada você possua uma parte pequena que custou US$ 1.000. Um dos seus parceiros, chamado Sr. Mercado, é muito prestativo. Todo dia ele diz o quanto acha que vale seu investimento e assim se oferece para comprar sua parte ou para vender outra parte com base naquele valor. Às vezes a ideia de valor que ele tem parece plausível e justificada por avanços na empresa e perspectivas, como você sabe. Geralmente, porém, o Sr. Mercado permite que seu entusiasmo ou seus medos tomem conta, e o valor que ele propõe parece um tanto quanto bobo. Se você é um investidor prudente ou um empresário sensível, vai deixar a comunicação diária do Sr. Mercado determinar sua visão do valor de um investimento de US$ 1.000 na empresa? Só se concordar com ele, ou caso você queira negociar com ele. Pode estar feliz em vender a ele quando cotizar um preço ridiculamente alto, e igualmente feliz em comprar quando seu preço for baixo. Mas o resto do tempo será mais inteligente ter ideias próprias de valor sobre seus investimentos, baseados em relatórios completos da empresa sobre suas operações e posições financeiras.[7]

---

[7] Edição atualizada com comentários de Jason Zweig: GRAHAM, B. *The Intelligent Investor*, p. 204-5. [Ed. bras.: *O investidor inteligente*.]

Especulação

As pessoas geralmente pensam que os títulos se dividem entre aqueles que são inerentemente especulativos (por exemplo, os derivativos) ou aqueles que possuem características de investimentos inerentes (por exemplo, os títulos de dívida). Uma segunda suposição é que a divisão é entre aqueles que trabalham a longo prazo ("investidores") e os que compram e vendem rapidamente ("especuladores"). Graham desafiou esse tipo de pensamento superficial, dizendo que ninguém estava certo. O que importa é a atitude mental da pessoa que está comprando. Um especulador está principalmente preocupado com a antecipação e o lucro das flutuações de mercado, enquanto um investidor está focado na empresa em si, avaliando-a e comprando com uma margem de segurança sem correr riscos absurdos para conseguir objetivos de lucros pouco razoáveis.

A filosofia de Graham tinha tudo a ver com esforço inteligente, não adivinhações. Ele reclamava que a indústria de serviços financeiros era responsável por promover a especulação, com seus corretores e outros comentaristas sempre enfatizando as perspectivas a curto prazo de uma empresa em termos de movimento de preços na Bolsa de Valores, em vez das perspectivas expressas em termos da força da empresa. Será que as coisas mudaram muito, me pergunto? A combinação de "profissionais" do mercado financeiro e um público investidor muito animado, mas com poucas informações, pode até empurrar ações fortes e relativamente estáveis para uma situação especulativa se elas se tornarem desnecessariamente populares; isso já aconteceu com as ações da Microsoft, IBM, General Electric e Intel em vários momentos de suas histórias.

Especulação pouco inteligente e especulação inteligente

Em seus últimos trabalhos, Graham se afastou da simples divisão de investir e especular e reconheceu que há um aspecto especulativo para qualquer investimento porque estamos falando de incertezas futuras e, portanto, abertos a erros e perdas, mas insistia que a especulação deveria ser inteligente. O investidor deve manter o fator especulativo dentro de limites menores. Ele caracterizava a especulação pouco inteligente da seguinte forma:

- comprar e vender quando você não tem o conhecimento apropriado e a habilidade para isso;
- arriscar mais dinheiro do que pode perder;
- ignorar o material quantitativo;
- enfatizar a expectativa das recompensas de uma especulação bem-sucedida em vez de uma análise considerada da sua capacidade de agir de forma inteligente.

A especulação inteligente exige um foco na informação que é quantificável pelo cálculo das probabilidades. Ao trabalhar sobre a experiência do analista, uma ponderação cuidadosa dos fatos vai levar à medição das chances de sucesso. Se as chances estiverem bastante a favor do sucesso da operação, então seguir em frente seria inteligente. A ação teria de ser comprada a um preço que permitiria que uma margem de segurança abaixo da variação de valor encontrada por meio da estimativa fosse realmente uma especulação inteligente.

A especulação pode ser divertida e ocasionalmente lucrativa, mas as visões de Graham sobre o especulador médio deixam pouco espaço para dúvidas em relação a suas opiniões da esperteza deles:

> O público especulativo é incorrigível. Em termos financeiros não consegue contar além de 3. Compra qualquer coisa a qualquer preço, se existir alguma "ação" em progresso. Vai se apaixonar por qualquer empresa identificada com "franquia", computadores, eletrônica, ciência, tecnologia ou o que você tiver, se estiver na moda.[8]

---

[8] Edição atualizada com comentários de Jason Zweig: GRAHAM, B. *The Intelligent Investor*, p. 436-7.

Você precisa ser capaz de olhar para si mesmo criticamente e ter certeza de que tem a capacidade de especular de modo inteligente. Tem um verdadeiro interesse em empresas e como elas operam? Tem o tempo necessário para realmente entender a empresa e seus rivais? Pode segurar suas emoções quando o mercado é irracional, exuberante ou pessimista? É muito fácil cair na armadilha de se persuadir de que está especulando de modo inteligente quando, na verdade, está especulando com pouca inteligência, com pouca análise dos títulos comprados.

Algum fracasso deve ser esperado até entre os melhores investidores (especuladores inteligentes). Mas, quando uma posição não segue o caminho que você esperava, lembre-se sempre de que, mesmo se o seu nível de fracasso for tão alto quanto quatro em cada dez, ainda estará na superliga. Não se repreenda se um investimento der errado. Se você for realmente um especulador inteligente, então pode entender os fracassos dentro do alto grau de erro inerente a esse tipo de atividade. A compra fracassada de uma ação não o coloca na categoria de especulador pouco inteligente se você estudou de forma suficiente e usou bons julgamentos.

Direção e governança

Graham tinha uma visão robusta de como deveria ser o relacionamento entre acionistas e a diretoria da empresa. Acionistas deveriam ser "enérgicos" em sua atitude em relação à diretoria. Eles deveriam ser generosos em relação àqueles que estão realmente fazendo um bom trabalho, mas exigir explicações claras e satisfatórias quando os resultados parecem ser piores do que deveriam ser. Deveriam estar dispostos a apoiar movimentos para melhorar ou remover claramente diretorias improdutivas.

> *Acionistas deveriam ser "enérgicos" em sua atitude em relação à diretoria.*

Hoje em dia, geralmente é mais difícil livrar-se de figuras falsas da forma como Graham cita em seus livros, mas há muitas razões pelas quais os acionistas precisam ser vigilantes, pois a má administração pode ser muito inventiva em como enganar e cobrir sua incompetência. Há três problemas com diretorias. Em primeiro lugar está a desonestidade pura, que é geralmente difícil de detectar, mas, como você não pode fazer uma dedução quantitativa quando calcula o valor levando em conta a possibilidade de uma diretoria inescrupulosa, a única solução é evitar todas as situações em que suspeite de fraudes. O segundo é a honestidade combinada com a incompetência – acionistas deveriam estar em guarda e não simplesmente assumir que a diretoria é competente. Em terceiro está a situação em que gerentes são, em geral, honestos, no sentido comum e competentes na administração da empresa, mas são apenas humanos e sujeitos à pressão causada por conflitos de interesse. Essa é uma forma de gerenciamento das mais sutis. Em muitas decisões centrais, os gerentes são partes interessadas, e o cuidado é não lhes dar carta branca. Cuidado com a prioridade de não acionistas sobre o seguinte:

- diretoria escondendo informações de acionistas, usando a desculpa de que poderia beneficiar os concorrentes – dessa forma eles podem manter uma vantagem tática sobre os acionistas;

- a diretoria se beneficia da expansão da empresa por meio do aumento dos salários ou do *status*;

- a diretoria é recompensada por ações ou bônus que não alinham incentivos com os melhores interesses dos acionistas;

- a diretoria continua a dirigir a empresa apesar de ser mais interessante aos acionistas se a empresa for recortada ou até liquidada, com o capital sendo retornado aos acionistas;

- a diretoria tem controle do pagamento de dividendos – veja a seção seguinte.

Quando empregadores privados contratam uma equipe, eles naturalmente procuram pessoas que confiam. No entanto, isso não significa que eles permitem que os contratados determinem seus próprios salários ou decidam quanto capital deveriam colocar na empresa dela.

O pagamento de dividendos

Graham ficava especialmente perturbado por empresas cuja diretoria ocultava dividendos desnecessariamente por razões inadequadas. Os lucros deveriam ser retidos e reinvestidos na empresa somente onde existisse uma boa razão para esperar que elas produzissem uma taxa satisfatória de retorno. O caso é que geralmente os lucros retidos por empresas para expansão são menos benéficos para os acionistas no futuro do que esse mesmo lucro distribuído como dividendos. É um problema altamente complexo, sem uma fórmula simples, já que a diretoria de cada empresa deve agir da melhor maneira para aquela empresa em particular, mas nós, como acionistas, devemos observar suas ações e pesar suas explicações, e sempre lembrar que estamos procurando diretores que entendam que uma corporação é somente uma criação e propriedade de seus acionistas. Os maiores executivos devem mostrar humildade ao aceitar que são meramente os colaboradores pagos dos acionistas com os diretores como agentes de confiança, cujo dever legal é agir somente em nome dos donos da empresa.

Acionistas

Acionistas deveriam ter uma voz importante na direção das empresas nas quais investiram, mas muitos deles não têm:

> É um fato notório, porém, que o típico acionista é o mais dócil e apático animal em cativeiro. Ele faz o que a diretoria manda, e nunca pensa em reafirmar seus direitos individuais como dono da

empresa e empregador de executivos. O resultado é que o controle efetivo de muitas, talvez da maioria, das grandes corporações é exercido não por aqueles que juntos possuem a maioria das ações, mas por um pequeno grupo conhecido como "a diretoria".[9]

Seria ótimo afirmar que as coisas melhoraram. Mas elas não melhoraram nem perto do que precisam – ainda há muitos animais dóceis por aí.

Por ser ele mesmo um acionista, Graham estava disposto a usar sua posição para beneficiar todos os acionistas. No final dos anos 1920, ele sentiu o gosto de usar sua posição como acionista para mudar as políticas de uma empresa. Seu fundo tinha ações da Northern Pipeline, uma empresa que estava vendendo a somente US$ 65 por ação, mas pagando um dividendo de US$ 6. Além disso, tinha um caixa equivalente a US$ 95 por ação, do qual quase tudo podia ser distribuído a seus acionistas sem causar problemas às operações. Isso sim que é uma barganha! Ao comprar com critério as ações da Northern Pipeline e mais tarde ganhar a maioria dos acionistas para seu ponto de vista, Graham foi capaz de forçar o presidente e a diretoria, que não queriam, a distribuir os fundos para os acionistas contra as expectativas de Wall Street, que achava que os acionistas simplesmente não podiam exercer essa quantidade de influência sobre uma empresa.

Ações valorizadas

Para Graham, ações valorizadas são aquelas que *realmente* tiveram um bom resultado no passado (em crescimento de renda por ação) e espera-se que continuem fazendo o mesmo no futuro. O termo ação

---

[9] GRAHAM, B.; DODD, D. *Security analysis*, p. 508-9.

valorizada não deveria ser aplicado a empresas que possuem um registro de lucro comum (ou não) em que o investidor meramente espera que ela ganhe mais do que a média no futuro – essas deveriam ser chamadas "empresas promissoras".

Graham entendeu que, apesar do risco envolvido, as ações valorizadas podem ser uma atração real para o investidor, oferecendo a chance de lucrar a partir de seu crescimento. Entretanto, a própria atração tende a aumentar o preço da ação, que pode crescer de forma desproporcional em comparação com os ganhos médios e lucros, somente para cair consideravelmente em uma depressão do mercado. Ele cita o exemplo da IBM, que já foi uma ação excelente, rendendo muitos lucros a seus acionistas, mas que, no começo dos anos 1960, perdeu 50% de seu valor e quase a mesma porcentagem no final da década. Para enfatizar a sua posição, Graham também dá o exemplo da Texas Instruments, que em seis anos cresceu de US$ 5 a US$ 256, sem pagar um dividendo, enquanto o lucro aumentou de US$ 0,40 a US$ 3,91 por ação. Note que o preço avançou cinco vezes mais rápido do que os lucros; isso é característico das ações populares. Entretanto, nos dois anos seguintes, os lucros caíram quase 50% e o preço foi reduzido em 4/5 chegando a US$ 49. Então depois do conselho de Graham, o investidor consciente seguro deveria ficar longe das ações reconhecidamente valorizadas. Enquanto ele admite que pode haver ganhos espetaculares a serem feitos quando se compram as ações corretas no momento correto e depois quando são vendidas no momento correto, ele acha que o investidor médio tem tanta possibilidade de fazer isso quanto de encontrar dinheiro crescendo em árvores.

É extremamente difícil saber quanto pagar por uma ação que oferece ganhos em rápido crescimento; assim obter qualquer grau de confiabilidade nos retornos é pouco provável. A projeção

> *O investidor consciente seguro deveria ficar longe das ações reconhecidamente valorizadas.*

de lucros futuros baseados em tendências do passado é algo cheio de incerteza; modificar a tendência o deixa aberto a autocrítica de arbitrariedade. É muito frequente os analistas serem persuadidos a extrapolar uma tendência esquecendo que o impacto do aumento da competitividade pode diminuir a trajetória de crescimento – ou até eliminá-la. A maioria das ações valorizadas é de tecnologia e quaisquer projeções de crescimento no rastro da ciência são fundamentalmente um exercício qualitativo.

Graham concluiu que o crescimento do investimento estava em um estágio pré-científico por causa da incapacidade de encontrar projeções conservadoras (pecando pelo lado da modéstia) de lucros futuros e, portanto, análises racionais e margens da segurança não poderiam ser aplicadas. Em contraste, o valor da ação menosprezada ou em oferta por uma barganha poderia geralmente ser estabelecida para ver se está sendo vendida a um preço que garante alguma proteção contra o efeito de erros de cálculos ou pior do que a sorte média. Aqueles que compram baseando-se em previsões de crescimento não estão procurando valor por dinheiro em termos concretos e demonstráveis enquanto aqueles que compram baseados na proteção contra desenvolvimentos adversos estão. Perspectivas e promessas de futuro não compensam a falta de valor suficiente na mão.

Graham não exclui a possibilidade de que alguns analistas individuais poderiam ser inteligentes e astutos o suficiente para escolher ações valorizadas cujo preço atual não reflita já os melhores prognósticos. Mas ele via essas qualidades como raras e aconselhava os investidores a evitar tentar competir com essas pessoas altamente dotadas e focadas. Em vez disso, o investidor inteligente e dotado deveria procurar o que é mais sábio. Isso significa que, em vez de visões brilhantes sobre o ambiente econômico futuro e as qualidades gerenciais de uma corporação, o analista deveria ser meramente competente tecnicamente, experiente e prudente.

As três posturas de Graham para o investimento

Graham desenvolveu três posturas relacionadas para investimento – o valor atual do investimento, o investimento de valor defensivo e o investimento de valor empreendedor – cada um com certos fatores essenciais, (ver a Figura 1.2). Sempre o fator mais importante foi a boa análise da empresa e a avaliação das ações a serem compradas.

Figura 1.2　Posturas de Graham em relação aos investimentos

Investimento em ativos correntes
- O valor líquido atual dos ativos da empresa
- Fatores qualitativos
- Alta diversificação

Investimento defensivo (ou passivo)
- Somente análise quantitativa
- Grandes empresas, bem financiadas, com pagamentos contínuos de dividendos
- Índice P/L moderado
- Alguma diversificação

Investimento empreendedor (ou agressivo)
- Fatores quantitativos
- Valor qualitativo dos lucros futuros da empresa
- Intenso escrutínio de umas poucas empresas
- Baixa diversificação

Investimento sobre valores dos ativos correntes

Esse tipo de investimento foi a base do sucesso de Graham nos anos 1930 e 1940. Ao analisar informes financeiros, ele descobriu que havia muitas empresas cujas ações estavam subvalorizadas em relação aos ativos líquidos mostrados no balanço. Ele procurava ações que eram vendidas por menos do que o capital de giro líquido da empresa, quer dizer, o valor dos ativos correntes depois da dedução de todas as suas dívidas, tanto as circulantes quanto as de longo prazo. Graham estava atento para as possíveis racionalizações do mercado, justificando por que as empresas vendem por menos do que o valor de seu capital de giro líquido, mas frequentemente achava que eram inadequadas. Na realidade, os fatores negativos não causavam detrimento suficiente para a força financeira da empresa a ponto de justificar a queda tão baixa dos preços das ações – pelo menos esse era o caso da maioria das ações dentro de um portfólio de ações desse tipo.

Ele pegava os ativos correntes sem colocar nenhum valor em ativos fixos, intangíveis ou de reputação (*goodwill*), deduzia todas as dívidas e dividia isso pelo número de ações, chegando assim a um Valor Líquido dos Ativos Correntes (NCAV, *Net Current Asset Value,* na sigla em inglês) por ação. Se isso era mais do que o preço da ação real, então, as ações da empresa estavam subvalorizadas e, portanto, eram sérias candidatas ao investimento. No entanto, há outro estágio de análise: depois que uma empresa mostra seus elementos quantitativos, os qualitativos estão dirigidos, e um investidor se sentirá pronto para investir. Quando uma ação que está sendo vendida por menos do que seu NCAV é descoberta, o analista deveria verificar que seu lucro está estável, suas perspectivas são boas dada sua posição estratégica e ela possui uma boa equipe na diretoria – veja a Figura 1.3.

Figura 1.3 Investimento sobre o valor de ativos líquidos correntes

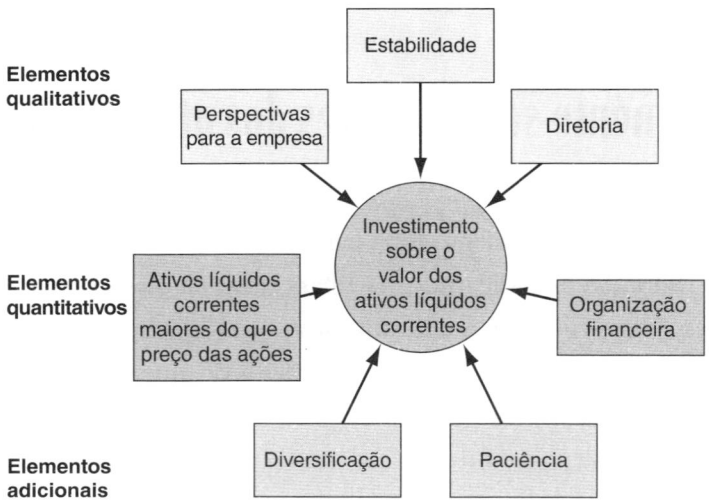

Por que surgem essas oportunidades? É realmente verdade que você pode encontrar empresas tão desvalorizadas que suas ações vendem menos do que seu valor de liquidação? A possibilidade de isso acontecer parecia desafiar a lógica, mas acontecia na época e hoje também. Em seu livro *Security analysis*, Graham dá numerosos exemplos de empresas que estavam nessa situação. Nos anos 1930 e 1940, e, novamente, nos 1970, Graham ficou espantado com a quantidade de recursos líquidos em algumas das empresas cujas ações estavam sendo vendidas a um preço baixo; descobriu que eram empresas estabelecidas cujos ativos de longo prazo, como terras e edifícios, ou patentes e marcas, estavam pouco valorizados. Em um artigo em *The journal of investing* de 2008, Ying Xiao e eu demonstramos que essa visão funcionou quando aplicada às ações do Reino Unido no período 1981-2005, e as pesquisas realizadas em outros países confirmam que barganhas existem ali também, mesmo em tempos modernos.

Há três áreas principais em que erros são cometidos e que podem levar a ações seriamente subvalorizadas:

1. O mercado de ações está fundamentalmente equivocado em seu julgamento da lucratividade das empresas e sobre as perspectivas de sobrevivência.

2. A diretoria tem se equivocado em atividades que destroem valor e que gradualmente acabarão com os ativos da empresa.

3. Acionistas erram em sua atitude em relação à propriedade deles. Não estão forçando a diretoria a colocar a empresa na direção correta.

Parecia que muitos participantes do mercado de capitais perdem o hábito de olhar os balanços e focam todos os seus testes de valor nos demonstrativos de resultado ("DRE"). Aquelas que possuem baixo (ou nenhum) lucro no curto prazo são menosprezadas até que as ações mudem de mãos por uma fração do valor que pode ser realizado com a venda dos ativos. Eles parecem assumir que os ativos líquidos estão simplesmente distantes, fora de seu alcance e, assim, o valor deles é irrelevante. Acham que os ativos são de pouca importância prática, já que a empresa não tinha intenção de liquidá-los. Existe a antecipação da dissipação continuada dos ativos da empresa se a diretoria continuar a tomar más decisões de investimento de capital. Em muitos casos, estão certos, como já vimos com muitas ações da internet na última década.

Por que os preços devem subir?

É possível, porém, que você lucre com os erros feitos e encontre uma barganha, mas quais razões teria para pensar que as ações aumentariam de valor?

Em épocas de queda de mercado, os compradores de ações ficam com medo de que haja coisa pior por vir; que uma alta proporção de empresas citadas não vá conseguir sobreviver, vão desperdiçar recursos em sua luta e depois morrer, deixando os acionistas sem nada. Isso é exatamente o que acontece com dezenas de empresas. Graham aceitava isso, mas acreditava que uma proporção suficiente das empresas que estavam sendo evitadas recuperaria o valor, então, comprar um portfólio valeria a pena. Ele acreditava que o pessimismo do mercado pode ser indiscriminado. Na corrida para a saída, as pessoas largam ações que possuem boas perspectivas de recuperação, com as verdadeiras porcarias.

> *Ele acreditava que o pessimismo do mercado pode ser indiscriminado.*

Em 1932, ele fez uma pergunta retórica:

> É verdade que uma em cada três empresas está destinada a continuar perdendo dinheiro até os acionistas não terem nenhum título? Em todas as probabilidades, ela (a Bolsa de Valores) está errada, como sempre esteve em seus grandes julgamentos do futuro.[10]

---

[10] GRAHAM, B. Is American business worth more dead than alive? Inflated treasuries and deflated stocks: are corporations milking their owners? *Forbes*, 1º jun. 1932.

Suas razões para esperar um retorno da maioria dessas empresas são as seguintes:

- Os setores se recuperam de recessões: em uma área superlotada, com muitos fornecedores com preços baixos, algumas empresas fracassam deixando as sobreviventes com uma parte maior de um mercado melhorado com lucros maiores.

- A diretoria pode mudar suas políticas ou ser substituída, permitindo que a empresa navegue por uma rota mais lucrativa. Os diretores em muitas dessas empresas com baixo desempenho acordam e percebem que precisam melhorar – afinal o emprego deles está sob ameaça. Eles escolhem métodos de produção mais eficientes, introduzem novos produtos, abandonam linhas pouco lucrativas. Às vezes os acionistas precisam pressionar e forçá-los a assumir uma estratégia mais comercial focada no retorno dos acionistas. Os acionistas podem substituir a equipe atual para fazer isso.

- Empresas podem ser vendidas ou tomadas e seus ativos mais bem usados. O lance oferecido vai dar um aumento satisfatório ao preço da ação.

- A diretoria de uma empresa que vende abaixo do valor de liquidação deve fornecer uma justificativa franca aos acionistas para continuar. Se uma empresa não vale mais do que seu valor de liquidação, então os acionistas podem querer dissolvê-la. Se ela vale mais do que seu valor de liquidação, isso deveria ser comunicado ao mercado.

Valor dos ativos

Graham não estava preparado para aceitar lançamentos contábeis por seu valor literal quando estimava o valor atual dos ativos líquidos. Ele costumava lembrar aos analistas que, quando se calcula o valor de liquidação, você deveria olhar as responsabilidades como reais, mas os ativos como valores questionáveis. As responsabilidades deveriam ser deduzidas com seu valor literal, enquanto os ativos deveriam ser ajustados de acordo com o que mostramos na Tabela 1.1.

Tabela 1.1 Fatores de ajuste para valores de ativos

Tipo de ativo	% da liquidação do valor registrado	
	Amplitude normal	Média estimada
Ativos atuais:		
Ativos descontáveis (incluindo títulos a preço de mercado)	100	100
Recebíveis (menos reservas normais)	75–90	80
Inventário (ao menor valor de custo ou de mercado)	50–75	$66\frac{2}{3}$
Ativos fixos e variados:		
(Imóveis, prédios, máquinas, investimentos não comercializáveis, intangíveis etc.)	1–50	15 (aprox.)

Situação financeira

O estudo dos relatórios financeiros é de grande importância para o analista. Lucros e dividendos atuais satisfatórios, ou um histórico de bons lucros, são essenciais, mas não necessariamente um indicador de desempenhos futuros. Apesar de defender que uma tendência do passado é um fato e que uma tendência futura é só uma suposição, Graham reconheceu que o desempenho do passado pode dar dicas para o futuro. Se cem empresas que tiveram lucros médios de US$ 10 por ação nos últimos dez anos estiverem agrupadas e outro grupo de cem está formado com lucros médios de apenas US$ 1 por ação, há boas razões para esperar que o primeiro grupo informe lucros agregados maiores do que o segundo nos próximos dez anos. Lucros futuros não são determinados inteiramente por sorte ou por habilidades gerenciais competitivas.

As maiores influências serão provavelmente as mesmas que dominaram no passado, incluindo fatores como a quantidade de capital que a empresa tem à disposição, a experiência da equipe de gerência (ou tecnológica) e a reputação que estabeleceu com clientes e fornecedores.

O poder de ganho é um conceito importante, mas deve ser tratado com cautela. O poder de ganho realmente não são os lucros atuais. Graham dizia que ele derivava de uma combinação de ganhos reais mostrados durante um período de anos (5-10 anos) e uma estimativa de lucros futuros. O último é o "lucro médio esperado" por algum período no futuro. Ao examinar o passado e considerar o futuro, deveríamos ter em mente a média de lucros durante um período de anos porque condições anormais podem se referir a alguns anos em particular, levando a uma visão distorcida do poder de ganho devido a fatores como o ciclo de negócios. Lucros subjacentes poderiam também ser obscurecidos por inclusão ou exclusão de interesses em empresas afiliadas ou controladas, ou por mudanças na política em relação à depreciação ou a reservas para contingências. Depende dos analistas diferenciarem entre lucros médios normais e lucros médios que apresentam um elemento não recorrente e que afeta os números.

Outros fatores a serem considerados na situação financeira que podem ajudar na avaliação da posição da empresa incluem estatísticas de produção e de custos, capacidade da empresa para entregar pedidos, pedidos não entregues, maquiagem de ativos e estrutura dos passivos (Quando as várias dívidas precisam ser pagas? Que tipo de dívida? etc.). Perdas rápidas de ativos disponíveis (por exemplo, dinheiro e contas a receber) são um sinal de perigo, especialmente se não há nenhuma sugestão de que essas quedas estejam terminando.

Os fatores qualitativos

Graham insistia que os fatores quantitativos não podem ser vistos como conclusivos. Devem ser confirmados por uma pesquisa qualitativa da empresa. Ao analisar a natureza do empreendimento, o analista pode ter algumas indicações do prazo até quando os lucros da empresa podem voltar a subir se estiverem em uma depressão temporária.

Essa análise qualitativa foca no seguinte:

- posição competitiva da empresa dentro de sua indústria;
- as características operacionais da empresa;
- as características de gerenciamento;
- as perspectivas para a empresa;
- as perspectivas do setor econômico do qual ela faz parte.

Apesar de Graham afirmar que era importante estudar essas áreas qualitativas, ele não forneceu muitas dicas para ajudar o leitor a examinar a natureza da empresa e suas perspectivas futuras. É possível ficar um pouco cético se Graham na verdade deu algum peso aos elementos qualitativos. Ele não queria se afastar demais dos fatos objetivos. Então, para julgar a qualidade gerencial, ele geralmente voltava ao registro de lucros em vez de fazer uma análise mais qualitativa.

As cicatrizes infligidas pelos anos 1930 fizeram com que ele se sentisse desconfortável para se basear em qualquer julgamento. Olhava para a base de fatos. A opinião é muito vulnerável à persuasão na paixão do momento. Assim, temos algum grau de contradição na escrita de Graham. Fatores qualitativos são muito importantes, mas, como são não quantificáveis, são subjetivos, por isso, não podem ser vistos como "fatos". Portanto, o analista não deveria colocar muito peso neles, a menos que tenham alguma ligação com dados quantificáveis. Em outras palavras, o investidor não pode confiar em seu próprio julgamento na avaliação das características mais importantes de uma empresa: suas vantagens competitivas e a qualidade da gerência. Afinal, Graham argumentaria, investidores em 1928-29 acreditavam que poderiam prever com precisão futuros brilhantes para muitas empresas, e mais tarde descobriram que estavam se iludindo. A mensagem de Graham parece ser de que fatores qualitativos são vitais, mas você precisa ser muito cauteloso ao interpretar os resultados, então, provavelmente precisa voltar aos fatos quantitativos.

Para evitar basear-se muito na análise qualitativa das mudanças futuras na posição competitiva da empresa/setor ou nas características operacionais da empresa, ele recomendava que nos con

> *Fatores qualitativos são vitais, mas você precisa ser muito cauteloso ao interpretar os resultados.*

centrássemos em empresas inerentemente estáveis; aquelas que eram relativamente simples de entender e que não operam em um cenário de rápida mudança. Essa confiabilidade/estabilidade ficará evidente nos últimos registros estatísticos da empresa, mas isso não é de jeito nenhum suficiente porque considerações qualitativas podem anulá-las completamente – talvez uma desconfiança sobre a diretoria ou um erro de posicionamento estratégico causem a rejeição.

Diversificação e paciência

Investimentos NCAV exigem que o investidor tenha diversificação porque algumas das empresas podem não conseguir e muitas não cumprirão com as expectativas. Nos anos 1930 e 1970, era possível construir um portfólio de cem ou mais dessas empresas. Hoje, você poderia encontrar entre cinco e 20 em algum momento em um mercado de ações grande, assim, não é possível conseguir muita diversificação usando só essa estratégia de investimento. Eu sugiro que você combine essa postura com outras, assim terá diversidade de estratégias bem como estratégias internas. Em outras palavras, não destine todo o seu dinheiro às poucas ações que parecem desvalorizadas em seu NCAV.

Depois de compradas, o investidor precisa controlar sua impaciência se as ações não avançam logo depois da aquisição. Pode levar anos para o mercado reconhecer o valor fundamental de uma ação NCAV. Seria muita infelicidade vender porque nada está acontecendo – assim que você fizer isso, crescerão as chances de que as ações sejam revalorizadas. Em nosso estudo de 2008 descobrimos que ações NCAV continuaram a ter um desempenho melhor do que o mercado por uma grande margem no quarto ou quinto ano de investimento.

Então, se você conseguir encontrar uma empresa que esteja:

- vendendo abaixo do NCAV;

- dirigida por pessoas honestas e competentes que vão trabalhar duro para evitar a dissipação de ativos; e

- mostrou lucros altos e estáveis no passado com probabilidades de continuar no futuro.

Você encontrou uma barganha nos investimentos sem a necessidade de chegar à precisão nos pontos decimais. No final, o mercado vai reconhecer seu verdadeiro valor. Enquanto isso, você pode desfrutar o alto grau de segurança que possui uma ação com poucas chances de perdas de valor principal.

Investimento defensivo

Seguindo com sua teoria de investimento em valor de ativos líquidos atuais, Graham desenvolveu suas ideias ainda mais e formulou duas outras visões baseadas nos princípios fundamentais de valor intrínseco e margem de segurança: investimento defensivo (ou passivo) e investimento empreendedor (ou agressivo). Aqueles que optam por investimento defensivo podem esperar, geralmente, um retorno meramente normal ou "satisfatório". Em vez dos retornos excepcionalmente altos eles focam em: (1) segurança e (2) distância de preocupações. Há uma lista de verificação simples que leva a pouco esforço e à ausência da necessidade de tomar decisões frequentes. O investidor empreendedor, porém, vai, se for alerta, inteligente e habilidoso, conseguir retornos acima do normal. A principal diferença nos dois tipos de investimento é a quantidade e a qualidade de esforços inteligentes usados pelo investidor empreendedor, para quem um alto nível de esforço bem direcionado significa reduzir riscos e aumentar a recompensa.

Figura 1.4   Exigências para empresas em um portfólio defensivo

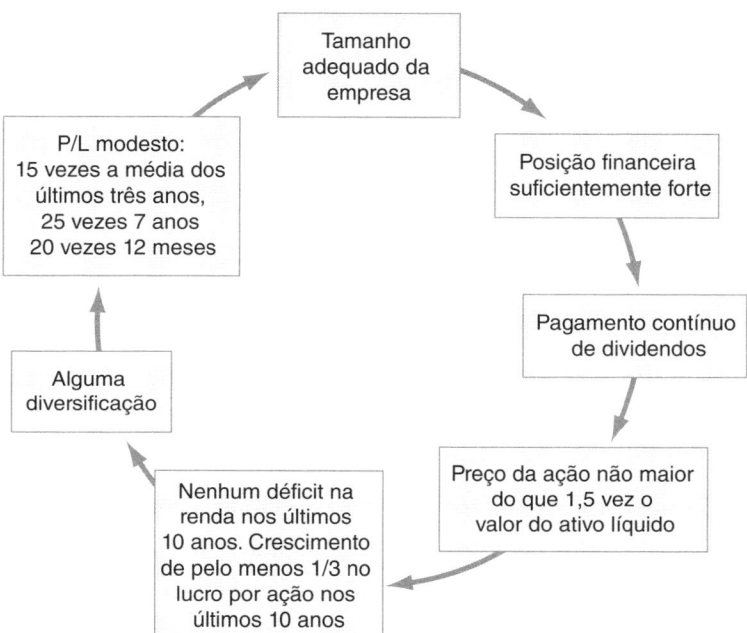

Investimentos defensivos devem ser feitos por investidores que não têm o tempo livre ou a capacidade de passar muito tempo sobre seu portfólio. Todos os critérios são quantitativos e os sites de finanças modernos têm facilitado muito a pesquisa entre todas as ações em um mercado e a separação de todas aquelas que não se encaixam nos critérios. As exigências para a seleção de ações do investidor defensivo estão mostradas na Figura 1.4.

• Cada empresa deveria ser grande, proeminente e importante: empresas pequenas estão, geralmente, sujeitas a mais do que as vicissitudes normais. (Ele usaria o terço superior em cada indústria como um limite.)

• As empresas estão em uma forte posição financeira. Procure empresas cujos ativos atuais sejam o dobro do valor dos passivos circulantes; cujas dívidas de longo prazo sejam menores do que os ativos correntes líquidos.

- A empresa deve ter um histórico contínuo de pagamento de dividendos nos últimos 20 anos.

- O preço da ação não deveria estar muito acima do valor dos ativos líquidos no balanço: Graham usava a cifra de 1,5 vez sobre o último valor de balanço.

- As empresas deveriam ter lucros em todos os últimos dez anos, e o lucro por ação deve ter aumentado pelo menos 1/3 nos últimos dez anos.

- Ele achava que deveria ter alguma diversificação, mas não muita, e recomendava algo entre dez e 30 ações de diferentes empresas.

- O índice preço/lucro deveria ser moderado. Em seus escritos, ele às vezes usava 15 vezes a média de lucros dos últimos três anos, outras vezes usava 25 vezes a média sobre sete anos ou 20 vezes as de um ano.

Essas exigências são muito restritivas, e Graham percebeu que empresas que atendiam a todos esses critérios seriam poucas e muito distantes entre si, mas era sua intenção eliminar empresas que (1) fossem muito pequenas para serem estáveis, (2) tivessem condição financeira relativamente fraca, (3) mostrassem pouca confiabilidade em seus registros de déficits, e (4) não tivessem um longo histórico de dividendos contínuos. Graham sabia que suas regras excluíam quase todas as ações em crescimento, mas achava que isso fosse um exemplo razoável a tomar, dado que as ações em crescimento tinham maior probabilidade de ser investimentos arriscados.

Apesar de eu ter dito antes que é possível filtrar a partir de uma lista com todas as ações até encontrar as poucas que respondem a todos os critérios do investimento defensivo, os acadêmicos que fizeram isso terminaram com bem poucas ações – poucas demais para conduzir testes estatísticos sobre desempenho. As regras são restritivas demais quando tomadas em conjunto. Os poucos estudos que olharam para o investimento defensivo diminuíram o número de exigências para só as três ou quatro que os autores consideram as "mais importantes". Assim, não temos nenhum teste apropriado de eficácia sobre essa postura. Apesar da falta de provas, parece razoável propor que se você encontrar ações que respondam a essas exigências será capaz de comprar uma barganha e deveria ganhar bem. Pode não ser, no entanto, bem diversificado, assim, é possível fazer isso de outras formas. Por exemplo, somente direcionar entre um terço e metade de todo o seu portfólio a essa postura se só encontrar algumas poucas ações que se adaptem.

Investimento empreendedor ou agressivo

Nas exigências para investimentos empreendedores (ver Figura 1.5), Graham propõe que critérios similares aos usados no investimento defensivo sejam o ponto de partida, mas ele relaxa seus limites e muda as ênfases. Se, por exemplo, uma empresa não conseguiu ter lucro há três anos, mas atua satisfatoriamente em todos os outros testes, então suas ações poderiam ser consideradas para compra. Ele dispensa o critério das grandes empresas porque, se grupos de pequenas empresas são comprados, isso garante segurança suficiente.

Figura 1.5 Investimento empreendedor de Graham

Assim como exige julgamento informado para pesar a importância de dados estatísticos, o analista precisa estimar os lucros médios sobre um período de anos no futuro. A estimativa do poder de ganho futuro pode ser determinada pelo conhecimento do volume físico do passado, preços praticados e margem de operação. Suposições então precisam ser feitas em relação a perspectivas de crescimento futuro. Isso nos leva muito mais a uma análise qualitativa, exigindo um conhecimento de posições estratégicas de empresas e um julgamento da qualidade e a decência dos diretores. Claramente o investimento empreendedor exige muito mais trabalho e pensamento do que a postura defensiva. Porque isso exige um alto nível de conhecimento, faz sentido concentrar seus esforços naquelas corporações ou indústrias em que você tem um conhecimento ou interesse especial. Isso vai ajudar a aumentar sua competitividade sobre outros analistas, uma visão que os outros não têm.

A intensidade da análise exigida significa que pouca diversificação é sensível – confina seus esforços para poucas ações em empresas (menos de dez) cujo futuro você acha que conhece bem. É melhor se concentrar naquelas que você sabe que serão altamente lucrativas, em vez de diluir seus resultados a um número medíocre, meramente para diversificar. A recompensa para adquirir e usar esse conhecimento especializado é melhor do que a média de retorno que é conseguida pelo investidor defensivo.

Graham insistia que a postura não colocava o investidor muito longe do investimento no contínuo entre investimento e especulação. Só ações que não estão claramente sobrevalorizadas usando medidas conservadoras e que respondem a testes objetivos e racionais de solidez subjacente são permitidas na hora de considerá-los para compra.

Todavia, ele fez um aviso àqueles que tentam o investimento empreendedor sem possuir as habilidades ou o tempo necessários. Não tentem isso se quiserem dispensar só um pouco de esforço extra, conhecimento e inteligência à atividade. Se fizer uma tentativa hesitante de investimento empreendedor então em vez de conseguir um pouco mais dos resultados médios, pode muito bem descobrir que está pior. As pessoas geralmente ficam tentadas a acreditar que, como qualquer um pode conseguir um retorno médio do mercado simplesmente comprando um portfólio representativo médio do mercado, se um pouco de esforço extra for aplicado, então é relativamente fácil ganhar do mercado. Pessoas experientes, no entanto, vão dizer que há muitas pessoas inteligentes que tentaram isso e fracassaram.

Ao contrário do que pode ser espera-do, o investimento de empreendedor de Graham não envolve correr mais riscos do que o investimento defensivo, mas essa afirmação se baseia na suposição de

Não tentem isso se quiserem dispensar só um pouco de esforço extra, conhecimento e inteligência à atividade.

que o investidor está habilitado para a análise qualitativa, e é capaz e está disposto a colocar a quantidade de trabalho necessária. Quanto mais esforço intelectual for colocado em análise, menor o risco de perdas e maior o retorno do investimento (ver Figura 1.6).

Um investidor não deveria tentar ser um investidor empreendedor simplesmente pela possibilidade de maiores recompensas, quando não está totalmente equipado com competência, dedicação e conhecimentos essenciais. O esforço exigido para ser um investidor empreendedor bem-sucedido é tanto que você precisa ver isso como um empreendimento e não como um *hobby*. Dado que a maioria das pessoas que investe em ações só pode devotar uma pequena parte de seu tempo e esforço mental para escolher empresas cujas ações provam valer a pena comprar, pareceria aconselhável que participassem em investimentos defensivos ou de valor ativo líquido (NCAV) e estejam preparados para aceitar retornos satisfatórios oferecidos por essas posturas. É provável que comprometer a postura produza mais desapontamentos em vez de conquistas. O tema constante que perpassa os conselhos de Graham a um candidato a investidor empreendedor é sempre a aplicação de tempo e esforço; sem isso, não há possibilidade de bons investimentos com uma margem adequada de segurança.

Figura 1.6   Retorno e risco

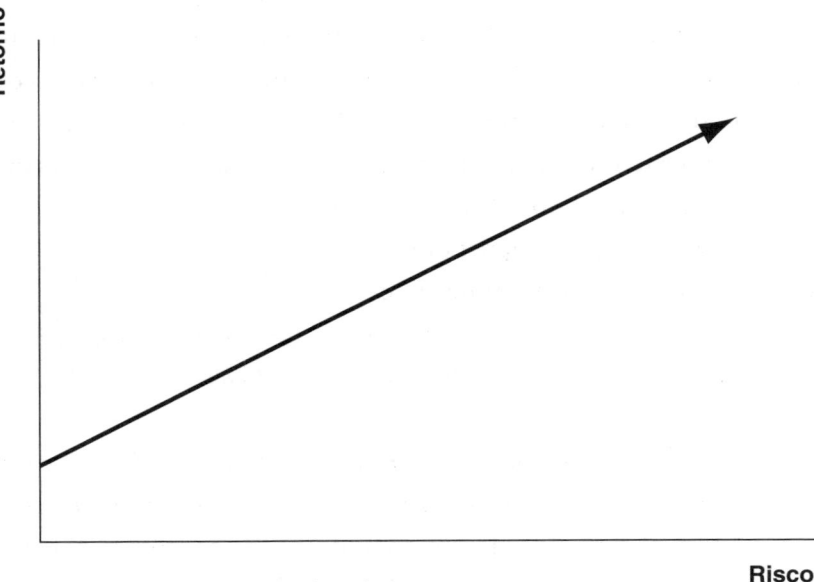

(a) Visão convencional sobre risco e retorno

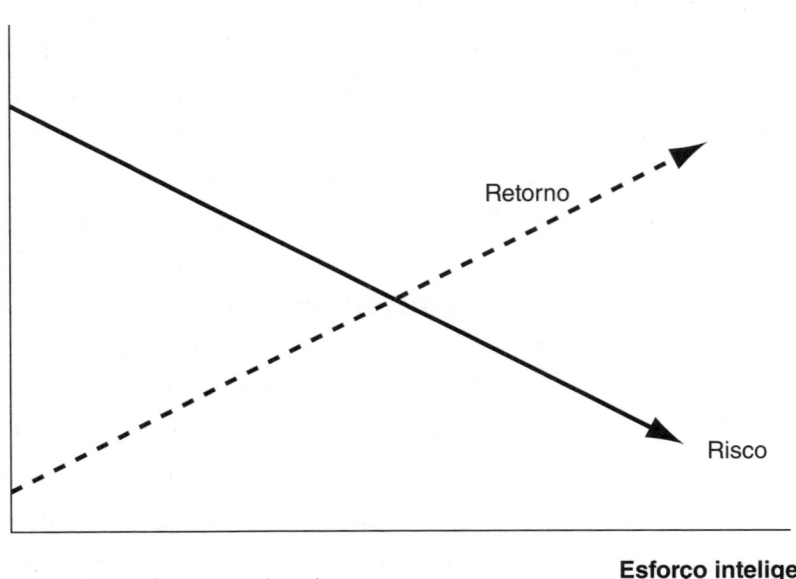

(b) Visão de Graham sobre risco e retorno

Ações para investimentos mais empreendedores são encontradas em várias áreas do mercado. Empresas impopulares, mas de bom tamanho, podem ser um sólido investimento. Elas têm os recursos para enfrentar períodos ruins e são capazes de responder de forma rápida quando as circunstâncias melhores permitirem. A onda da moda do mercado atrai a atenção dos especuladores em direção a áreas atuais de glamour, deixando outras ações encalhadas. A falta de interesse pode ser causada por recentes notícias perturbadoras, que são de natureza temporária – o mercado geralmente vê montinhos de terra como montanhas e quedas normais como grandes retrocessos. Empresas secundárias também podem ter bom desempenho se compradas no momento em que estão sendo negligenciadas apesar de bons resultados no passado e boas perspectivas. Empresas cíclicas podem também oferecer valor, por exemplo, quando a perspectiva imediata não é favorável, os lucros do futuro próximo estão caindo e os preços das ações refletem exageradamente os fatores negativos. A postura de comprar ações de grandes empresas desfavorecidas, ações de empresas secundárias negligenciadas ou ações cíclicas são três categorias distintas de estratégias de investimento. Cada uma exige diferentes tipos de conhecimento e temperamento. É preferível se especializar e desenvolver conhecimentos e atributos específicos do que espalhar recursos intelectuais e emocionais superficialmente.

Quando vender

Graham segurava suas ações por um tempo considerável, normalmente anos em vez de meses, se houvesse uma expectativa razoável de boa renda e aumento do valor. No entanto, ele vendia se (1) a qualidade da empresa deteriorasse, ou (2) se o preço aumentasse para um nível não justificado por algum valor demonstrável.

Ele nos aconselhava a não fugir ou nos preocuparmos desnecessariamente por declínios do mercado causados por especuladores fazendo erros de julgamento. O verdadeiro investidor foca sobre o valor intrínseco e não vende quando o humor do mercado muda. Apesar de estar geralmente contra tentar prever subidas ou quedas de mercado, ele afirma que havia situações extremas quando o mercado está muito alto e era melhor manter uma alta proporção do fundo em dinheiro ou em títulos do governo. Essas situações são raras e há um real perigo de equívoco.

Dificuldades com a postura de Graham

Supersimplificação

Há algumas dificuldades sérias ao tentar implementar a visão de investimento de Graham. A primeira é não entender completamente o que Graham estava dizendo ou simplificar demais a técnica. Por exemplo, não levar em conta os fatores qualitativos no investimento em circulante líquido.

Torturar os dados

Há um bom número de termos sarcásticos usados em círculos acadêmicos para descrever o processo de examinar dados do passado para padrões que levem a uma fórmula para o sucesso – "torturar os dados até que confessem" é uma delas. Aqui o "pesquisador" tenta dezenas de fórmulas nos dados do passado até que ele ou ela encontre a que dá o resultado desejado. Nas mesmas linhas, temos de "garimpar o conjunto de dados" até que algo "útil" seja encontrado. O ponto que os acadêmicos estão defendendo é este: só porque você encontrou algum tipo de relação estatística nos números que tem na sua frente não significa que existe uma relação confiável sobre a qual você pode tomar decisões sobre o futuro; poderia ser uma casualidade total. Alternativamente, talvez tenha sido uma relação confiável no passado, mas, como muitas pessoas estão conscientes de sua existência passada, ela não existe mais, porque compradores de títulos agiram sobre a nova informação e isso está implícito no preço. Até a postura puramente quantitativa de Graham – investimento defensivo – tem uma longa lista de testes pelos quais uma ação deve passar antes de ser aceita. Graham vai ainda mais longe; ele diz que essa postura simples com sua pouca atenção a fatores qualitativos (por exemplo, qualidade da diretoria, posição competitiva da indústria e da empresa etc.) vai produzir resultados meramente satisfatórios e não os retornos extraordinários que os investidores usando critérios simples estão procurando.

Todos esses "fundos de valor" em Wall Street ou outros lugares usando critérios absurdamente simples estão tão distantes das ideias de Graham como os que perseguem a última moda em ações de alta tecnologia.

Trabalho duro

Mesmo assumindo a tentação de supersimplificar os princípios de Graham, há alguns obstáculos difíceis bloqueando o caminho para investimentos com desempenho acima do mercado. Primeiro, é trabalho duro. É vital obter dados de alta qualidade e isso não é entregue de bandeja ao investidor. Um bom conhecimento de contabilidade é necessário para fazer os ajustes centrais nos artifícios contábeis. O analista precisa de experiência e habilidade para tentar descobrir informações que foram deliberadamente escondidas. Consciência de fatores cruciais, como o ambiente de negócios, estratégia corporativa e o comportamento de diretores, são também importantes para dois de seus métodos. São campos que exigem conhecimento e devem ser cultivados de maneira apropriada.

Temperamento

Certos traços de personalidade são considerados necessários. Força de caráter é exigida para resistir à tentação de seguir a multidão quando ela entra em pânico ou quando é irracionalmente exuberante. Fortaleza e coragem são geralmente necessários para persistir quando tudo ao seu redor parece estar indo bem e você precisa esperar para fazer sua colheita. Graham via o investidor geralmente como seu pior inimigo. A inteligência não está no coração da questão. Há muitos indivíduos que são normais na inteligência, mas que têm um desempenho superior porque seu temperamento está bem empregado para o processo de investimento. Conhecimento extenso de finanças, contabilidade e mercado de ações ficam em segundo lugar, depois do controle emocional.

Mãos ociosas

Por longos períodos de tempo, dois dos métodos de Graham – a abordagem do NCAV e a abordagem de valor defensivo – só podem ser praticados por um tempo limitado por causa do baixo número de ações que atendem a esses critérios. Assim eles não podem ser o único tipo de critério usado para um portfólio. Esses critérios mandariam que você comprasse poucas ou nenhuma ação porque o mercado está em um nível alto. "Meu palpite é que o último grande momento para se fazer da forma do Ben foi em 1973 ou 1974, quando isso podia ser feito de forma bem fácil."[11] Essa crítica de Warren Buffett parece um pouco dura; é raro que o mercado esteja tão alto que seja impossível investir usando uma das três posturas de Graham, mas você pode precisar combinar algumas das ideias de Graham com as de outros tipos de abordagens de investimentos para conseguir um portfólio completo (a menos que desenvolva as habilidades e tenha o tempo para o investimento empreendedor).

---

[11] LENZNER, R. Warren Buffett's idea of heaven: I don't have to work with people I don't like. *Forbes 400*, 18 out. 1993.

Mantenha o olho no horizonte distante

Investimento de valor pode ser perigoso para os especuladores de curto prazo. Os fortes sinais de "comprar" ocorrem em momentos de recessão do mercado (e normalmente também econômica), por exemplo, 2002 e 2008. Esses tendem a ser períodos de alta volatilidade, e o futuro é visto por meio de uma nuvem de notícias deprimentes sobre o curto prazo. Além do mais, a confiança do investidor para comprar baseia-se em duas suposições:

• que o preço de mercado pode estar fora de sintonia com o valor intrínseco;

• que a disparidade vai se corrigir.

Talvez no longo prazo o segundo ponto seja verdade, mas, para um investidor com um horizonte de curto prazo, os resultados podem ser insatisfatórios. Negligência e preconceito podem resultar na persistente subvalorização por um tempo inconvenientemente longo. Quando o preço acaba refletindo o valor previamente calculado, pode-se descobrir que as circunstâncias da empresa e, portanto, os fatores centrais e o raciocínio sobre os quais as decisões foram tomadas mudaram, alterando, assim, o valor intrínseco.

Guimbas de cigarro

Guimbas de cigarro podem ou não permitir uma última tragada. Warren Buffett abandonou a abordagem dos ativos líquidos correntes de Graham, pois:

Primeiro, o preço de "barganha" original provavelmente não acabará sendo uma jogada tão grande afinal. Em uma empresa complicada, logo que um problema foi resolvido, surge outro – nunca há somente uma barata na cozinha. Em segundo, qualquer vantagem inicial que você assegura vai rapidamente erodir pelo retorno baixo que a empresa gera. Por exemplo, se você compra uma empresa por US$ 8 milhões que pode ser vendida ou liquidada por US$ 10 milhões e rapidamente faz isso, vai conseguir altos retornos. Mas o investimento vai desapontá-lo se a empresa for vendida por US$ 10 milhões em dez anos e nesse ínterim tiver ganhado e distribuído, anualmente, só uns poucos centavos sobre o custo inicial de aquisição. O tempo é o amigo da empresa maravilhosa, o inimigo da medíocre.[12]

Buffett se refere a comprar uma ação que é tão barata que há uma expectativa de algum contratempo em sua sorte, permitindo que você se desfaça dela com algum lucro como essa visão da "guimba do cigarro". Buffett seguiu a filosofia de investimento de valor de Graham por alguns anos. A Berkshire Hathaway, sua empresa, era em si mesmo uma guimba de cigarro. Entrou no negócio pouco promissor de manufaturas têxteis. Suas ações eram baratas em relação a seus ativos, mas a situação econômica do setor era terrível, e Buffett perdeu muito dinheiro em suas operações. Ele também comprou a loja de departamentos Hochschild Kohn, de Baltimore, com um substancial desconto sobre o valor de balanço, muitos ativos imobiliários sem registro e um significativo inventário. Depois de três anos, vendeu pelo mesmo preço que comprou. Seu comentário foi que:

É muito melhor comprar uma maravilhosa empresa a um preço justo do que uma empresa medíocre a um preço maravilhoso. Quando uma diretoria com reputação de brilhante entra em uma empresa com reputação ruim em seus dados econômico-financeiros, é a reputação da empresa que permanece intacta.[13]

Para ser justo com Graham, deve ser dito que sua abordagem de ativos líquidos correntes exige uma consideração sobre as características qualitativas centrais do negócio, incluindo uma análise da economia do

---

[12] BUFFETT, W. E. Carta aos acionistas incluída com o Annual Report of Berkshire Hathaway Inc. de 1989. Disponível em: http://www.barkshirehathaway.com.
[13] Idem.

setor, da economia da empresa e de sua posição estratégica. Isso é essencial para ser possível calcular o poder de ganho. Talvez a chave para essa controvérsia esteja na questão da ênfase: teria Graham enfatizado muito a parte quantitativa virtualmente excluindo a parte qualitativa, como foi sugerido aparentemente por Buffett, ou aplicou tempo suficiente para os aspectos intangíveis da posição da empresa como fez com os fatos históricos e os números? É difícil julgar isso hoje. Tenho de reconhecer que Warren Buffett conhecia Graham e estudou sobre sua tutela. Ele falava: "Ben tendia a olhar somente as estatísticas"[14], mas minha interpretação dos escritos de Graham é de que fatores qualitativos eram vistos como cruciais em dois de seus métodos; ativos líquidos correntes (NCAV) e investimento no valor da firma. O que pode ser dito com certeza é que, com todos os três métodos de Graham, grande número de empresas caiu nos primeiros obstáculos, porque possuem ativos líquidos inadequados. Isso significa que uma longa lista de ações potencialmente boas, com poucos ativos tangíveis, mas com altos níveis de ativos intangíveis, não receberia maior consideração. Corporações como Disney, Coca-Cola ou Washington Post (todos investimentos excelentes para Buffett) não teriam passado no primeiro teste com Graham.

Conclusão

Ao contrário de muitos de seus sucessores que ganharam fortunas bilionárias, Graham não ganhou muito com seus investimentos. Quando faleceu em 1976, seus ativos estavam avaliados em US$ 3 milhões, uma quantia pequena, se comparada à de outros investidores bem-sucedidos. Para Graham, investir não tinha a ver simplesmente com acumular riqueza; ele apreciava o lado intelectual do investimento,

---

[14] BIANCO, A. Why Warren Buffett is breaking his own rules. *Business Week*, 15 abr. 1985.

o desafio cerebral de escolher empresas cujas ações aumentariam de valor e provariam ser um investimento lucrativo com o tempo porque respondiam a seus padrões exigentes.

Ele transmitiu para a posteridade suas teorias de investimentos em valor e análise de títulos, que provaram ser as ferramentas mais importantes no arsenal de investidores, tanto os profissionais quanto os amadores dedicados. Ele nos mostrou como investir com um esforço mínimo e bastante capacidade, mas deveríamos somente esperar conseguir um desempenho "apenas bom o suficiente". Ele nos lembrou de que desempenhos superiores exigem muita aplicação e mais do que um traço de sabedoria. Não deveríamos nos enganar e acreditar que vamos entrar na categoria de superdesempenho. Um preço precisa ser pago se você quer ser um investidor ousado.

Enquanto existirem investidores sérios sobre este planeta, os conceitos-chave de Benjamin Graham serão influentes:

- margem de segurança;
- independência de pensamento – análise baseada em raciocínio sólido;
- especulação *versus* investimento;
- ações tratadas como pedaços das empresas –, portanto, é preciso analisá-las como um analista de negócios em vez de como um analista financeiro;
- valor intrínseco;
- Sr. Mercado – fique amigo das flutuações de mercado: o mercado é uma máquina de voto, não uma balança;
- investimento em ativos líquidos reais;
- investimento defensivo;
- investimento empreendedor.

CAPÍTULO 2

Philip FISHER

Philip Fisher é proeminente entre os investidores de crescimento. Há um erro de concepção comum que diz que os investidores em empresas de crescimento potencial ignoram se a ação está sendo vendida a um preço conveniente. Apesar de que alguns investidores em empresas de crescimento potencial são descuidados a esse respeito, Fisher sempre insistiu que a ação de crescimento potencial estivesse a um preço conveniente. Mesmo empresas com forte potencial de crescimento podem ser ignoradas ou deixadas de lado, e vender por menos do que seu valor subjacente de vez em quando. Isso é algo raro porque a vasta maioria das empresas com crescimento rápido dos lucros é bem reconhecida e vende a preços altos – mas vale a pena procurá-las.

O que você pode aprender de Fisher é que *é* possível ter um desempenho superior ao mercado, mas só por meio de um foco muito bom sobre um setor particular ou um pequeno grupo. Não faz sentido tentar entender uma ampla faixa de setores porque isso não vai permitir o desenvolvimento dos conhecimentos profundos necessários para ser bem-sucedido em uma área bem focada. Dedicação considerável e julgamento experiente precisam ser criados para cumprir com a tarefa de entender todas as empresas em um setor; o que dirige suas estratégias e o calibre da diretoria.

Há muitas coisas a aprender de Fisher:

- Use fontes de inteligência de mercado para conhecer as empresas e suas diretorias.
- Avalie a posição competitiva da empresa.
- Analise a capacidade de pesquisa e desenvolvimento de uma empresa.
- Julgue a qualidade do gerenciamento – especialmente o de marketing.

- Examine os dados financeiros mais importantes.
- Explore a irracionalidade dos outros investidores no mercado de ações.

Você também precisará considerar a necessidade de paciência quando comprar empresas que realmente estão em processo de crescimento.

Fisher nasceu em 1907 e desfrutou de uma carreira incrivelmente longa de 74 anos no mundo dos investimentos, antes de se aposentar aos 91. Veio de uma família grande, e sua mente se abriu ao mundo dos investimentos desde pequeno, quando ouviu uma conversa entre sua avó e um tio, que discutiam sobre os investimentos dela em ações. Ele ficou intrigado e entusiasmado com a possibilidade de comprar uma parte de qualquer empresa com lucros futuros. Sua avó ficou preocupada de que ele ia ficar entediado com o assunto; ao contrário, essa breve espiada no mundo de títulos e ações deu início a uma vida inteira de interesse no assunto. Em seus anos de adolescência, ele começou a investir e teve ganhos modestos no mercado em ascensão dos anos 1920, ganhando a desaprovação e o desencorajamento de seu pai médico, que estava preocupado que ele estivesse desenvolvendo hábitos de apostador. Em resposta, Fisher argumentou que ele não tinha inclinação a correr riscos só pelo prazer de correr riscos. Mas admitiu que suas investidas iniciais no mercado de ações não ensinaram quase nada de grande valor em relação às práticas de bons investimentos.

Educação e além dela

Fisher aprendeu muito na recém-fundada Graduate School of Business da Stanford University. Como estudante do primeiro ano em 1927-28, um dia por semana do curso estava agendado para visitar grandes empresas na área de São Francisco sob a tutela do professor Boris Emmett. Essas visitas forneciam conhecimentos valiosos sobre algumas empresas. Os estudantes não só conseguiam ver como elas trabalhavam, como também tinham a oportunidade de fazer perguntas à diretoria e, sob a orientação inteligente do professor Emmett, eram capazes de analisar os pontos fortes e fracos de cada empresa. Ao perceber quão valiosa era essa parte do curso, Fisher maximizou suas oportunidades ao oferecer uma carona ao professor nessas viagens, ganhando um tempo a sós com ele, e ouvindo seus comentários inteligentes tanto antes das visitas quanto, o mais importante, depois delas.

Dessas visitas e comentários, ele formou duas convicções que foram a base de sua filosofia de investimento:

- compreendeu o conceito de "empresa de crescimento potencial", em uma época em que a expressão era relativamente desconhecida.

- Ficou consciente da extrema importância das vendas e do marketing na prosperidade de uma empresa manufatureira. Mesmo jovem, ele conseguia ver que grandes investimentos eram frequentemente encontrados em empresas que são capazes não só de vender seus produtos, mas também de avaliar as mudanças necessárias e os desejos de clientes (o marketing).

No verão de 1928, apesar de não ter se formado, ele conseguiu a posição de analista financeiro (na época chamado de estatístico) em um banco de São Francisco que mais tarde se tornou parte do Crocker National. A Stanford Business School, ainda em sua infância, não tinha um candidato já graduado condizente com o emprego, mas o banco foi persuadido a contratar Fisher porque ele retornaria a Stanford se não conseguisse cumprir suas tarefas. Ele não gostou do emprego. Seu papel era fornecer dados estatísticos para os corretores de títulos que estavam vendendo obrigações de juros altos, e os dados eram simplesmente parafraseados de literatura existente, como as da Moody ou da Standard & Poor. Para Fisher, o trabalho era tediosamente simples e intelectualmente desonesto.

Expandir

No outono de 1928, ele teve uma ideia, e seu compreensivo chefe no banco permitiu que ele tirasse algum tempo para que empreendesse análises reais de ações dos fabricantes de rádio. Apresentando-se como representante do banco, ele visitou os departamentos de rádios de várias lojas e perguntou aos compradores suas opiniões sobre os três maiores concorrentes do setor. Ficou surpreso em saber como as opiniões eram semelhantes. A empresa que era a favorita do mercado de ações não era a melhor entre os compradores ou clientes. A RCA, uma empresa popular na época, estava apenas se mantendo; a Philco, no entanto, era a vencedora, com novos modelos atraentes e um processo de fabricação eficiente.

Em nenhum outro lugar de Wall Street havia um único comentário negativo sobre a primeira empresa, apesar de que os problemas estavam se aproximando se levarmos em conta a opinião dos

> *A atitude investigativa é uma das bases da filosofia de investimento de Fisher.*

clientes. Nos 12 meses seguintes, ele acompanhou com interesse a queda nas ações dessa empresa em um mercado ascendente. Ali então, havia uma clara lição que era importante aprender: ler os balanços financeiros de uma empresa nunca é suficiente para justificar um investimento. Você precisa sair e conversar sobre a empresa e suas perspectivas com aqueles que possuem uma familiaridade direta com elas. Essa atitude investigativa é uma das bases da filosofia de investimento de Fisher.

A grande quebra da bolsa

Em 1929, Fisher estava cada vez mais convencido de que havia um *boom* insustentável nos preços das ações. Ele até escreveu um relatório para o banco em agosto de 1929 prevendo que os próximos seis meses veriam o começo da maior queda no mercado dos últimos 25 anos. Infelizmente, ele foi uma das poucas vozes que se opunham à ideia aceita de que os preços das ações continuariam a subir a preços mais altos baseados na incrível teoria de que a economia e as empresas estavam em uma "nova era", em que os lucros por ação iam obviamente continuar a subir ano após ano. Esses otimistas apontaram para todas as novas tecnologias (por exemplo, rádio, carros, eletricidade) que iam dar um impulso à economia a um ritmo muito mais rápido do que no passado.

Lembro de um sentimento parecido no final dos anos 1990 com as pessoas acreditando que a internet, os computadores e as telecomunicações levariam as pessoas a uma altura ainda maior sem interrupção. Tivemos muitas "novas eras" no século passado ou afirmações do tipo "dessa vez é diferente" para explicar preços de ações muito altas. Um conhecimento da história do mercado de ações e a perspectiva que traz é um pré-requisito para um bom investidor – quanto mais entendemos o passado, mais podemos ver o futuro.

Apesar do raciocínio de Fisher, ele também seria pego pelo frenesi do mercado, tendo gastado sua poupança cuidadosamente guardada em ações que ainda eram baratas e não tinham subido, sem fazer pesquisa ou obter informações sobre elas, ignorando totalmente o que tinha acabado de descobrir em sua análise das ações de rádio. Depois da quebra, ele ficou com uma pequena proporção de seu investimento original. Foi uma experiência que o disciplinou e ele aprendeu várias lições, uma delas é que um preço baixo não é garantia de valor. O que o investidor precisa é de uma ação com um preço baixo relativo em relação a seus lucros nos últimos anos. Começou a pensar em tentar prever (dentro de limites razoáveis) os lucros das empresas a partir daquele momento.

Em 1930, ele se uniu a uma corretora local com a tarefa de encontrar ações que eram boas para serem compradas por causa de suas características e durante oito meses colocou em prática o que tinha aprendido e pensado. Infelizmente, não serviu muito já que a empresa foi mais uma vítima da Grande Quebra e Fisher acabou sem emprego.

Seguindo em frente

Fisher já tinha pensando em seguir sozinho, gerenciando investimentos de clientes e, em 1931, montou sua própria empresa, a Fisher & Co., em uma minúscula sala alugada sem janelas. Era um momento difícil para começar uma empresa, e os lucros foram abismais; US$ 2,99 por mês foi seu lucro líquido em 1932, seguido de uma melhoria de 1.000% ao subir para US$ 29 por mês em 1933. Apesar da falta de recompensa financeira, Fisher se lembra com saudades desses anos e os vê como dois dos mais lucrativos de sua vida porque forneceram tempo para pensar em sua filosofia. Além do mais, ele foi capaz de trazer um grupo de clientes que estavam insatisfeitos com o desempenho de seus antigos gestores de investimentos e procuravam alguém novo. Esse grupo provou ser extremamente leal – o que não é surpreendente dado os altos retornos que ele conseguiu.

Foi nessa época que ele encontrou uma oportunidade que combinava perfeitamente com sua florescente filosofia de investimento; a Food Machinery Corporation. Essa empresa, líder no seu campo, era formada por uma empresa de Illinois que se juntou a duas empresas californianas pelas quais Fisher tinha se interessado durante seu tempo com o professor Emmett. Tinha um marketing muito forte controlando suas próprias vendas, com um mercado cativo de varejo de peças de reposição para as máquinas que fornecia; tinha um excelente departamento de pesquisa e desenvolvimento, e seus diretores eram eficientes e bem vistos tanto por clientes quanto por colaboradores. As ações eram vendidas a um preço que era bem mais baixo do que o valor intrínseco da empresa, e Fisher parecia ser o único analista a reconhecer seu real valor.

Dá para aprender muito pensando no que Fisher estava procurando:

- As pessoas dirigindo a empresa são bastante competentes?
- Ela tem uma forte posição competitiva?
- As operações e o planejamento a longo prazo são bem conduzidos?

- Há linhas de novos produtos suficientes com alto potencial para sustentar crescimento por muitos anos?

Ele teve um sucesso moderado no investimento de compra e venda a curto prazo, mas decidiu que levaria muito tempo para pouco lucro. Tinha visto muitas pessoas extremamente brilhantes fazendo jogadas estilo "entrar e sair", mas observou que, apesar de conseguirem ser bem-sucedidas por um tempo, aquilo normalmente terminava em desastre. Ele, entretanto, estava determinado a usar todos os seus grandes esforços para ganhar bastante no longo prazo.

A Segunda Guerra Mundial e os anos seguintes

Durante a Segunda Guerra Mundial, Fisher teve alguns empregos administrativos na Aviação do Exército e durante esse tempo foi capaz de refletir sobre suas ideias e aprimorar ainda mais sua filosofia de investimento. Depois da guerra, decidiu se concentrar em encontrar empresas incomuns que tinham a possibilidade de ter um aumento significativo de lucros e restringir seu grupo de clientes a uns poucos investidores grandes (12 era o número máximo de clientes que Fisher teve durante os anos 1950 e 1960). Ele também descobriu que a indústria química teria uma expansão substancial depois da guerra e tentou descobrir as empresas químicas de grande porte mais atrativas. Pesquisando a indústria química para descobrir tudo o que poderia sobre as empresas e suas diretorias, ele falou com todas as pessoas que tinham algum conhecimento do setor. Todas as informações qualitativas (por exemplo, inovações, invenções e condições competitivas) que tinha juntado foram acrescentadas a sua análise de dados financeiros.

Dow Chemical

No início de 1947, Fisher tinha conseguido encontrar uma empresa que respondia a todos os seus critérios – a Dow Chemical. As razões para sua escolha foram:

- Uma cultura de grandes conquistas como equipe. Quando ele começou a conhecer as pessoas na organização, descobriu que havia um autêntico entusiasmo nos vários níveis de gerência quanto ao crescimento que já havia ocorrido, sobre suas conquistas como equipe. Uma crença permeava a organização de que haveria ainda muito mais no futuro.

- Sabedoria da administração superior. Uma das suas questões favoritas ao conversar com qualquer alto executivo pela primeira vez era saber qual problema ele considerava ser o mais importante a longo prazo para sua empresa. O presidente da Dow deu uma resposta impressionante. Disse que queriam evitar tornar-se exageradamente "militares" quando crescessem muito, resistindo a se tornarem burocráticos e mantendo os relacionamentos informais para que as pessoas em níveis diferentes e em vários departamentos pudessem continuar a se comunicar com cada um dos outros de uma forma não estruturada.

- Um foco naquelas áreas em que tinham uma competência especial e a recusa em sair desse seu círculo de competência. A Dow só trabalhava nas áreas em que já era, ou tinha uma chance razoável de se tornar, a produtora mais eficiente no setor. Isso poderia ser por resultado de volume maior, melhor engenharia, uma compreensão mais profunda do produto ou alguma outra razão.

- Forte ênfase em pesquisa e desenvolvimento permitindo que se destaque e permaneça em destaque por várias décadas.

- Promover as pessoas na empresa. Os gerentes estavam completamente conscientes da necessidade de identificar as pessoas com capacidades especiais. Essas pessoas eram doutrinadas pela maneira Dow de fazer as coisas. Esforços reais foram feitos para descobrir os talentos de uma pessoa e encontrar um papel que combinasse com suas características.

Apesar do pessimismo do período do pós-guerra, no qual era difícil conseguir um bom desempenho para os clientes, a Dow e a maioria das outras escolhas de Fisher avançaram de forma significativamente superior ao mercado no geral. Houve exceções em que suas escolhas não prosperaram, mas Fisher aceitou que tinha sido culpa dele ou por não ter pesquisado suficientemente ou escolhido um setor que não conhecia muito bem.

Essas pequenas empresas – Texas Instruments e Motorola – no final tiveram desempenhos espetaculares.

Fisher subsequentemente se especializou em ações de tecnologia, principalmente das empresas que eram fornecedoras de outras empresas, e se empenhou em compreender bem esse setor. Para aproveitar as barganhas que procurava, ele caçava as empresas que eram relativamente desconhecidas. Duas delas eram empresas pequenas e vistas como muito especulativas pelos investidores em geral. Estavam abaixo do radar dos investidores conservadores ou das grandes instituições. Um grande número de pessoas o criticou por arriscar dinheiro dos clientes em duas empresas tão pequenas, arriscadas e jovens, pensando que podiam sofrer o ataque ou até serem destruídas pelas corporações gigantes. Mas Fisher continuou com sua postura normal de tentar entender a diretoria e toda a indústria tecnológica melhor do que qualquer outro. Como você pode imaginar, essas obscuras pequenas "perdedoras" no final tiveram desempenhos espetaculares, ganhando recompensas enormes para Fisher e seus clientes. Você pode ter ouvido falar deles: Texas Instruments e Motorola.

A filosofia de investimento de Fisher

A filosofia de investimento de Fisher cresceu nas décadas seguintes, parcialmente como resultado de um raciocínio lógico e parcialmente por observar os sucessos e fracassos dos outros. No entanto, o elemento mais poderoso foi o doloroso método de aprender de seus próprios erros. Pela experiência, Fisher percebeu que, para um investimento ser uma boa escolha, o critério mais importante era despender tempo descobrindo sobre uma empresa; conversar com diretores e outras pessoas de notório conhecimento sobre um setor ou uma empresa. Era o que ele chamava de *scuttlebutt* e vamos olhar para isso um pouco mais detalhadamente a seguir. *Scuttlebutt* incluía todas as outras qualidades que Fisher procurava em uma empresa, reforçando os fatos disponíveis em relatórios e fontes normais. O que ele estava procurando era uma empresa que despontaria no seu campo, com todas as qualidades que tinha admirado tanto na Food Machinery Corporation; uma empresa que tinha a probabilidade de crescimento com lucros espetaculares e uma direção eficiente.

Quando ele encontrava essa empresa, mantinha suas ações por pelo menos três anos, acreditando que os investidores não deveriam buscar retornos rápidos ou um caminho fácil para conseguirem ficar ricos. Tendo realizado profundas pesquisas e usado *scuttlebutt*, a empresa ideal de Fisher é a que tem um desempenho excepcional em todo aspecto de seu negócio. Essas empresas eram geralmente da indústria tecnológica, em que o fracasso é parte e parcela do progresso. Investidores menos bem informados tendem a vender quando as coisas vão mal e os lucros são menores do que os esperados, deprimindo assim os preços, o que deu a Fisher uma chance de conseguir uma barganha. Se as pessoas que dirigem a empresa são excepcionalmente capazes, e os erros que ocorreram são somente passageiros, então a empresa ainda é um excelente veículo de investimento e é uma escolha melhor do que uma empresa que nunca arrisca ser pioneira.

Scuttlebutt

Como vimos, *scuttlebutt* é o nome que Fisher dá ao ato de pesquisar sobre uma empresa, mas não por meio dos métodos comuns de ler balanços, e sim por meio de processos metódicos de inteligência da indústria, da procura por opiniões de pessoas associadas à empresa; colaboradores, clientes, fornecedores, empreiteiros, rivais, pesquisadores, membros de associações comerciais, observadores do setor, ex-colaboradores etc. Uma imagem incrivelmente precisa dos pontos fortes e fracos de cada empresa em um setor pode ser montada com a solicitação de opiniões de amostra representativa de pessoas que, de uma forma ou de outra, estão envolvidos com alguma empresa em especial. Se as pessoas têm certeza de que não existe perigo de serem citadas, elas vão falar com liberdade sobre seus concorrentes. Se você fizer perguntas inteligentes sobre os pontos fortes e fracos a pessoas de cinco empresas sobre as outras quatro concorrentes, então terá, no geral, ajuda para construir uma imagem bem detalhada e precisa de todas as cinco (ver a Figura 2.1).

Figura 2.1   Fatores cruciais na filosofia de investimento de Fisher

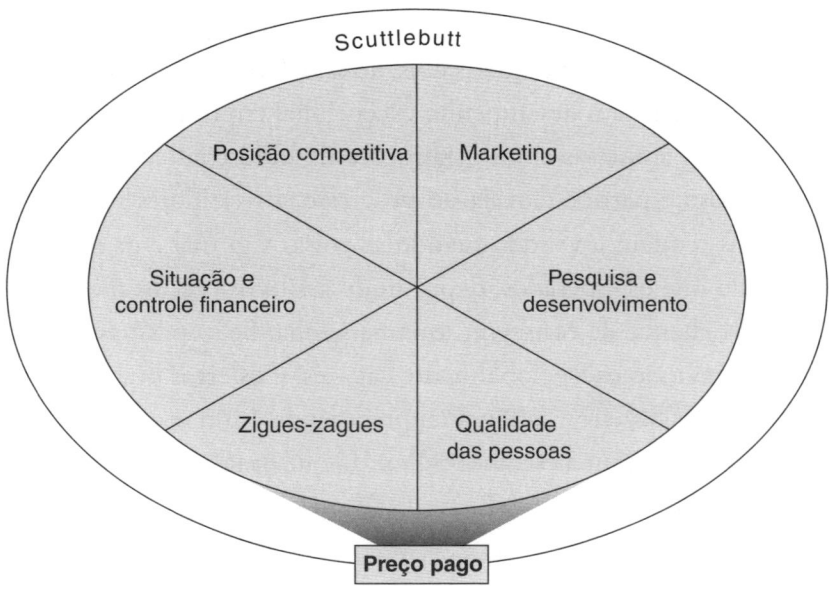

Fornecedores e clientes são grandes fontes de informação em primeira mão; deles você pode coletar conhecimento sobre a força das vendas, a capacidade de marketing de uma empresa e do poderio de suas

finanças. Outras fontes contribuem para o conjunto das informações, que tornam possível criar uma imagem completa da empresa e do caráter de sua direção. Deve-se ter o cuidado de checar os fatos quando for possível e compensar as manifestações de ressentimento, especialmente quando se conversa com ex-colaboradores. O mais importante é que as pessoas que fornecem informações devem ter sua identidade preservada. Se houver a menor dúvida sobre a capacidade do analista de observar as regras de confidencialidade, as fontes de informação irão secar ou omitir suas opiniões mais comprometedoras, tornando-se inúteis. Às vezes, haverá dados conflitantes, mas isso não precisa ser um problema porque, para empresas realmente excelentes, a informação preponderante é tão clara que um investidor que sabe o que procurar dirá quais empresas têm maior probabilidade de suscitar interesse ao decidir se quer continuar com a investigação. Após o *scuttlebutt* de clientes, fornecedores e concorrentes, o analista pode então contatar os gerentes seniores da empresa para preencher os vazios ainda existentes no quadro geral.

O lado ruim do *scuttlebutt* é que requer considerável conhecimento anterior de finanças e estratégia empresarial para fazer as perguntas inteligentes necessárias para obter informações valiosas e predominantemente acessíveis àqueles que já conhecem, ou estão dispostos a aprender esses assuntos.

Posição competitiva

Para Fisher, um bom investimento seria aquele no qual a empresa em questão possui características especiais que vão permitir lucratividade acima da média, não só nos próximos um ou dois anos, mas nas próximas décadas. Usando o *scuttlebutt*, ele procurava empresas que tinham uma história consistente de melhores desempenhos do que seus concorrentes e nunca se esquecia das palavras do Dr. Herbert Dow, o fundador da Dow: "Se você não puder fazer algo melhor do que os outros estão fazendo, então, não faça absolutamente nada".[1] Há muitas formas pelas quais uma empresa pode manter sua competitividade, e a melhor forma é promover eficiência em todos os aspectos das atividades da empresa, seja em vendas, compras, fabricação, gerenciamento ou qualquer um dos outros elementos que contribuem para a condução dos negócios de uma empresa.

> Economias de escala podem ser uma fonte potencial de vantagem competitiva.

Empresas que têm altos lucros invariavelmente atraem a atenção de outras empresas que gostariam de conquistar uma parcela daquele mercado. A melhor forma de lidar com esse tipo de concorrência é ser tão eficiente que os concorrentes não conseguem competir sem se comprometer com gastos consideráveis, ou acabar no meio de uma problemática guerra de preços que causará indignação em seus acionistas, levando a uma perda de confiança na empresa e à consequente perda de valor. Economias de escala podem ser uma fonte potencial de vantagem competitiva. Fisher apreciava isso, mas também sentia que qualquer benefício adquirido no custo operacional era frequentemente perdido no custo extra das camadas adicionais de gerenciamento necessário. Empresas que andam perfeitamente bem em certo tamanho podem perder eficiência quando crescem, e seus executivos podem ficar cada vez mais isolados das atividades da empresa; o *scuttlebutt* é útil nessa situação e pode dar dicas sobre o desempenho da empresa.

As maiores vantagens para uma grande empresa não estão normalmente na produção, mas no marketing. Se ela desenvolve um novo produto, o cliente médio provavelmente vai comprar porque a grande empresa já estabeleceu "uma atmosfera" na qual novos clientes têm maior probabilidade de comprar do líder do setor. Isso acontece porque o líder tem uma reputação estabelecida de desempenho e/ou valor

---

[1] FISHER, P. *Developing an investment philosophy*, Financial Analysts Society and Business Classics. As referências são da edição americana de 1996 do livro *Common Stocks and Uncommon Profits*, p. 231. [Ed. bras.: *Ações comuns, lucros extraordinários*.]

sólidos. Assim, é improvável que o gerente responsável pela compra seja criticado por essa decisão. Uma empresa que é a líder no seu campo raramente perde sua posição enquanto a gestão permanecer competente. Como exemplo de grande empresa, Fisher gostava de citar a Campbell, uma produtora de sopa. Com um nome familiar e líder do mercado, ela conseguiu cortar os custos por ganhos de escala e de verticalização (comprando fornecedores); tinha a posição de maior destaque nas lojas de varejo e o maior espaço de prateleira; e o custo de seu marketing estava diluído em bilhões de latas de sopa.

Às vezes, altos retornos não são causados por uma empresa que é excelente naquilo que é seu negócio. Em vez disso, ela é capaz de manter sua competitividade pela eficiência com a qual lida com questões aparentemente secundárias, como seus aluguéis, políticas de seguro e imóveis.

Para Fisher, três fatores se combinam para que uma empresa domine o setor:

- reputação de qualidade e confiabilidade;
- consciência junto aos clientes de que ela precisa manter sua própria reputação em alta com o uso de fontes confiáveis e produtos de alta qualidade;
- uma posição de liderança no seu ramo de indústria com concorrentes servindo somente a uma pequena parte do mercado, de tal maneira que a marca dominante da empresa se torne sinônimo do produto.

Para maximizar os lucros, o preço do produto para o cliente precisa ser, apenas em pequena proporção, maior do que o custo de produção. Isso significa que mudar para outro fornecedor não seria grande economia, mas há um risco para o cliente. Uma equipe de marketing eficiente pode usar isso como vantagem para persuadir clientes a reabastecer seus produtos automaticamente, e isso é algo muito difícil para um concorrente desafiar.

Vários clientes pequenos são melhores do que uns poucos grandes, e os clientes com necessidades especializadas são os ideais. Isso acontece porque a empresa pode construir um bom relacionamento de trabalho com eles e um concorrente acharia impossível invadir esse território. Seria necessário uma grande mudança na tecnologia ou uma queda na eficiência da empresa para que diminuísse seu controle sobre o mercado.

Fisher não pensava muito na proteção de patentes como uma forma de se manter competitivo porque as patentes só podem ser usadas para bloquear um dos caminhos tomados por rivais potenciais para produzir as coisas que os clientes preferem. Em outras palavras, se o produto patenteado é muito lucrativo, os concorrentes acabarão desenvolvendo algo similar ou até melhor, usando um caminho diferente. Já vimos isso recentemente com a indústria farmacêutica e na tecnologia de *smartphones*. Ele achava preferível que uma empresa mantivesse sua competitividade de outras formas, como talento tecnológico, experiência de produção, excelentes departamentos de venda e serviço e boas relações com os clientes. Ele até ia além e dizia que é mais um sinal de fraqueza de investimento do que de fortaleza quando as empresas dependem de proteção de patentes para a manutenção de sua margem de lucro. Mesmo quando as patentes conseguem impedir que os concorrentes entrem no mercado, elas não duram indefinidamente. Quando a proteção da patente desaparece, os lucros podem cair bastante.

A empresa que está em uma posição competitiva forte precisa se guardar contra a superexploração de sua posição e não deveria estabelecer como meta contínua ter lucros superiores aos do setor em geral; isso acabará encorajando outras empresas a competir por uma parte. É suficiente para uma boa empresa ter uma margem de lucro de 2% ou 3% acima dos concorrentes para que o investidor ganhe um ótimo retorno. Mais do que isso: a empresa está praticamente pedindo para que rivais destrutivos entrem no setor.

Marketing

Um componente essencial para uma empresa manter sua posição competitiva é trabalhar com o marketing, que é capaz de gerar vendas repetidas a clientes satisfeitos. Se uma empresa fabrica produtos de boa qualidade e oferece bons serviços pós-venda, é difícil para um concorrente entrar.

> Um produtor ou operador eficiente que tenha marketing e vendas fracos pode ser comparado a um motor poderoso que, por causa de uma polia solta ou de um diferencial mal ajustado, está produzindo somente uma fração dos resultados que de outra forma conseguiria.[2]

Entre outras coisas, a equipe de marketing está a cargo de conseguir que o cliente aprecie a qualidade e a confiabilidade do produto, de modo que o consumidor fique bastante receoso de mudar para um concorrente cujo produto poderia ser inferior e pouco confiável. Clientes não fazem fila à porta do homem com a melhor ratoeira. Depende da equipe de marketing exaltar ao público as virtudes da ratoeira.

Fisher ficou surpreso em saber como os analistas davam tão pouca atenção às questões de marketing, pois estavam sempre muito ocupados com os números, mas entendia que é um fator difícil de quantificar comparado com a simplicidade relativa dos dados financeiros. Novamente, *scuttlebutt* pode ser valioso; concorrentes e clientes terão opiniões definitivas sobre a competência das equipes de vendas e de marketing e será mais provável que as compartilhem com alguém interessado. Ele disse que essas empresas que provaram ser investimentos excelentes possuem tanto uma distribuição agressiva quanto uma organização das vendas em constante aprimoramento.

Pesquisa e desenvolvimento

Com o foco de Fisher nas empresas de tecnologia, ele naturalmente olhou a pesquisa e o desenvolvimento como fatores centrais no sucesso de uma empresa. Se você escolher se focar em uma indústria com menos invenção e inovação, esse fator pode ser minimizado.

---

[2] FISHER, P. *Conservative Investors Sleep Well*, parte da edição americana do livro *Common Stocks, Uncommon Profits*, p. 231.

Não é simplesmente uma questão de olhar para a quantia gasta em P&D (Pesquisa e Desenvolvimento). Deveria ser uma tarefa simples dividir esse número pelo total de vendas, e assim determinar o quanto é gasto por dólar de vendas em P&D. Mas há um problema: é que não existe um método para saber o que está incluído ou excluído dos números de P&D publicados nos balanços da empresa, nem como a empresa aloca seus gastos nessa área. A qualidade do P&D mostra enormes variações, com empresas bem dirigidas obtendo pelo menos o dobro de lucro para cada dólar aplicado em pesquisas em comparação a empresas mal administradas.

Um gênio tecnológico é ótimo, mas sua habilidade precisa ser gerenciada, e um bom trabalho em equipe é essencial. A imagem do gênio isolado criando novos produtos e processos não representa mais a realidade. As inovações de hoje tendem a vir de equipes com pessoas altamente treinadas, cada uma com uma especialidade diferente. Você pode encontrar um químico trabalhando com um físico, um especialista em metalurgia e um matemático. As habilidades individuais deles são só parte da equação. Você também precisa de líderes capazes de coordenar de forma eficiente o trabalho de pessoas com especialidades tão diferentes e mantê-las direcionadas para um objetivo comum. Na verdade, a coordenação é tão importante que ela geralmente ofusca a importância tanto do número de pesquisadores quanto da inteligência deles. Eles devem ser ajudados a trabalhar como equipe.

Além do mais, a coordenação entre P&D, produção e vendas é imperativo, assim, todos os departamentos podem trabalhar juntos para o bem comum. Se um novo produto não é desenhado de uma forma que torne sua fabricação mais eficiente, ou que o torne mais atrativo para os clientes, então os esforços de vendas terão bastantes problemas. Em grandes empresas, é importante que a diretoria entenda o valor da P&D e crie um ambiente estável com perspectivas a longo prazo. Programas de choque, em que os pesquisadores são tirados das tarefas atuais e recebem a incumbência de começar algo novo, podem ser tanto perturbadores quanto desmoralizantes, e o abandono da pesquisa que ainda não atingiu seu potencial é algo ineficaz. Fisher não estava especialmente interessado em uma empresa que tinha um produto com boas vendas na atualidade, ele procurava uma que poderia gerar um fluxo regular de novos produtos lucrativos. Verificar se a empresa tinha o potencial para ser igualmente produtiva no futuro, muito depois que o produto atual tenha sido suplantado. Ela tem sistemas e métodos de gerenciamento para produzir um fluxo de novos produtos e revigorar a si própria? Possui um planejamento positivo e está constantemente inspirando a P&D a fornecer novas ideias interessantes?

Um aviso contra investir em empresas que dividem seus esforços de P&D muito superficialmente, em um amplo leque de áreas tecnológicas: o maior sucesso parece vir de empresas que desen-

> *Ele procurava uma que poderia gerar um fluxo regular de novos produtos lucrativos.*

volvem novos produtos seguindo as mesmas linhas de outros já existentes, já que isso faz o melhor uso dos recursos atuais. Os pesquisadores e diretores jogam com seus pontos fortes *vis-à-vis* a oposição que tende a focar em algumas tecnologias em particular. Procure empresas que possuam uma coleção de atividades de pesquisa que sejam vistas como um grupo de árvores cada uma desenvolvendo galhos adicionais do tronco.

Condições e controle financeiros

Fisher era consciente da importância de como a diretoria de uma empresa lida com suas questões financeiras; só quando isso é feito de forma boa e precisa é que a gerência está em uma posição bem estruturada. As empresas com talento financeiro acima da média possuem diversas vantagens significativas. Elas sabem precisamente quanto lucro produzem por cada produto. Desse modo, têm a capacidade de dirigir os esforços onde isso vai produzir o máximo de ganhos. Conhecer cada um dos elementos que compõem os custos mostra onde poderia valer a pena fazer um esforço especial para reduzir custos, seja pelas mudanças no processo ou gerenciando pessoas de forma mais eficiente. O mais importante de tudo é fazer um habilidoso orçamento para que o planejamento possa ser realizado, e a empresa possua um sistema de sinalização para alertar os líderes onde as coisas não estão funcionando de acordo com o plano e onde os lucros estão sendo ameaçados. Resumindo, não é bom ter um produto excelente e não possuir a habilidade financeira para produzir e vender o produto pelo preço correto.

É difícil descobrir a ineficiência nessas áreas. Como estamos fora das empresas, não devemos esperar obter números detalhados, mas, ao conversar com clientes, fornecedores, colaboradores etc., você pode começar a montar um quadro geral.

Fisher procurava empresas com um histórico consistente de margens altas de lucro, já que elas provavelmente (mas não com certeza) dariam uma indicação do desempenho futuro. Algumas empresas possuem alto poder de preço pelo qual são capazes de manter sua margem de lucro. Ao mesmo tempo, para elas é necessário somente manter uma pressão constante para baixar os custos, sempre procurando formas de reduzir os gastos e melhorar a eficiência, o que pode ajudar a compensar o inevitável aumento de salários. Procure indicações de um alto nível de engenhosidade sendo dirigida para o corte de custos e a melhoria das margens de lucros.

Você precisa ter em mente que às vezes as empresas podem deliberadamente diminuir sua margem de lucro no curto prazo para acelerar a taxa de crescimento no longo; grandes investimentos em pesquisa ou promoções de vendas são exemplos disso. Tome cuidado para estabelecer uma distinção entre as empresas que mostram uma rápida melhoria na margem de lucro por aumento de poder competitivo em um ambiente empresarial favorável, e as que têm uma margem acelerada simplesmente por causa do estágio a que chegou seu ciclo industrial. Geralmente, são as empresas marginais (fracas) que experimentam os maiores ganhos na margem quando o ciclo está em ascensão. Margens de lucro de empresas de qualidade, de custos mais baixos, não mudam com tais porcentagens muito amplas. Os ganhos das empresas mais fracas vão declinar de forma mais rápida quando a maré dos negócios mudar.

Esse tipo de investimento está voltado para a manutenção de conquistas a longo prazo em empresas que prometem crescimento e lucro constantes, não em empresas com bons desempenhos em momentos positivos, mas que inevitavelmente declinarão quando isso mudar. Ao analisar as margens de lucro durante alguns anos, é possível estabelecer quais empresas entram em cada uma das duas categorias. Outra questão a ser considerada é a possível demanda por mais financiamento de capital. Você pode não querer ter ações de empresas que estão sempre precisando pedir a seus acionistas mais dinheiro para sustentar o crescimento. A empresa pode crescer, mas os acionistas geralmente conseguem baixas taxas de retorno sobre o dinheiro que injetam. Uma empresa bem administrada deveria funcionar normalmente usando o caixa disponível ou empréstimos, sem ter de recorrer a seus acionistas para fundos extras. Se tais fundos forem necessários, é importante que produzam lucros extras para os acionistas; se isso não acontece, então parece que o gerenciamento financeiro não está correspondendo às expectativas.

Qualidade das pessoas

Fundamental para o sucesso de qualquer empresa e, portanto, de grande importância para os investidores, é a qualidade de sua direção e de seu pessoal. A diferença entre a empresa que se destaca e a média das empresas medíocres é quem a dirige. Fisher identifica quatro características diferentes para definir a qualidade dessas pessoas (veja Figura 2.2).

Figura 2.2   Qualidade das pessoas

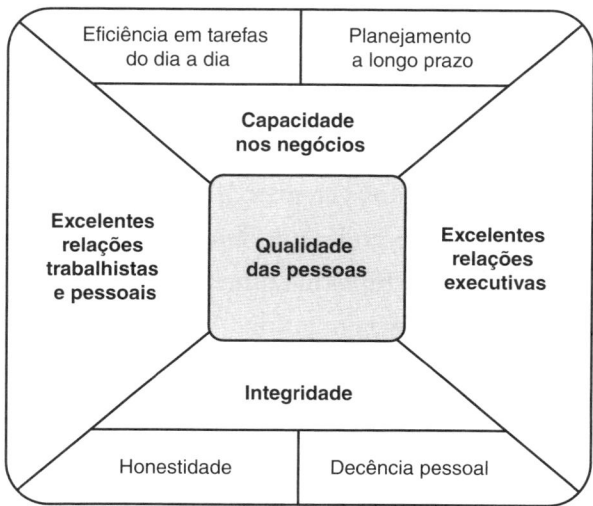

Competência nos negócios

Em relação à competência nos negócios há duas habilidades diferentes: em primeiro lugar está a condução eficiente da empresa no dia a dia. Os gerentes deveriam ter a habilidade para as tarefas diárias e deveriam procurar sempre maneiras de melhorar a eficiência em todas as partes da empresa. Não há tempo para eles se sentarem e relaxarem quando tudo parece estar indo bem. Devem também estar preparados para aceitar que as coisas podem dar errado e que os fracassos acontecem, principalmente se estiverem trabalhando com tecnologia de ponta. O bom gerente não critica abertamente aqueles que fracassam, mas deve estar mais preocupado em encontrar uma solução para o fracasso e seguir em frente de forma eficiente, aceitando que o fracasso é parte do processo de avanço. A empresa que não está disposta a correr riscos, e está satisfeita com manter o que tem, acabará, no final, se tornando vulnerável a concorrentes mais ousados.

> *A empresa rígida que não está constantemente se desafiando cedo ou tarde vai declinar.*

Em segundo lugar, a equipe de direção deve se preocupar com o futuro a longo prazo; eles precisam de talento para olhar à frente e garantir que a empresa esteja no caminho certo para um crescimento futuro significativo sem correr riscos desnecessários. Fisher diz que muitas empresas têm gerentes que são ou bons nos assuntos do dia a dia ou em planejamento a longo prazo, mas, para o sucesso real, as duas coisas são necessárias. Os gerentes devem ser encorajados a questionar continuamente o que está sendo feito e deve se ressaltar que um modo de fazer as coisas que funcionava bem no passado não é justificativa suficiente para que isso seja mantido. A empresa rígida que não está constantemente se desafiando cedo ou tarde vai declinar.

Perspectivas a longo prazo podem ser prejudicadas ao focar na produção de lucros altos indevidos a curto prazo por causa do efeito que tal política poderia ter em clientes e fornecedores. É importante que as empresas mantenham boas relações com seus clientes e fornecedores. As empresas podem, por exemplo, abster-se de ser demasiadamente agressivas na tentativa de obter os melhores termos de fornecedores e arrancar cada centavo de lucro deles. Pagar um pouco mais vai gerar boa vontade e cimentar uma relação que permanecerá firme quando os problemas surgirem, garantindo suprimentos confiáveis de matéria-prima ou de componentes. Ajudar os clientes regulares que estão lutando por causa de circunstâncias inesperadas pode causar alguns gastos extras e reduzir lucros de curto prazo, mas será recompensado por uma lucratividade mais alta no futuro. O bom gerente terá uma visão de longo prazo que vai permitir que sua empresa construa e mantenha excelentes relações de trabalho com fornecedores e clientes, resultando em uma prosperidade duradoura em todas as direções.

Dois tipos de sucesso

Fisher achava que empresas que mostraram um alto crescimento de forma consistente por um número considerável de anos se incluem em um desses dois grupos: "afortunadas e capazes" e "afortunadas porque são capazes". Nos dois grupos, a capacidade de gerenciamento é um pré-requisito. A Alcoa (Aluminum Company of America) é um exemplo de companhia afortunada e capaz. Seus fundadores eram pessoas extremamente capazes que tiraram vantagem de um mercado desenvolvido para seus ativos, ao mesmo tempo conseguindo vencer os concorrentes. Eles então tiveram a sorte de estar em uma posição de conseguir se expandir para mercados totalmente novos, abertos pela ascensão do transporte aéreo e, assim, a empresa cresceu ainda mais rapidamente. A Alcoa teve a sorte de se encontrar em uma boa posição para explorar suas vantagens em uma indústria ainda melhor do que a atrativa visualizada por sua antiga diretoria.

Para Fisher, empresas que são afortunadas por serem capazes são: Du Pont, Dow e Union Carbide. Todas elas foram capazes de crescer a partir de habilidades e tecnologias existentes para desenvolver novos produtos. Fundada em 1802, a Du Pont começou fazendo pólvora. Seus gerentes e tecnólogos conseguiram, mais tarde, usar o conhecimento técnico desse processo para se expandir em inovações químicas, como Nylon, Celofane, Neoprene, Teflon e Lycra, para citar apenas algumas. O brilhantismo da *expertise* em termos de negócio e finanças da diretoria junto de uma excepcional capacidade técnica levou a um sucesso duradouro, com um fluxo constante de novos produtos.

Integridade

Os acionistas precisam se sentir confiantes de que seu investimento está em boas mãos; que os CEOs e a diretoria possuem honestidade e decência pessoal no seu comportamento profissional. É muito fácil executivos e gerentes sem integridade se beneficiarem às custas dos donos da empresa. Se existir alguma dúvida em relação à integridade da diretoria da empresa, os investidores, então, deveriam colocar seu dinheiro em outro lugar. É nesse contexto que a metodologia *scuttlebutt* pode se tornar essencial; de que outro modo você pode descobrir o caráter do CEO e de sua equipe sem falar com eles diretamente ou obter as visões daqueles que os conhecem?

Más notícias acontecem e a diretoria com integridade não tenta escondê-las. Ela precisa ser capaz de enfrentar seus acionistas e informá-los de eventos adversos, assim como de desenvolvimentos favoráveis. Warren Buffett dá um excelente exemplo de honestidade ao anunciar más notícias no relatório anual da Berkshire Hathaway de 1999:

> Os números na página mostram como foram fracos nossos resultados em 1999. Tivemos o pior desempenho absoluto de minha gestão e, comparado com a *S&P* [que é uma publicação norte-americana especializada na área de finanças empresariais e mercado de ações], o pior desempenho relativo também. Até o Inspetor Clouseau poderia

encontrar o culpado por isso: seu presidente. Meu desempenho me faz lembrar o de um jogador de futebol da faculdade que tirou quatro Fs e um D, mas, mesmo assim, tinha um técnico compreensivo. "Filho", ele falou, "acho que você está perdendo muito tempo nessa disciplina". Minha "disciplina" é a alocação de capital e minha nota para o ano de 1999 é um merecido D.

Mesmo as empresas mais bem dirigidas, com perspectivas excelentes, ainda podem passar por fracassos e quedas. Dificuldades inesperadas, mudanças na demanda e novos produtos desapontadores ocorrerão esporadicamente e não deveriam desencorajar o investidor que está confiante na equipe de direção. Qualquer suspeita de que a diretoria encobriu um mau resultado ou problema deveria ser vista como um aviso; ela pode não ter um plano para resolver o problema; pode ter entrado em pânico ou pode ter a atitude arrogante de que não tem de se preocupar em informar essas coisas aos acionistas.

A política de dividendos é outra área em que a competência gerencial e a integridade são cruciais. O mau gerenciamento pode acumular dinheiro, muito além do que a empresa precisa e, portanto, não ser o que mais interessa aos acionistas. O mau gerenciamento pode também desviar dinheiro em projetos que oferecem retornos fracos para os acionistas, mas que são bons para sua própria posição e salário. Todavia, o mau gerenciamento pode aumentar os dividendos desnecessariamente e sacrificar boas oportunidades para reinvestir os lucros na empresa. Aqui eles agem como o administrador da fazenda que vai ao mercado para vender seus bezerros assim que pode, em vez de mantê-los até chegarem ao ponto em que pode tirar deles o máximo valor. Apesar de o dinheiro produzido pela venda rápida ser bem-vindo, ele pagou (ou melhor, os donos da fazenda pagaram) um custo excessivo.

Como o interesse de Fisher estava nas empresas com alto crescimento e fluxo constante de novos produtos, ele procurava empresas com dividendo zero ou baixo, já que, por sua própria natureza, tais empresas reaplicam seus lucros para criar mais lucros.

Ótimo trabalho e relações pessoais

O comportamento da gerência em relação à força de trabalho é crucialmente importante para o sucesso de uma empresa. Se os gerentes seniores, por meio de suas ações, podem persuadir seus colaboradores de que estão fazendo o máximo para criar um bom ambiente de trabalho e estão tentando cuidar dos interesses dos colaboradores, então conseguirão um bom retorno em termos de maior produtividade e menores custos. Se os colaboradores sentem que são tratados com justiça e respeito, então normalmente a empresa ganha; a produção pode aumentar, os custos podem cair e os colaboradores se esforçarão mais. É preciso alocar tempo na comunicação mútua e na solução de reclamações; salários serão mais altos do que a média e os esquemas de pensão e planos de distribuição de bônus, mais generosos. No entanto, esses custos adicionais são insignificantes quando comparados ao custo das relações trabalhistas ruins. Uma alta rotatividade de trabalhadores é algo perturbador e causa custos adicionais de recrutamento e treinamento. Greves são um custo óbvio, além de empregar uma força de trabalho que não dá o melhor de si; é muito melhor tratar bem os colaboradores. A metodologia *scuttlebutt* pode ajudar aqui, permitindo que o investidor avalie a reputação da empresa como boa empregadora. O investidor inteligente também faz uso de taxas de rotatividade e o tamanho da lista de espera de gente querendo trabalhar para a empresa.

Excelentes relações executivas

A gerência de uma empresa deve ter total confiança no CEO e na equipe. "Esses são os homens cujo julgamento, engenhosidade e trabalho em equipe vão, com o tempo, construir ou destruir qualquer empreendimento."[3] A política da empresa deriva da atitude daqueles que estão no alto e estes devem criar um ambiente de trabalho em que cooperação,

---

[3] FISHER, P. *Common Stocks, Uncommon Profits*, p. 40.

engenhosidade e esforço são tão respeitados quanto recompensados. Em qualquer empresa em rápido crescimento podem ocorrer tensões, atritos ou ressentimentos. Isso deve ser resolvido com rapidez e sensibilidade. Promoções devem se basear no mérito, não em divisões ou nepotismo. Salários devem ser revisados regularmente sem que os gerentes sintam necessidade de exigir um aumento de salário. As empresas mais bem administradas podem recrutar executivos dentro da empresa, pois cultivou talentos entre os colaboradores. Esse é um fator importante, já que os colaboradores existentes sabem como a empresa funciona, enquanto alguém de fora precisa aprender todos os riscos escondidos, todas as idiossincrasias que podem levar a problemas. O investidor deve estar atento a uma empresa que se baseia em uma pessoa para seu sucesso; deve haver profundidade no gerenciamento.

Um papel vital para os gerentes seniores é identificar e treinar juniores motivados e talentosos para sucedê-los quando for necessário:

Se de alto a baixo, cada nível de executivos não possui autoridade real para realizar seus deveres de forma engenhosa e eficiente, de acordo com o que permite a habilidade de cada indivíduo, o bom material executivo é como o animal sadio jovem e enjaulado, que não consegue se exercitar. Ele não desenvolve suas faculdades, pois não tem oportunidades suficientes para usá-las.[4]

Gerentes seniores devem ser capazes de permitir que os juniores façam seu trabalho sem interferências desnecessárias, assim, seus talentos podem se desenvolver e novas ideias podem surgir. Mais uma vez, a metodologia *scuttlebutt* são a fonte principal de informações sobre essa questão, mas uma estatística disponível também pode ser bem usada, a diferença entre os salários da pessoa mais alta e a de duas ou três abaixo dela. Se a diferença for significativa, é um sinal de alarme.

---

[4] FISHER, P. *Common Stocks, Uncommon Profits*, p. 41.

O comportamento do mercado deve ser explorado

Zigues e zagues

Fazer zigue quando os outros estão fazendo zague é algo que Fisher tem especial orgulho de fazer; usar o conhecimento conquistado a partir da análise financeira e dos *scuttlebutts* para investir em empresas ignoradas por outros analistas. A maioria dos investidores tende a seguir a multidão e investir no que é considerado pelos analistas profissionais como um bom investimento. Fisher olhava com afeto para a Food Machinery Corporation, cujo valor real tinha sido ignorado pela comunidade financeira, mas que lhe deu retornos espetaculares. Ele procurava empresas deste tipo: impopulares, mal analisadas, mas intrinsecamente sólidas. Ele fazia zigue, tendo fé em sua pesquisa e fontes de informações, enquanto o resto da comunidade financeira fazia zague, seguindo um ao outro como ovelhas. Foi quando lucros excepcionais puderam ser conseguidos e o risco de fracasso era relativamente pequeno se, e somente se, todos os seus requisitos de teste fossem satisfeitos.

Preços de ação e o índice preço/lucro

O movimento de preços de ação é governado por avaliações feitas pela comunidade financeira, e às vezes está desconectado do que está realmente acontecendo na empresa. Nunca devemos esquecer que uma análise de valor por um analista em uma das corretoras é uma questão subjetiva. Vem daquela pessoa interpretando o que está acontecendo em vez de refletir necessariamente o que está acontecendo de verdade no mundo real. Muitos analistas não possuem as habilidades ou o tempo para analisar precisamente os fatos e, como resultado, seus julgamentos são frequentemente equivocados. Assim, o preço de uma ação individual não sobe ou desce em nenhum momento particular em resposta ao que está realmente acontecendo ou vai acontecer àquela empresa. Ascensões e quedas são causadas pelo consenso da comunidade financeira ao que está acontecendo e irão ocorrer, independentemente de até que ponto esse consenso atual possa estar distante do que na realidade esteja acontecendo ou por acontecer. Como resultado da diferença entre a avaliação da comunidade financeira de uma empresa e os reais fatos subjacentes, ações podem ter seu preço avaliado consideravelmente mais baixo do que os fatos justificariam por um longo período.

Os mercados tendem a brincar de "seguir o líder", em que alguém lidera um rebanho de investidores, afastando-os da racionalidade. Tendências e estilos dominam o mercado financeiro assim como fazem com a indústria da moda. O

> *Tendências e estilos dominam o mercado financeiro assim como fazem com a indústria da moda.*

investimento da moda desfila diante de possíveis investidores com todos os seus atributos positivos acentuados e o otimismo irracional empurra os preços cada vez mais para cima. O pessimismo irracional, então, se estabelece e todas as preocupações, problemas e dúvidas assumem a dianteira. Isso ficou aparente especialmente em muitas ações de mídia e telecomunicações nos anos 1990. Para os investidores, pode ser uma espera interminável até que o comportamento racional volte ao preço das ações. A ampla variação entre a avaliação do mercado e as condições reais pode durar por um longo tempo. Mas lembre-se de que a bolha sempre explode – às vezes em poucos meses, às vezes somente depois que os anos passaram, mas ela vai explodir.

Quando uma ação está com o preço sobreavaliado e é então corrigida, a pressão psicológica do preço rebaixado enfatiza exageradamente todos os fatores negativos, e o resultado poderia ser um severo rebaixamento do preço. Investidores sérios devem recuar de todo o tumulto do mercado e analisar os fatos calmamente. Essa é a forma de encontrar as ações filão de ouro de Fisher, que a comunidade financeira rejeitou e depois sentar-se para esperar que elas melhorem. Paciência e autodisciplina são necessárias, já que a espera pode ser considerável. Para ser um bom investidor você precisa de um bom sistema nervoso mais do que uma boa cabeça. Investidores devem ter nervos de aço e colherão as recompensas, beneficiando-se tanto de crescentes lucros como do simultâneo aumento no índice preço/lucro, P/L (*PER – Price Earnings Ratio*).

Pagamento por lucros de qualidade

Não é possível confiar em uma simples comparação entre PERs; pensemos em duas empresas, A e B. Os lucros das duas têm sido o mesmo nos últimos anos, e espera-se que dupliquem nos próximos quatro anos. O P/L das duas empresas é 20. Empresas parecidas no mesmo setor, mas sem perspectivas de crescimento nos lucros, estão vendendo a dez vezes seu lucro (P/L = 10). Passam quatro anos e vamos assumir que investidores ainda valorizam as ações sem perspectiva de crescimento a um P/L de dez. A empresa A espera que os lucros dupliquem nos próximos quatro anos como aconteceu nos quatro anteriores, então ainda estará vendendo com um P/L de 20 e o preço da sua ação duplicou. A empresa B, porém, não tem nenhum potencial de crescimento futuro, então está avaliada com um P/L de 10 porque não tem perspectivas de crescer. Apesar de ter duplicado os lucros nos quatro anos anteriores, o preço da ação permanece o mesmo. Investidores devem investir em ações que confiam que irão continuar a crescer nos anos seguintes.

Se uma empresa tem uma política concreta de desenvolver novas fontes de poder de ganho, e se o setor no qual se encontra provavelmente continuará a mostrar crescimentos substanciais, então seu P/L em cinco ou dez anos provavelmente será alto se comparado à média atual. Geralmente acontece que ações com potencial de crescimento realmente forte estão com preços baixos, pois o mercado não leva em conta o futuro como você poderia levar. Se realizou uma análise completa e estimou um crescimento muito rápido nos lucros de uma empresa, então, apesar de que à primeira vista o preço das ações possa parecer muito alto, talvez seja a melhor barganha do mercado entre várias ações com P/Ls muito mais baixos.

Os investidores devem estar prevenidos contra tentar antecipar o futuro com precisão numérica; é uma busca fútil e impossível em qualquer esfera, principalmente no mundo financeiro. O que importa para o futuro é que todos os blocos de construção estejam no lugar – direção com qualidade, excelente marketing, forte posição competitiva, P&D perfeitos etc. Se esse for o caso, então o grande aumento nos preços e lucros vai acontecer cedo ou tarde.

Diversificação

A preocupação comum é que você tenha muitos ovos em uma única cesta; Fisher está mais preocupado com o outro extremo. A desvantagem de ter ovos em tantas cestas é que uma porção de ovos não termina em cestas realmente atraentes. Além do mais, é impossível monitorar todos os ovos. Fisher ficava espantado que os investidores fossem persuadidos a espalhar seus fundos entre 25 ou mais ações, pois pensava que seria impossível para uma pessoa acompanhar tantas empresas de uma maneira satisfatória. Na realidade, o problema central para os investidores é encontrar suficientes investimentos excelentes, em vez de escolher entre muitos. Ele dispensava aqueles que preenchiam seus portfólios com uma lista muito longa de títulos como apostadores de ações que não tinham muita certeza do que estavam fazendo, ele não considera isso um sinal de brilhantismo.

O investidor precisa ficar em contato direto ou indireto com as diretorias. Não pode fazer isso se tiver de acompanhar dúzias de empresas. O excesso de diversificação levará a desempenhos piores do que se o investidor for dono de ações em poucas empresas. Dito isso, um investidor deveria sempre se conscientizar de que alguns erros serão cometidos e que ele deveria ter suficiente diversificação de tal modo que um erro ocasional não terminará sendo desastroso. No entanto, além desse ponto, ele deveria tomar cuidado extremo para ter as melhores. No campo do investimento em ações, é melhor ter um bom número das melhores do que ter um pouquinho de muitas. Convencionalmente, os fundos gerenciados estão sendo investidos em empresas que são pouco conhecidas, deixando dinheiro insuficiente para investir em empresas que foram extensivamente pesquisadas. Comprar ações sem conhecimento suficiente dos pontos fortes e fracos em termos estratégicos, gerenciais e financeiros da empresa é ainda mais perigoso do que ter a diversidade inadequada.

Para ilustrar o grau de diversificação que acha adequada, Fisher traça uma analogia com um soldado da infantaria ensarilhando rifles. Dois rifles dariam um sarilho instável; cinco ou seis colocados corretamente seriam muito mais firmes. Mas ele poderia estar seguro tanto com cinco quanto com 50. Na questão da diversificação, no entanto, há uma grande diferença entre ensarilhar rifles e ações. Com os rifles, o número necessário para um sarilho firme normalmente não depende do tipo de rifle usado. A natureza das ações tem tudo a ver com a quantidade de diversificação necessária. Riscos podem ser diminuídos ao escolhermos empresas dirigidas por uma equipe de gestores em vez de por um gerente. O investimento em empresas cíclicas deveria ser equilibrado por investimento em ações menos sujeitas à flutuação. Não é uma boa ideia investir totalmente em um setor em particular, porém, investir em dez ações em dez setores diferentes pode ser diversificar demais. Para investidores focados em empresas grandes, bem estabelecidas e que estão crescendo (como a Dow, Du Pont e IBM nos anos 1960) a sugestão de Fisher é que deveria existir um mínimo de cinco ações, não mais do que 20% em qualquer uma, e os produtos das empresas distintas não deveriam se sobrepor. Empresas bem estabelecidas, mas ainda não líderes, que cumprem os critérios de Fisher poderiam receber um investimento de 8-10% do fundo. Finalmente, nas pequenas empresas, que oferecem incrível potencial para ganhar se forem bem-sucedidas, mas poderiam ser perdas completas nos fracassos, você deveria investir dinheiro que pode dar-se ao luxo de perder, e nunca mais do que 5% em qualquer ação.

O que Fisher evitava

Rejeitar empresas que cometeram erros

A maioria das empresas nas quais Fisher investiu foi pioneira da tecnologia. Fracassos de projetos vão acontecer em tais empresas se elas quiserem realmente ter sucesso. Procure uma boa média de sucesso em relação à média de fracasso. Se a empresa é dirigida por bons gerentes, um mau desempenho será passageiro. Investidores focados no curto prazo têm o hábito de responder apressadamente às quedas de lucros:

> Mais de uma vez o consenso imediato da comunidade de investidores é diminuir a qualidade da diretoria. Como resultado, os lucros mais baixos deste ano produzem uma diminuição do índice preço/lucro P/L históricos para amplificar o efeito dos lucros reduzidos. As ações geralmente alcançam preços realmente de barganha.[5]

Brincando de entrar e sair

Fisher dizia que não podia prever movimentos de preço de curto prazo. Imaginar que você pode olhar uma das ações em seu portfólio e dizer que nos próximos seis meses acha que vai cair e portanto vai vendê-la agora e comprá-la de novo daqui a seis meses é besteira.

---

[5] FISHER, P. *Common Stocks, Uncommon Profits*, p. 231.

Igualmente tola é a política de procurar ações que ainda não estão em seu portfólio e que você estima que vão crescer nos próximos seis meses. Nenhum dos grandes investidores mostrados neste livro acredita que possui conhecimento suficiente para ser capaz de dizer que uma ação em particular será mais alta ou mais baixa daqui a seis meses. E mesmo assim muitas pessoas com menos experiência acham que sabem! O que isso diz sobre a ultraconfiança não temperada pela larga experiência ou o aprendizado das pessoas com maior sabedoria? O investidor a longo prazo sempre vai superar o de curto prazo.

Previsões macroeconômicas

Basear-se nisso é "bobagem". Nosso atual grau de conhecimento da economia é como o da ciência da química nos dias da alquimia. Ocasionalmente (talvez um ano em cada dez), porém, as coisas ficam extremas e uma perspectiva macro pode ser de alguma utilidade. A comunidade financeira dedica muito esforço mental nisso, como uma constante tentativa de adivinhar o futuro econômico. É uma grande pena que tanto tempo e energia sejam gastos dessa forma. Muito mais pode ser conquistado se o investidor ignorar adivinhações nas tendências futuras dos negócios em geral ou do mercado de ações e se concentrar, em vez disso, na procura de empresas sólidas e bem administradas que estejam com preços baixos.

Impaciência

Às vezes leva o que parece uma eternidade para que o resto do mercado entenda e reconheça o valor de uma empresa em que você investiu. Apesar de ser mais fácil estimar que uma ação vai aumentar, não é tão fácil dizer quanto tempo vai se passar antes disso acontecer. Mantenha os princípios do investimento racional enquanto espera que os outros fiquem mais racionais.

Tentar "empatar" em um mau investimento

Muitos investidores pioraram suas perdas mantendo uma ação até conseguirem "pelo menos empatar". Eles podem não gostar mais da empresa como investimento, mas relutam em desistir e admitir a derrota e contabilizar uma perda. Não só existe o perigo de que a ação continue caindo, mas há geralmente um grande custo de oportunidades, já que o investidor desiste dos lucros que poderiam ter sido feitos por meio do reinvestimento do dinheiro que poderia ter sido realizado. Seguir só para não ter de contar a ninguém (nem a si mesmo) que você cometeu um erro e perdeu é mera autoindulgência. Aceite seu erro e siga em frente.

Julgando uma ação com base em seu padrão prévio de preço

Referir-se à amplitude de preços de uma ação no passado quando se considera a compra ou a venda é perder tempo e ser influenciado por uma irrelevância. Os fatos cruciais necessários como dados para a análise são encontrados nas influências atuais e futuras sobre o desempenho dos negócios subjacentes. Declarações estúpidas são: "bom, o preço está se mantendo dentro de uma faixa nos últimos anos, então está na hora de aumentar"; "como o preço aumentou muito ele não vai continuar" (crescimento histórico pode significar que ele vai aumentar muito mais). Entenda a empresa, não os gráficos de preços das ações.

Start-ups

Pelo menos dois ou três anos de histórico de operações são necessários para avaliar as operações do funcionamento principal da empresa.

Dizer não a um alto índice preço/lucro

Fisher estava disposto a pagar P/L de 35 ou mais se existisse o potencial de crescimento nos lucros.

Vender

O conselho de Fisher sobre quando vender as ações é sucinto: quase nunca. Quer dizer, se a análise foi feita corretamente em primeiro lugar. Fisher, no entanto, ocasionalmente vende ações, por duas razões principais; primeiro quando tivesse sido feito um erro na análise original da empresa, e os fatores fossem menos favoráveis do que se supôs. Nesse caso, é vital que o erro seja reconhecido e corrigido rapidamente e que o investidor tenha a honestidade e o autocontrole para aceitar que ele é falível, e também para aprender dos erros de julgamento.

> *Em segundo lugar, há empresas cujo desenvolvimento, com o tempo, faz com que elas não se classifiquem como uma ação de crescimento para Fisher.*

Em segundo lugar há empresas cujo desenvolvimento, com o tempo, faz com que elas não se classifiquem como uma ação de crescimento para Fisher. Há incontáveis razões para essa deterioração, como diretorias menos capazes, executivos complacentes ou a perda de vantagem competitiva. O ponto mais importante é que o problema seja reconhecido. Fisher sugeria um teste para ver se uma empresa ainda se classifica como uma ação de crescimento: pergunte-se se no próximo pico do ciclo de negócios os lucros por ação da empresa vão provavelmente mostrar pelo menos um crescimento tão grande a partir dos níveis atuais quanto os níveis atuais mostram desde o último pico de atividade geral. Se não puder responder que sim, então provavelmente você deveria vendê-las.

Uma terceira razão para vender é quando há uma oferta com melhor perspectiva. Aqui uma ação de empresa de crescimento potencial é vendida para comprar outra. Você precisa ter muita certeza de onde está pisando para fazer isso porque pode ser fácil se persuadir de que a grama é mais verde do outro lado. Você conhece os problemas das suas ações enquanto não está muito familiarizado com as que está querendo comprar e, assim, sempre há o risco de que tenha deixado escapar algum elemento mais importante no quadro geral.

Dificuldades e retrocesso com essa postura

Exige tempo, conhecimento e personalidade

As regras de investimento de Fisher e os hábitos necessários são muito exigentes. O *scuttlebutt* é algo que consome tempo, assim como ganhar e manter conhecimento suficiente sobre finanças, economia e estratégia corporativa para ser capaz de fazer as perguntas corretas. A maioria das pessoas não tem tempo para realizar análises estilo Fisher. Entre aqueles que possuem tempo, só uma fração terá os traços de personalidade ou as inclinações para sair e conversar de forma inteligente com as pessoas associadas à empresa. Elas precisam estar realmente interessadas na problemática dos negócios para serem capazes de persuadir outras pessoas a contar o que sabem sobre a empresa.

Vão conversar com os pequenos investidores?

Embora os líderes da empresa estejam dispostos a conversar com investidores e potenciais investidores, eles obviamente não podem destinar muito tempo para responder às perguntas de todos eles. Assim, tendem a estar mais dispostos a conversar com os gestores de grandes fundos de investimentos que poderiam investir milhões em suas empresas, e menos a conversar com pequenos investidores.

Fazer da forma apropriada ou não fazer

Não tenha como base para suas decisões o conhecimento superficial; você deve estar completamente comprometido ou deixar todo o processo de investimento para alguém que está completamente comprometido. Assim como você não seria seu próprio médico ou advogado ou contador, quando chega a hora de investir deveria contratar um especialista.

Conclusão

O principal conselho de Fisher é ganhar conhecimento, de todos os modos possíveis, investir somente em setores nos quais tenha feito suficiente pesquisa e usar a metodologia do *scuttlebutt*. Ele insistia que a análise das ações deveria ser feita corretamente, e via a tarefa do investidor como sendo tão especializada e intricada que é improvável que amadores sejam capazes de lidar com seus próprios investimentos. O conselho que ele dá está destinado a investidores profissionais, ao contrário de alguns outros grandes investidores que não excluem a possibilidade de que um amador diligente possa ser capaz de fazer sucesso com seu portfólio concentrando-se em ramos de negócios particulares que conheçam bem. Investidores deveriam considerar adicionar ações a seus portfólios somente se tiverem domínio sobre todas as informações de cada empresa em relação a seus eventos, condições estratégicas, qualidade da direção e todos os outros fatores envolvidos na sua constituição.

Fisher teve muita influência sobre muitos investidores nos últimos 50 anos, seja entre os que se viam como investidores em empresas de crescimento potencial ou em empresas de valor estabelecido. Os pontos que eles valorizam são:

- Reconhecer a importância do *scuttlebutt*.

- Investir em um pequeno número de empresas de que você realmente entende.

- Procurar bons diretores e uma forte posição de competitividade.

- Não acompanhar a avaliação da multidão de investidores – faça a sua.

- Manter o foco em retornos no longo prazo.

- Sempre comprar empresas de crescimento potencial a baixo preço.

- Não perder tempo com previsões macroeconômicas ou fazendo previsões do movimento do mercado no curto prazo.

CAPÍTULO 3

Warren BUFFETT & Charles MUNGER

Warren Buffett é o presidente e o maior acionista da Berkshire Hathaway, uma empresa por meio da qual envolveu-se em uma carreira extraordinariamente bem-sucedida como investidor, investindo em tudo, de chocolate a móveis, de joias a jornais. Ele está sempre na lista dos maiores bilionários do mundo, sendo que em 2008 chegou à posição número 1 da Forbes com uma fortuna de US$ 62 bilhões, uma incrível história de sucesso. Fruto de investimentos astutos durante uma carreira de mais de 60 anos e que fez ganhar os apelidos de "Oráculo de Omaha" e "Sábio de Omaha".

Charles Munger é o colega de Buffett na Berkshire Hathaway, tendo também nascido na cidade de Omaha, Nebraska. Ele desenvolveu sua própria empresa de investimentos antes de se juntar a Buffett como vice-presidente da Berkshire Hathaway nos anos 1970, formando a parceria que dominaria o mundo das finanças por mais de 40 anos.

Há muito a aprender com Buffett e Munger, como:

- Foco nas características de uma empresa que levarão a fortes aumentos no lucro a longo prazo.

- Garantir que as empresas nas quais você investe são operadas por executivos honestos, além de competentes.

- Retornos sobre o capital líquido usados dentro da empresa são muito importantes.

- Você pode ter de esperar décadas antes que uma empresa excelente fique barata o suficiente para ser comprada por uma barganha, se é que isso acontece alguma vez.

- Evitar o excesso de diversificação.

- A multidão de investidores não deve ser seguida, mas erros feitos por ela podem ser explorados.
- Geralmente vale a pena ser leal a uma empresa e seus executivos por muitas décadas.
- Há alguns excelentes investimentos fora do mercado de ações.

Os dois homens vieram de bases parecidas, mas suas carreiras de investimentos iniciais seguiram caminhos intelectuais substancialmente diferentes; Buffett baseava seus investimentos sobre fatores quantitativos, seguindo a filosofia de seu mentor Benjamin Graham, enquanto Munger favorecia as ideias de Philip Fisher, procurando fatores que davam à empresa vantagem competitiva. No entanto, depois que começaram a trabalhar juntos, suas visões sobre as ações começaram a se unificar a tal ponto que eles virtualmente liam o pensamento um do outro: Buffett diz que ele e Charlie podem tomar decisões sobre um comunicado de quatro páginas pelo telefone com três grunhidos. Os dois aceitam a visão de Graham de que ter ações deveria ser visto como ser o dono de uma empresa. A ênfase deles está na análise da empresa em vez de na análise das ações. Eles dirigem conjuntamente a bem-sucedida empresa de investimento, a Berkshire Hathaway, complementando-se de uma forma incrível. Buffett facilmente admite a dívida intelectual que tem com Munger; diz que seria muito mais pobre se tivesse ouvido simplesmente o que dizia Benjamin Graham.

É importante apreciar o efeito da infância de Buffett e os primeiros trabalhos em sua filosofia de investimento, por isso, vou começar desse ponto. Depois olharemos para o incrível desempenho das parcerias de investimentos que ele fez nos anos 1950 e 1960. A Berkshire Hathaway se tornou o principal veículo para que ele e Munger usassem seus talentos como aplicadores de capital começando no final dos anos 1960: a história de seu progresso a partir de uma empresa têxtil em declínio para uma das maiores corporações do mundo é inspiradora. Ao mesmo tempo examinaremos algumas de suas maiores decisões de investimento. Isso é seguido por uma olhada de perto em sua filosofia e critérios para investimentos. Depois temos uma breve visão de seus conselhos sobre o que você não deve fazer como investidor – investir consome tempo, então você não deve ficar distraído por coisas irrelevantes como equações com letras gregas nelas (adoradas pelos acadêmicos), previsões de movimentos de mercado de curto prazo (adorada por milhares de corretores do mercado) ou usar a medida de risco errada (por exemplo, beta, que é adorada tanto por acadêmicos como corretores!). Finalmente, eu traço algumas das dificuldades e dos contratempos causados pelas posições deles.

Primeiros tempos

Buffett nasceu em 1930 em Omaha, Nebraska, onde ainda vive. Seu pai, Howard, dirigia uma empresa de corretagem e mais tarde foi por quatro legislaturas congressista dos Estados Unidos. Desde jovem, Buffett mostrou uma forte aptidão para o dinheiro e os negócios, demonstrando tanto empreendedorismo quanto iniciativa, primeiro trabalhando no mercado de seu avô, e aos 11 anos fazendo apontamentos no painel da Harris Upham, uma corretora de ações na Bolsa de Nova York que ficava no mesmo prédio da corretora de seu pai. Ele preencheu sua primeira declaração de renda quando tinha 13 anos, afirmando que sua bicicleta e seu relógio eram gastos dedutíveis por causa de seu trabalho como entregador de jornais.

Seu primeiro investimento aconteceu cedo. Aos 11 anos, ele e a sua irmã Doris compraram três ações preferenciais da Cities Service a US$ 38,25 por ação. Desse primeiro investimento, ele aprendeu três lições valiosas, que mostraram ser influentes por toda a sua carreira de investimentos. Lição um: não entre em pânico se os preços caírem. O investidor precisa de paciência e força de vontade para permanecer firme em caso de adversidade. As ações da Cities Service caíram para US$ 27. Lição dois: não venda para ter um lucro de curto prazo. Se o investidor tem a convicção de que seu investimento é bom, então não deveria vender para ter um lucro rápido. A Cities Service subiu até US$ 40, quando Buffett vendeu, mas elas mais tarde chegaram a US$ 202 por ação, que teria dado um lucro de US$ 490 a Buffett e sua irmã. Essas duas lições ensinaram a Buffett sobre a importância de investir em boas empresas no longo prazo. Lição três: Buffett aprendeu sobre a responsabilidade pessoal. Sentiu-se culpado quando a ação caiu porque sua irmã tinha confiado o dinheiro dela para ele. Estava determinado a ter certeza do sucesso, se fosse investir o dinheiro dos outros; esse exemplo ético seria a base de sua vida profissional.

Educação

Buffett se formou na Woodrow Wilson High School em 1947, tendo se mudado com a família para Washington quando seu pai assumiu o mandato de congressista. Enquanto estava na escola, sua natureza empreendedora permitiu que ele acumulasse uma soma de dinheiro considerável, que seria a base de seu primeiro fundo de investimentos; ele trabalhava meio período como entregador de jornais, montando cinco rotas de entregas simultâneas, começando sua conexão com *The Washington Post*; comprou pacotes de Coca-Cola e as vendia individualmente com lucro; coletava e reciclava bolas de golfe; publicava uma folha com dicas sobre as corridas de cavalo; comprou uma máquina de fliperama recondicionada por US$ 25, acrescentou mais seis máquinas e as colocou em barbearias, ganhando US$ 50 por semana; comprou um Rolls Royce 1934 e o alugava por US$ 35 por dia; também comprou 40 acres de terras em Nebraska e alugava para um fazendeiro. Ele inventou todos esses esquemas para gerar dinheiro até os 14 anos de idade.

Do ensino médio, aos 17 anos, ele entrou na Wharton School of Finance (Universidade da Pensilvânia), mas depois de dois anos descobriu, como muitos outros investidores bem-sucedidos, que o ensino de teorias financeiras tem pouca importância no vivaz mundo dos negócios. Charles Munger descreve muito do que foi ensinado nas aulas de finanças como "bobagem" e Buffett era da mesma opinião, resultando em sua saída da Wharton para completar sua graduação na Universidade de Nebraska. Foi em Nebraska

> *Charles Munger descreve muito do que foi ensinado em aulas de finanças como "bobagem".*

que ele leu um livro que mudou sua vida; era *O investidor inteligente* de Benjamin Graham. Antes de lê-lo, já comprava ações, mas terminou cometendo os mesmos erros de milhões de outros investidores. Tinha tentado interpretar os gráficos e outras análises técnicas e tinha ouvido dicas, mas ler esse livro era "como ver a luz" – ele agora tinha sólidos princípios sobre os quais construir.

Ao sair de Nebraska em 1950 com um bacharelado em Economia, ele inicialmente se inscreveu em Harvard, mas foi rejeitado. Isso foi um choque para seu ego, mas foi afortunado mesmo sem perceber na hora porque posteriormente entrou na Columbia Graduate Business School, em que conheceu e estudou com Benjamin Graham, que se tornou não só seu professor, mas também seu amigo. Ele foi bem na Columbia e era o único estudante a quem Graham já deu um A+ em sua turma de análise de títulos. Ele deixou a Columbia em 1951 com um Mestrado em Economia e uma valiosa compreensão dos princípios centrais de Graham: valor intrínseco e margem de segurança.

Tanto seu pai quanto Graham o aconselharam a não tentar ganhar a vida no mercado de ações, mas Buffett estava determinado a isso, mantendo o interesse em investimentos que o haviam estimulado quando era criança. Ele se ofereceu para trabalhar para seu mentor na Graham-Newman, mesmo sem salário, mas foi recusado no começo, pois Graham favorecia jovens judeus que sofriam discriminação em muitos estabelecimentos financeiros. Temporariamente rejeitado por Graham, Buffett se estabeleceu em Omaha, trabalhando como corretor para a empresa de corretagem de seu pai, a Buffett-Falk & Co.

GEICO

Enquanto estudava na Columbia, Buffett soube que Graham era diretor de uma pequena companhia de seguros automobilísticos chamada GEICO (Government Employees Insurance Company [Empresa de Seguros de Empregados do Governo]) e ficou curioso para saber o motivo disso. Um sábado pela manhã no começo de 1951, pegou o trem até Washington com a esperança de encontrar alguém que pudesse falar sobre a empresa. Depois de falar com o segurança, ficou sabendo que só havia uma pessoa trabalhando no prédio; era o Sr. Lorimer Davidson, assistente do presidente, que mais tarde se tornaria CEO, o principal executivo da companhia. Sem ficar chateado com a interrupção e impressionado pela atitude inteligente e as perguntas de Buffett, Davidson dedicou quatro horas de seu tempo para explicar como funcionava a indústria de seguro e quais eram as vantagens da GEICO. A sua clientela era de baixo risco e, portanto, gerava excelentes margens de lucro. A empresa tinha um bom nicho de mercado e excelentes perspectivas de crescimento, uma equipe de vendas eficiente e, mais importante, uma substancial reserva de caixa, quer dizer, prêmios de seguro contratados, mas não indenizados, deixando o dinheiro temporariamente disponível para investimentos.

Buffett ficou inspirado pelo que aprendeu – não só como funcionava a indústria do seguro, mas também os fatores que permitem que uma empresa seja superior à outra. Davy explicou que o método de venda da GEICO (marketing direto) permitia menores custos do que seus concorrentes.

Ao voltar para Nebraska, enquanto trabalhava na corretora do pai, ele começou sua associação com a GEICO, investindo ao redor de 65% de seu patrimônio líquido em ações da empresa, chegando à soma de US$ 10.282 e tentando convencer, sem muito sucesso, clientes da corretora a aplicar ali. Não ficou surpreso por ter fracassado em conseguir muitos clientes, descrevendo-se como um jovem de 20 anos, magrelo e pouco polido, que parecia ter 17. Um cliente que ele conseguiu persuadir foi sua tia Alice, que sempre o apoiou e ganhou excelentes recompensas desse e de muitos outros futuros investimentos sugeridos pelo sobrinho. Em 1952, ele vendeu suas ações da GEICO por US$ 15.259, um retorno considerável, mas, se tivesse mantido suas ações por mais 20 anos, elas teriam valido US$ 1,3 milhão. Isso o ensinou uma lição: se você identificou uma empresa excelente, então, enquanto ela permanecer excelente, não venda suas ações.

Buffett encontrou tempo para participar de um curso de Dale Carnegie que lhe deu a confiança para falar em público, algo que até aquele ponto o deixava aterrorizado. Sua nova confiança permitiu que começasse a dar aulas noturnas na Universidade de Omaha e também lhe deu a coragem para pedir Susie em casamento, o que aconteceu em 1952.

Nos três anos que passou na corretora, ele contatou Graham com várias ideias de investimento, e em 1954 Graham finalmente ofereceu uma posição como analista de títulos. Nos dois anos seguintes, Buffett absorveu os valores e as crenças de Graham, o que reforçou os padrões éticos que tinha recebido desde o berço. Quando Graham se aposentou dois anos depois, Buffett, com 25 anos, voltou para Omaha, com uma sólida base nos princípios de investimento de Graham, cheio de confiança em sua própria capacidade e com um fundo de US$ 174 mil, resultado de bons investimentos. Sua intenção era colocar tudo que havia aprendido em prática e começar sua própria empresa de investimentos, dirigida com altos padrões de integridade e disciplina. Ele via Omaha como um lugar muito melhor para pensar em investimentos do que Nova York, em que havia muitos estímulos o tempo todo. Se você é atingido por uma avalancha de notícias, choques de curto prazo e dicas, há o perigo de que comece a responder a eles. Pode levar a um comportamento louco enquanto responde ao imediato e perde a visão dos fatores realmente importantes para um investidor.

Parcerias de Buffett

Entre 1956 e 1969, ele teve várias sociedades, convidando investidores a permitir que invistam em seus fundos, com o objetivo de superar o Índice Industrial Dow Jones por um período de três anos, sendo que este é o período de tempo mínimo que ele achava que um gestor de fundo deveria ser julgado. A primeira delas, Buffett Associates Ltd., teve sete associados e um fundo de investimento de US$ 105 mil (US$ 35 mil dos quais eram investimentos da Tia Alice); a última, Buffett Partnership Ltd., tinha mais de 90 sócios e no ano anterior em que foi encerrada, valia US$ 104 milhões, uma conquista impressionante, com lucros acima do Dow em quantias consideráveis (ver a Tabela 3.1).

Tabela 3.1   Desempenho do lucro anual da Buffett Partnership Ltd.

Ano	Resultados gerais do índice Dow %	Resultados da sociedade %	Resultados dos sócios (depois da taxa de Buffett) %
1957	− 8,4	+ 10,4	+ 9,3
1958	+ 38,5	+ 40,9	+ 32,2
1959	+ 20,0	+ 25,9	+ 20,9
1960	− 6,2	+ 22,8	+ 18,6
1961	+ 22,4	+ 45,9	+ 35,9
1962	− 7,6	+ 13,9	+ 11,9
1963	+ 20,6	+ 38,7	+ 30,5
1964	+ 18,7	+ 27,8	+ 22,3
1965	+ 14,2	+ 47,2	+ 36,9
1966	− 15,6	+ 20,4	+ 16,8
1967	+ 19,0	+ 35,9	+ 28,4
1968	+ 7,7	+ 58,8	+ 45,6
Composto '57–'68	+ 185,7	+ 2.610,6	+ 1.403,5

Fonte: Carta aos sócios de Warren Buffett, 22 jan. 1969.

Como Buffett conseguiu isso? Usando toda a sua capacidade, experiência e conhecimento, e se mantendo dentro de seus princípios, que para começar eram muito influenciados por Graham, investindo em ações que estavam com preço baixo comparado com o valor dos ativos líquidos mostrados em seus balanços e que tinham uma boa margem de segurança. Apesar de ganhar grandes lucros para seus sócios, ele concordou em não receber nenhum pagamento se os fundos não fossem bem. Disse que não merecia receber nada se não pudesse dar um retorno a seus sócios de pelo menos o que eles poderiam obter em uma conta de poupança. Buffett não recebia nada até alcançarem o objetivo de 6% anual, a partir do qual ele recebia um quarto de todo lucro conseguido. Se em algum ano os 6% não fossem alcançados, Buffett não recebia nada até o déficit ser coberto. Não é preciso dizer que em nenhum momento os 6% deixaram de ser ultrapassados, mantendo os sócios felizes, e fazendo de Buffett um milionário.

Uma reunião importante aconteceu em 1959 e teve um forte significado para os dois lados: Warren Buffett conheceu Charlie Munger em um almoço organizado por um amigo. Os dois se conectaram imediatamente e assim começaram sua parceria legendária, apesar de que na primeira década isso era basicamente uma parceria de ideias e discussões, com Munger dirigindo sua própria empresa na Califórnia e investimentos feitos de forma independente – apesar de que em algumas ocasiões eles investiriam na mesma empresa.

Investimentos em parceria

Os investimentos que Buffett fez cobriam uma ampla variedade de setores; em 1961, uma fábrica de equipamentos agrícolas, a Dempster Mill Manufacturing Company, foi comprada e em 1962 Buffett começou a adquirir ações da Berkshire Hathaway, uma grande empresa têxtil em um setor industrial em declínio. Ele também comprou ações em algumas empresas líderes, notavelmente a American Express e a Disney.

Amex

No começo dos anos 1960, a American Express dominava o emergente mercado de cartões de crédito; tinha uma marca forte e milhões de clientes, mas poucos ativos tangíveis. Em 1963, foi vítima de uma fraude de enormes proporções, realizada por um empresário inescrupuloso, que percebeu que poderia levantar empréstimos de acordo com a quantidade de óleo para salada que tinha em seus tanques. A Amex foi enganada liberando receita sobre a quantidade de óleo armazenado, mas de fato os tanques só continham, na verdade, uma pequena quantidade de óleo flutuando por cima de água do mar. Quando a fraude foi descoberta, a Amex foi quem mais perdeu, e suas ações caíram para quase a metade do valor. Buffett aproveitou a situação ruim da Amex, usando 40% do capital de sua sociedade para comprar 5% da Amex por US$ 13 milhões. Ele estava confiante de que teria uma margem suficiente de segurança, baseado nos lucros futuros da Amex que eram resultado de seu virtual monopólio do setor. Não era uma margem de segurança que Graham teria aprovado, já que se baseava mais nos balanços, mas Buffett estava convencido (e acertou) na precisão de sua avaliação sobre o futuro da Amex.

É interessante notar que Buffett não estava contra "colocar seus ovos em uma única cesta"; antes ele tinha colocado 65% de seu patrimônio na GEICO e agora estava feliz de colocar 40% na Amex.

> É interessante notar que Buffett não estava contra "colocar seus ovos em uma única cesta".

Disney

A atenção de Buffett foi atraída para a Disney em 1966, quando o mercado de ações a avaliou em US$ 90 milhões. Buffett achou que era um bom investimento; tinha uma franquia brilhante, tinha tido um lucro bruto de US$ 21 milhões em 1965, era a dona de uma valiosa biblioteca de filmes e possuía mais dinheiro em caixa do que o valor de suas dívidas. Ele notou que o pavilhão Piratas do Caribe na Disneylândia tinha custado US$ 17 milhões. Ficou animado por ser capaz de comprar toda uma empresa por apenas cinco vezes um de seus pavilhões – parecia tão obviamente barata. Buffett investiu bastante na Disney, vendeu em 1967 com 55% de lucro. Em 1995, ele reinvestiu na Disney, trocando as ações da Capital Cities/ABC Inc. por ações da Disney, e em 1995 os acionistas da Berkshire Hathaway falaram que ele se repreendeu publicamente por vender muito cedo em 1967, já que as ações da Disney cresceram 138 vezes entre 1967 e 1995. Apesar de sua autodesaprovação (algo no qual ele era muito bom), precisamos lembrar que usou o resultado da venda para conseguir fantásticos retornos em outros lugares. Mas isso fornece outro exemplo do erro de vender muito cedo, o que encorajou o desenvolvimento de uma postura de manter os investimentos por longo prazo.

Desconforto com o Bull Market (mercado em alta)

Durante os anos 1960, apesar do incrível sucesso que criava sorrisos no rosto de seus sócios, Buffett foi ficando cada vez mais desconfortável com o comportamento do mercado de ações. O *Bull Market* pela demanda criada pela Guerra do Vietnã, com índices preço/lucro (P/L) normalmente chegando a 50 e 100 para as ações mais populares, como Xerox, Avon e Polaroid. A atitude de Buffett de focar na lucratividade a longo prazo e sua aversão a pagar por altos índices de P/L o tiraram de sincronia com a filosofia geral da época, e ele parecia um reacionário à moda antiga.

Em 1967, seu desconforto tinha aumentado a ponto de ter escrito para seus sócios:

> Essencialmente, estou fora de sintonia com as condições atuais. Não vou abandonar uma postura anterior cuja lógica sou capaz de entender apesar de que isso possa significar deixar passar lucros grandes e, aparentemente, fáceis, para apoiar uma postura que não entendo completamente, não tive experiência de usar e que, possivelmente, poderia levar a uma substancial perda permanente de capital.[1]

---

[1] BUFFETT, W. E. Carta aos sócios de Buffett Partnership.

Parceria dissolvida

Vinte meses depois de escrever a carta, durante um período no qual o fundo tinha aumentado ainda mais, ganhando 59% em 1968 e chegando a US$ 104 milhões, a sociedade terminou em maio de 1969. Cada sócio poderia escolher uma de três opções (ver Figura 3.1). Buffett ficou com a Berkshire Hathaway (e a Diversified Retailing por um tempo), com alguns dos outros sócios. Sua parte da sociedade, que valia US$ 25 milhões, tinha 29% das ações na Berkshire Hathaway, e Buffett foi indicado como presidente. Aos 40 anos, Buffett era um multimilionário e poderia ter se aposentado com conforto, mas ele gosta tanto do mundo do investimento que isso o faz se sentir "como em um sapateado o tempo todo" – de acordo com seu sócio de muitos anos, Charlie Munger, quando ele entra no escritório, seu espírito fica mais leve, quando fala em sapatear quando investe, está dizendo a verdade.

Buffett continuou investindo, e na crise de 1973-74 comprou mais ações da Berkshire Hathaway com um grande desconto em relação ao valor contábil, chegando a 43% das ações.

Figura 3.1 Opções dos sócios na dissolução da Buffett Partnership

Berkshire Hathaway

Em sua primeira encarnação, a Berkshire Hathaway era uma empresa têxtil. Buffett e seus gestores fizeram tudo o que puderam para que a empresa lucrasse a fim de justificar a quantidade de capital que ela usava, mas foram derrotados pela economia da indústria têxtil; os artigos que eles produziam eram bastante simples e comuns, e não foram capazes de competir contra as importações estrangeiras que usavam mão de obra mais barata. Para competir, era necessário muita quantidade de capital, sem garantia de um bom retorno. Buffett decidiu que o capital seria muito mais bem usado investindo em empresas que tinham melhores perspectivas e com o exemplo da GEICO em sua memória passou a olhar a indústria de seguros.

Investimentos em seguro

Em 1967, a experiência anterior de Buffett com a GEICO o encorajou a usar US$ 8,6 milhões dos fundos da Berkshire Hathaway para comprar duas empresas de seguro, a National Indemnity Capital e a National Fire and Marine Insurance Company. Como Buffett já tinha percebido, a grande atração das empresas de seguro é sua reserva de caixa. Quando os donos das apólices compram seguros, o dinheiro da apólice é colocado em reserva. Quando um pedido de indenização é feito, o dinheiro é tirado da reserva para pagamento. Não é preciso dizer que, se a seguradora faz tudo de forma apropriada e não corre nenhum risco desnecessário, a reserva aumenta e pode ser usada para gerar lucros por meio de investimentos. Em 1967, a reserva da Berkshire Hathaway era de US$ 17,3 milhões. Quarenta e um anos depois, no final de 2009, essa reserva chegava a US$ 62 bilhões.

Buffett vê a reserva como uma ferramenta de investimento útil se a corretora de seguro se mantiver equilibrada. Isso significa que os prêmios recebidos dos segurados são iguais às perdas (indenizações pagas) e os gastos advindos da administração da empresa. Apesar de aceitar que o setor é volátil – às vezes lucrativo e às vezes com grandes perdas – ele, de forma inteligente, colocou pessoas e criou uma cultura que encoraja a lucratividade; vão rejeitar grandes volumes de associados se sentirem que os prêmios que podem coletar, de acordo com as tarifas demasiado agressivas que os rivais estão oferecendo, são muito baixos para ter lucro.

Os responsáveis pela subscrição de seguros da empresa de seguros da Berkshire Hathaway obviamente fizeram um excelente trabalho nos últimos anos, dando a Buffett e seus gestores de investimento, dinheiro "livre" com o qual fazer seus investimentos (ver a Tabela 3.2). Dinheiro "livre" ocorre quando os prêmios de seguros excedem os pagamentos de indenização e os custos de administração além da quantia que custaria obter fundos de outras fontes (digamos, de empréstimos em uma taxa de juros um pouco acima da taxa de títulos do governo norte-americano a dez anos), e Buffett teve dinheiro livre disponível na maior parte dos 40 anos da Berkshire Hathaway. Ele diz que, na análise de suas operações, o crescimento da reserva:

> Provavelmente nunca foi apreciado em sua plenitude nem a interação de nosso dinheiro de custo zero em termos de materializar nosso ganho em valor com o tempo. As pessoas sempre olharam para o lado dos ativos, mas elas não prestam tanta atenção ao lado dos passivos (o exigível, nos balanços). Charlie e eu prestamos muita atenção a isso. Não é totalmente um acidente que a empresa tenha se desenvolvido dessa maneira.[2]

Tabela 3.2   O custo da reserva dos seguros

	(1) Perda com coberturas	(2) Média da reserva	Custo aproximado dos fundos – razão entre (1) e (2)	Rendimentos de títulos do governo ao final do ano
	(em milhões de dólares)			
1967	Lucro	17,3	Menos de zero	5,50%
1968	Lucro	19,9	Menos de zero	5,90%
1969	Lucro	23,4	Menos de zero	6,79%
1970	0,37	32,4	1,14%	6,25%
1971	Lucro	52,5	Menos de zero	5,81%
1972	Lucro	69,5	Menos de zero	5,82%
1973	Lucro	73,3	Menos de zero	7,27%
1974	7,36	79,1	9,30%	8,13%
1975	11,35	87,6	12,96%	8,03%
1976	Lucro	102,6	Menos de zero	7,30%
1977	Lucro	139,0	Menos de zero	7,97%

[2] *Financial Times*, 11 maio 1996, primeira página.

	(1) Perda com coberturas	(2) Média da reserva	Custo aproximado dos fundos – razão entre (1) e (2)	Rendimentos de títulos do governo ao final do ano
	(em milhões de dólares)			
1978	Lucro	190,4	Menos de zero	8,93%
1979	Lucro	227,3	Menos de zero	10,08%
1980	Lucro	237,0	Menos de zero	11,94%
1981	Lucro	228,4	Menos de zero	13,61%
1982	21,56	220,6	9,77%	10,64%
1983	33,87	231,3	14,64%	11,84%
1984	48,06	253,2	18,98%	11,58%
1985	44,23	390,2	11,34%	9,34%
1986	55,84	797,5	7,00%	7,60%
1987	55,43	1.266,7	4,38%	8,95%
1988	11,08	1.497,7	0,74%	9,00%
1989	24,40	1.541,3	1,58%	7,97%
1990	26,65	1.637,3	1,63%	8,24%
1991	119,59	1.895,0	6,31%	7,40%
1992	108,96	2.290,4	4,76%	7,39%
1993	Lucro	2.624,7	Menos de zero	6,35%
1994	Lucro	3.056,6	Menos de zero	7,88%
1995	Lucro	3.607,2	Menos de zero	5,95%
1996	Lucro	6.702,0	Menos de zero	6,64%
1997	Lucro	7.093,1	Menos de zero	5,92%
1998	Lucro	22.762,0	Menos de zero	4,57%
1999	1.400,00	25.298,0	5,80%	6,20%
2000	1.715,00	27.871,0	6,00%	5,19%
2001	4.067,00	35.508,0	12,80%	5,7%
2002	411,00	41.224,0	1,00%	4,8%
2003	Lucro	44.220,0	Menos de zero	5,0%
2004	Lucro	46.094,0	Menos de zero	4,8%
2005	Lucro	49.287,0	Menos de zero	4,6%
2006	Lucro	50.887,0	Menos de zero	4,8%
2007	Lucro	58.698,0	Menos de zero	4,5%
2008	Lucro	58.488,0	Menos de zero	3,1%
2009	Lucro	61.911,0	Menos de zero	3,8%

* Os rendimentos dos títulos do governo para 2001-08 são tirados do *Barclays Capital Equity Gilt Study 2009*, e os números de 2009 são da *The Economist*.
Fonte: Números tirados de várias Cartas do Presidente para os acionistas de Berkshire Hathaway.

A reserva da indústria de seguros junto com o dinheiro gerado de outros empreendimentos foi usada para comprar três diferentes tipos de investimentos:

- ações minoritárias significativas em grandes empresas com ações públicas;
- controle acionário em empresas de seguro;
- posições acionárias em empresas fora da bolsa com fortes franquias e diretoria de alta competência.

Washington Post

A compra em 1973 de 10% (o controle mais tarde chegou a 18,2% devido a numerosas reaquisições) do *Washington Post* por US$ 10,6 milhões é um dos primeiros exemplos das aquisições da Berkshire Hathaway de posições minoritárias em uma empresa com ações públicas. Buffett entendia o valor intrínseco da empresa em uma época em que o mercado a ignorava. Aqui estava uma empresa com franquias bem-sucedidas – o próprio *Washington Post*, a revista *Newsweek* e cinco estações de televisão e rádio. Como uma marca forte e uma base de clientes leal, poderia aumentar seus preços sem probabilidade de perder vendas significativas. Seguindo a filosofia de seu mentor Graham, Buffett percebeu que tinha encontrado um bom negócio à venda com desconto, mas, se afastando de Graham, Buffett focava nas futuras possibilidades e na força da direção em vez de nos ativos atuais. Ele percebeu que o mercado estava subvalorizando seriamente as ações da WPC que tinham um grande potencial futuro:

A maioria dos analistas de títulos, corretoras e executivos de mídia estimava o valor intrínseco da WPC entre US$ 400 e US$ 500 milhões, assim como nós. E seus US$ 100 milhões de avaliação no mercado de ações eram publicados todo dia para que todos vissem. Nossa vantagem, na verdade, era a atitude: tínhamos aprendido de Ben Graham que a chave para um investimento bem-sucedido era a compra de ações de boas empresas quando os preços de mercado estavam com amplo desconto em relação aos valores subjacentes da empresa. A maioria dos investidores institucionais no começo dos anos 1970, porém, via o valor da empresa como se fosse de menor relevância quando estavam decidindo os preços com os quais comprariam ou venderiam. Isso agora parece duro de acreditar. No entanto, essas instituições estavam então sob o feitiço de acadêmicos em escolas prestigiosas que estavam defendendo uma teoria que estava de moda: o mercado de ações era totalmente eficiente, e, portanto, os cálculos do valor da empresa – e até pensavam, ela mesma – não tinham importância na atividade do investimento. (Estamos em muitas dívidas com esses acadêmicos: o que poderia ser mais vantajoso em uma disputa intelectual – seja *bridge*, xadrez ou seleção de ações – do que ter oponentes a quem foi ensinado que pensar é um desperdício de energia?) Em 1973 e 1974, WPC continuou a ser um bom negócio e o valor intrínseco cresceu. Mesmo assim, no final de 1974, nosso investimento na WPC mostrou uma perda de 25%, com o valor do mercado de US$ 8 milhões contra nosso custo de US$ 10,6 milhões. O que tínhamos achado ridiculamente barato um ano antes tinha se tornado um tanto mais barato em virtude do mercado, em sua sabedoria infinita, ter rebaixado o preço da ação da WPC bem abaixo de 20 centavos por dólar de valor intrínseco. Você sabe qual é o final feliz. Kay Graham, CEO da WPC, teve o cérebro e a coragem para recomprar grandes quantidades de ações para a empresa àqueles preços de barganha, e as habilidades gerenciais necessárias para aumentar muito o valor da empresa. Enquanto isso, os investidores começaram a reconhecer o valor excepcional da empresa e o preço das ações se aproximou dos valores subjacentes. Assim, experimentamos um mergulho triplo: o valor da empresa se elevou, o valor por ação aumentou consideravelmente mais rápido por causa da recompra de ações e, com uma diminuição da diferença, o preço das ações superou o ganho em valor da empresa por ação.[3]

---

[3] BUFFETT, W. E. Carta aos acionistas incluída no Relatório Anual da Berkshire Hathaway Inc. de 1985. Disponível em: http://www.berkshirehathaway.com.

Em 2010, a posição acionária da Berkshire Hathaway na WPC foi avaliada por US$ 600 milhões, um espetacular aumento de 57 vezes de US$ 10,6 milhões no custo das ações. Apesar do grande retorno, o Washington Post não é uma das empresas listadas separadamente na Tabela 3.3 porque é um dos investimentos menores do que é agora um enorme portfólio. Muitas outras propriedades em cujas ações Buffett investiu durante um tempo considerável também mostraram resultados incríveis, como Coca-Cola, até oito vezes, e Procter & Gamble (originalmente uma ação da Gillette), até nove vezes. American Express, POSCO e BYD (uma empresa automobilística e de baterias elétricas chinesa) mostraram aumentos substanciais. Buffett sempre admitiu que comete erros às vezes, exatamente como todo mundo, mas o quadro geral continua bastante impressionante.

Tabela 3.3 Investimentos com ações ordinárias que a Berkshire Hathaway possui em 31 de dezembro de 2009

Nº de ações	Empresa	% da empresa que possuíam	Custo	Mercado
			US$ (em milhões)	
151.610.700	American Express Company	12,7	1.287	6.143
225.000.000	BYD Company, Ltd.	9,9	232	1.986
200.000.000	The Coca-Cola Company	8,6	1.299	11.400
37.711.330	ConocoPhillips	2,5	2.741	1.926
28.530.467	Johnson & Johnson	1,0	1.724	1.838
130.272.500	Kraft Foods Inc.	8,8	4.330	3.541
3.947.554	POSCO	5,2	768	2.092
83.128.411	The Procter & Gamble Company	2,9	533	5.040
25.108.967	Sanofi-Aventis	1,9	2.027	1.979
11.262.000	Swiss Re	3,2	773	530

▶

Nº de ações	Empresa	% da empresa que possuíam	Custo	Mercado
			US$ (em milhões)	
▶ 234.247.373	Tesco plc	3,0	1.367	1.620
76.633.426	U.S. Bancorp	4,0	2.371	1.725
39.037.142	Wal-Mart Stores, Inc.	1,0	1.893	2.087
334.235.585	Wells Fargo & Company	6,5	7.394	9.021
Outras			6.680	8.636
Total de ações ordinárias no mercado			34.646	59.034

Fonte: Carta de 2009 do presidente para os acionistas da Berkshire Hathaway.

GEICO revisitada

Desde que Buffett vendeu suas ações da GEICO em 1952, Lorimer Davidson, o homem que abriu os olhos dele para o mundo dos seguros em 1951, se tornou CEO e dirigiu a empresa esplendidamente até sua aposentadoria em 1970. A nova equipe de gerentes decidiu por um programa de expansão agressivo. Infelizmente, isso significava uma queda nos padrões de subscrição, já que os novos dirigentes eram inexperientes e corriam mais riscos. Não é preciso dizer que isso, junto a uma forma mais cara de atrair novos clientes, levou a perdas maiores tanto que em 1975 a GEICO quase faliu. Ela sobreviveu, mas o preço das ações caiu de US$ 61 para US$ 2 em 1976.

Foi a indicação de John Byrne, de 43 anos, que parou o desastre. Buffett foi conhecê-lo e conversaram durante horas, assim como tinha conversado com Lorimer Davidson anos antes. Byrne diz que Buffett o questionou sobre um monte de coisas, mas principalmente sobre as mudanças que ele faria e sua análise das possibilidades de sobrevivência da empresa. Durante a conversa, Buffett ficou impressionado com Byrne e suas ideias para o futuro da GEICO. Ele sentia que, com as estratégias de Byrne e as qualidades da liderança, a GEICO poderia ser resgatada e, depois de reestruturada, seria capaz de competir no mercado de seguros; os problemas da GEICO eram temporários, não fatais. Ele comparava Byrne a um criador de galinhas, que leva um ovo de avestruz ao galinheiro e diz: "Damas, isso é o que a oposição está fazendo". Sua intenção era cortar custos, conseguir novo capital e voltar para os velhos padrões da GEICO de subscrição e cuidados do cliente.

Buffett começou a comprar ações da GEICO enquanto ainda estavam a US$ 2. Ele investiu US$ 4,1 milhões em ações e US$ 19,4 milhões em ações preferenciais conversíveis que foram convertidas dois anos depois. No final de 1980, a Berkshire Hathaway tinha gastado US$ 47 milhões comprando 7,2 milhões de ações na GEICO e controlando 33% da empresa. Logo ficou claro que a confiança de Buffett em Byrne não estava errada; no final de 1980 o valor do mercado da participação acionária era de US$ 105,3 milhões. No balanço de 1980 para os acionistas de Berkshire Hathaway, Buffett disse que a GEICO tinha as duas qualidades centrais que um investidor a longo prazo está procurando: (1) uma vantagem muito importante e muito difícil de copiar – baixos custos e contato com milhões de colaboradores do governo; e (2) uma direção extraordinária cujas habilidades em operações é combinada com a competência de valorização de capital. Ele comparava a posição da GEICO em 1976 com a da Amex na época da crise do óleo para salada. As duas eram empresas únicas, sofrendo golpes temporários que não destruíram a excepcional situação financeira subjacente. Elas tinham um "câncer facilmente removível" em vez de estarem na categoria de uma situação verdadeiramente complicada na qual a diretoria precisa realizar uma transformação completa (um pigmaleão corporativo, como ele falava). Buffett reconheceu que "cirurgiões habilidosos" são necessários para lidar com um câncer temporário do tipo enfrentado por essas duas empresas, mas estava confiante de que ele tinha encontrado tais pessoas.

No final de 1994, 14 anos depois, a participação acionária da Berkshire Hathaway na GEICO tinha um valor de mercado de US$ 1,678 bilhão e Buffett estava entusiasmado por aumentar sua participação para 100%.

Ele viu a lógica por trás de investir em empresas familiares e bem-sucedidas em vez de procurar novos investimentos. Afirma que, se uma empresa é atraente o suficiente para se comprar uma vez, pode valer a pena repetir o processo. Com isso em mente, em 1995, Buffett foi em frente com a compra de 100% da GEICO, que valia US$ 4,6 bilhões. Três anos depois em 1998 ele pagou quase US$ 22 bilhões pela empresa de seguros General Re, e continua a comprar seguradoras até hoje. A aquisição de mais empresas de seguro significa uma reserva ainda maior para ser usada em investimentos, que por sua vez gera seus próprios retornos.

Ações de empresas não listadas na Bolsa

Buffett também começou a se interessar por empresas não listadas na Bolsa de Valores; ele destinou uma parte do capital da Berkshire Hathaway a grandes empresas que estavam vendendo abaixo do valor intrínseco; empresas com fortes franquias e excelente gerenciamento. Essas empresas cobrem todo um espectro de indústrias como Buffalo News (jornais), See's Candy Shops (chocolate e confeitaria), Nebraska Furniture Mart (varejo de móveis para o lar), Scott Fetzer (fabricação e distribuição de diversos produtos), fabricantes e varejo de sapatos, joalherias, lojas Dairy Queen, Flight Safety International e Net Jets.

Buffett estava feliz distribuindo o capital da Berkshire Hathaway para empresas e deixando que os diretores as dirigissem, depois de ficar satisfeito com a qualidade do gerenciamento. Ele prefere deixar os diretores livres nas empresas, preocupando-se – com o sócio Charlie Munger – principalmente com a tarefa de decisões de capital e de investimento. Há mais dois papéis que eles veem para si mesmos. Primeiro, indicar a pessoa certa para dirigir a empresa. Eles normalmente não precisam procurar muito longe, já que o fundador da empresa está

geralmente disposto a continuar. Na verdade, Buffett e Munger afirmam que só estão interessados em empresas que venham com uma boa
equipe de gerentes – não querem a tarefa de prover gerenciamento.
Em segundo lugar, encorajar os gerentes que controlam as empresas.
Buffett é acessível por telefone a qualquer gerente que quiser conselhos. Alguns ligam, alguns não – ele não se importa se eles não ligarem
regularmente. Também os elogia em sua carta anual para os acionistas
da Berkshire.

See's Candy Shops

See's Candy Shops é um bom exemplo do tipo de empresa que
Buffett gosta – uma empresa com excelente gerenciamento, boa posição
de mercado e potencial de crescimento sem necessidade de grandes injeções de capital. Ela faz e vende chocolates na Costa Oeste dos Estados
Unidos – que são excelentes também! Em 1972 foi colocada à venda
por US$ 40 milhões, com um excedente de caixa de US$ 10 milhões,
o que significava que o preço pedido era, na verdade, de US$ 30 mi-
lhões. A compra foi feita pela Blue Chip Stamps, uma empresa afiliada
à Berkshire Hathaway[4] e na qual Charlie Munger também tinha investido. Buffett e Munger, nesse ponto, não só tinham consolidado sua
parceria, mas estavam interessados em fazer o negócio. Eles não tinham
desenvolvido por completo uma filosofia de investimentos baseados em
marca ou patente. Ainda sob influência de Graham, estavam relutantes
em pagar o preço pedido, já que a See's tinha somente US$ 7 milhões
em ativos tangíveis. Eles ofereceram US$ 25 milhões, o que, felizmente,
os vendedores aceitaram.

Os lucros pré-impostos da See's subiram de US$ 4,2 milhões para
US$ 42,4 milhões nos 20 anos seguintes. Isso parece bom, mas é neces-
sário saber quanto capital foi necessário para gerar o crescimento nos
lucros. A See's começou com um capital de US$ 7 milhões, e nos 20 anos

---

[4] Buffett, por meio da Berkshire Hathaway e outras empresas, tinha o controle minoritário da Blue Chip Stamps.

seguintes isso subiu a apenas US$ 25 milhões; assim, enquanto os lucros aumentaram dez vezes, o capital necessário para isso subiu apenas quatro vezes. Esse baixo capital necessário tornou possível distribuir mais dividendos para os acionistas, e a See's distribuiu incríveis US$ 410 milhões aos acionistas nesses 20 anos. Isso fez ser um excelente investimento comparado com muitas indústrias manufatureiras, que por sua própria natureza precisavam de injeções grandes e regulares de capital, e assim são muito menos capazes de recompensar seus acionistas. A See's continuou em seu caminho lucrativo, e em 2007 os lucros acumulados pré--impostos desde a sua aquisição cresceram para US$ 1,35 bilhão, uma porção substancial da qual era usada para a aplicação em novas boas perspectivas de investimentos.

Buffett e Munger estão sempre focados em retornos sobre o capital e a See's Candy fornece um excelente exemplo de sua importância. Peguemos uma produtora de aço hipotética para comparar com a See's Candy. Ela também produz lucros de US$ 4,2 milhões, mas usa ao redor de US$ 40 milhões de capital. Investidores convencionais podem valorizar essa empresa muito mais do que a See's por causa do valor extra de seus ativos – possui um balanço muito maior (assumindo a mesma projeção de lucros). No entanto, Buffett e Munger valorizariam o produtor de aço muito menos por causa da grande necessidade de capital adicional para crescer. Imaginemos que as duas empresas aumentem a produção e os lucros em dez vezes. A fábrica de aço agora está produzindo US$ 42 milhões enquanto usam US$ 400 milhões de capital. A See's produz o mesmo lucro, mas seu capital aumentou de US$ 7 milhões para US$ 70 milhões. A fábrica de aço precisa usar US$ 360 milhões adicionais para investir na fábrica e em máquinas etc., enquanto a See's precisava somente de US$ 63 milhões. Comparada com a fábrica de aço, a See's pode distribuir US$ 297 milhões para os acionistas investirem em outro lugar. Buffett comentou em sua carta de 2007 para os acionistas da Berkshire Hathaway que é muito melhor ter uma fonte de rendimentos sempre crescente com virtualmente nenhuma grande exigência de capital – ele apontou a Microsoft e a Google como exemplos.

Assim que a compra da See's Candy foi finalizada, Chuck Higgins foi colocado no comando, um homem em quem Buffett confiava total-mente. Essa confiança não estava equivocada; Higgins foi o responsável por 30 anos de crescimento e aumento nos lucros constantes na See's. Veja a Tabela 3.4.

Tabela 3.4   Dados da See's Candy Shops[5]

Ano findo	Receita em milhões de US$	Lucros depois dos impostos em milhões de US$	Quantidade de doces vendidos (em kg)	Número de lojas
31 dez. 2007	383,0	53,3	14 milhões	Cerca de 200
31 dez. 1982	123,7	12,7	10,9 milhões	202
31 dez. 1973	35,1	2,1	8 milhões	169

É interessante notar que os lucros que Higgins conseguiu foram frutos de uma boa gerência. O número de lojas e a quantidade de doces vendidos não aumentaram tanto, mas Higgins cortou custos e foi capaz de aumentar o preço de seus produtos, gerando assim os incríveis lucros mencionados acima. Ele permaneceu dentro do que a empresa sabia fazer, terminando com um produto de nicho com forte reconhecimento de marca. Buffett resumiu assim:

> Os pontos fortes da See's são muitos e importantes. Em nossa área de marketing principal, o Oeste, nosso doce é preferido por uma grande margem acima do de qualquer concorrente. Na verdade, acreditamos que a maioria dos amantes de chocolate o preferem a um doce que custe duas ou três vezes mais. (Em doce, como em ações, o preço e o valor podem diferir; o preço é o que você paga, valor é o que você recebe.) A qualidade do serviço ao cliente nas nossas lojas – operadas por meio do país por nós mesmos e não por franqueados – é tão bom

---

[5] MUNGER, C. T.; KOEPPEL, D. A. Relatório Anual da Blue Chip Stamps 1982, p. 34.

quanto o produto. Pessoas dispostas e prestativas são tão parte da marca See's quanto o logotipo na caixa. Não é uma conquista pequena em uma empresa que exige que contratemos ao redor de uns 2 mil trabalhadores temporários em algumas épocas do ano. Não conhecemos nenhuma organização com tamanho comparável que esteja acima em serviço ao cliente prestado por Chuck Higgins e seus colaboradores.[6]

Ao contrário da See's, muitas empresas de varejo lutam para reter sua posição no mercado; elas não operam com uma marca ou patente e possuem pouco poder de preço; é relativamente fácil para os concorrentes entrarem no mercado e, consequentemente, ganharem clientes; os fornecedores geralmente possuem uma posição muito forte.

> *Eles têm algo especial que lhes dá alguma liberdade para errarem e ainda crescer.*

Buffett sempre foi cauteloso sobre investir em varejo, a menos que cumprissem com essas exatas exigências. O setor de varejo é susceptível ao "fenômeno da estrela cadente" na qual os gerentes têm uma grande ideia ou uma fórmula especial que serve bem por um tempo; até os concorrentes reagirem. O problema para os varejistas é que eles devem ser inteligentes a cada dia porque os concorrentes podem copiá-los com facilidade e depois superá-los no que quer que façam. Há sempre um fluxo constante de novos comércios afastando os clientes. Não dá para errar no varejo. A comparação com outras indústrias é notável. Eles não precisam ser empresas do tipo "tem que ser inteligente a cada dia". Possuem algo especial que lhes dá alguma liberdade para errarem e ainda se desenvolverem. Por exemplo, se você é dono da franquia do Mickey Mouse, da Branca de Neve, da Coca-Cola ou da Gillette, pode ter diretores ruins por um tempo e mesmo assim a franquia está ali. Isso, por exemplo, é o que Buffett e Munger chamam de empresa do tipo "tem que ser inteligente *uma vez*".

---

[6] BUFFETT, W. E. Carta aos acionistas incluída com o Relatório Anual da Berkshire Hathaway Inc. de 1983. Disponível em: http://www.berkshirehathaway.com.

Apesar dos cuidados, Buffett e Munger encontraram as empresas de varejo "corretas", See's Candy, lojas de sapatos, joalherias e uma das favoritas, Nebraska Furniture Mart (NFM). O que os atraiu para a NFM em primeiro lugar?

Nebraska Furniture Mart

A NFM é uma loja de móveis em Omaha, Nebraska, que começou e ainda é dirigida pela família Blumkin. Em 1983, ela gerou US$ 100 milhões em vendas em sua única loja de mais de 60 mil metros quadrados. A direção é totalmente focada em gerar valor aos seus clientes e expandir a empresa o máximo possível em um único lugar. Quando avalia uma empresa para possível compra, Buffett se pergunta se gostaria de concorrer com ela, no que se refere a amplo capital e bons funcionários. Sobre a NFM, sua opinião era de que ele preferia lutar com ursos a concorrer com a Sra. Blumkin e sua família. Ele vê a NFM como uma das melhores empresas do país. A NFM é gerenciada com incrível eficiência e volume de compras inteligente, sendo deliberadamente dirigida com uma margem bruta que chega à metade do normal da indústria; isso cria um bom retorno sobre o capital investido.

Sob o olhar cauteloso de sua fundadora, a formidável Sra. Rose Blumkin, afetuosamente conhecida como Sra. B., a empresa construiu sua reputação de valor sobre o dinheiro investido e bons produtos, atraindo clientes de muito longe. A qualidade da gerência foi o que atraiu Buffett para a NFM; ele insiste em alto padrão de integridade de qualquer um com quem tenha relações empresariais de longo prazo e a Sra. B. e sua família estavam muito acima nessa esfera. Quando comprou 90% da NFM por US$ 55 milhões em 1983, Buffett confiou implicitamente nos Blumkins, a tal ponto que não fez nenhuma auditoria, nem de inventário ou propriedade: "Nós demos à Sra. B. um cheque de US$ 55 milhões e ela nos deu sua palavra. Foi uma troca justa".[7]

---

[7] BUFFETT, W. E. Carta aos acionistas incluída com o Relatório Anual da Berkshire Hathaway Inc. de 1983. Disponível em: http://www.berkshirehathaway.com.

Buffett compra não só os ativos físicos de uma empresa; muito mais importante e valioso para ele são as pessoas em si, que se mostraram tanto honestas quanto competentes. Se ele pode confiar nelas desde o princípio, então pode confiar nelas para continuar dirigindo a empresa no futuro. O sucesso de uma empresa está moldado pela qualidade de sua gerência; se há alguma dúvida insignificante em relação à integridade deles, não faça negócios – a confiança é mais importante. Não havia absolutamente nenhuma dúvida com a Sra. B. e sua família – sua reputação pela boa estratégia e sua moral não eram superadas por ninguém. Seu lema era: "Venda barato e diga a verdade".

A história da Sra. B

A história da Sra. B era lendária, um sonho transformado em realidade. Com a idade de 23 anos, na época do final da Primeira Guerra Mundial, ela migrou da Rússia para os Estados Unidos, sem falar inglês e sem educação formal. Vendeu roupas usadas e quando tinha acumulado US$ 500 abriu uma loja de móveis em 1937. Foi a NFM, a empresa comprada pela Berkshire Hathaway por US$ 55 milhões em 1983. Com 90 anos em 1983, ela se recusava a se aposentar e ainda trabalhava sete dias por semana, apesar do fato de que Louie, seu filho e presidente da NFM, e seus três irmãos eram mais do que capazes de dirigir a empresa. Buffett admira o fato de que toda a família é formada por pessoas realmente ótimas e:

Todos se (1) aplicam com entusiasmo e energia que fariam Ben Franklin e Horatio Alger parecerem desistentes; (2) definem com extraordinário realismo sua área de especial competência e agem decisivamente em todos os pontos relacionados; (3) ignoram até as propostas mais sedutoras que saiam de sua área de competência especial; e, (4) infalivelmente, se comportam muito bem com todas as pessoas.[8]

---

[8] BUFFETT, W. E. Carta aos acionistas incluída com o Relatório Anual da Berkshire Hathaway Inc. de 1983. Disponível em: http://www.berkshirehathaway.com.

Definir sua área de competência especial e se comportar decentemente são fatores que Buffett e Munger procuram e encontram o tempo todo.

A Sra. B continuou a "vender e negociar muito" na NFM até chegar aos 96 anos. Mesmo assim, ela não estava contente com sua aposentadoria e começou uma nova empresa vendendo tapetes e móveis, trabalhando sete dias por semana. Três anos depois, quando completou 99, ela concordou em vender a nova empresa para a NFM, mas insistiu em continuar a administrar o lado de tapetes da empresa de sua própria maneira. Quando chegou aos 100 anos, ela ainda trabalhava os normais sete dias por semana.

Encontrar e manter diretores como a Sra. B. é o objetivo de Buffett e seu parceiro Charlie Munger. A qualidade da gerência que eles adquiriram e empossaram tornou possível que "não pusessem o dedo" em nenhuma empresa, pois tinham total confiança na capacidade da gerência.

Charles Munger

Munger nasceu em Omaha em 1924, alguns anos antes de Buffett. Ele tinha a mesma raiz e a mesma ética do Meio-Oeste de Buffett, que fez manter os pés no chão, mesmo quando estavam ganhando bilhões de dólares. Munger trabalhou para o avô de Buffett no mercado da família. Munger diz, de modo irônico, que a loja foi uma grande iniciação aos negócios, porque era preciso trabalhar tão duro que ele acabou encorajado a procurar uma carreira mais fácil, a sentir-se abençoado quando encontrou uma e a ficar feliz ao encontrar desvantagens nela. Seu pai era advogado, mas o jovem Munger estudou matemática e física na Universidade de Michigan. Seus estudos foram interrompidos pela Segunda Guerra Mundial, e ele entrou no Corpo Aéreo do Exército como meteorologista no Alasca. Depois do final da guerra, apesar de não ter um bacharelado, foi aceito na Harvard Law School, onde seu pai também graduou-se, formando-se em 1948.

Trabalhou como advogado da área imobiliária até 1965, depois decidiu se concentrar em investimentos. Nessa época, ele conheceu Warren Buffett. Os dois se deram bem desde o começo e começaram a discutir projetos de investimentos. Buffett tentou persuadir Munger de que trabalhar com investimento seria mais lucrativo do que Direito: "Eu disse a ele que Direito era ótimo como *hobby*, mas que ele poderia se dar melhor".[9] Apesar de sua fama estar bastante ligada a sua associação com Warren Buffett, Munger dirigiu sozinho outra sociedade na Califórnia. Ele concentrou seu portfólio nos poucos títulos que conhecia bem, o que queria dizer que seu desempenho poderia ser bastante volátil. Escolheu investir em ações cujo preço estivesse com um significativo desconto em relação ao valor. A sociedade de investimentos de Munger gerou retornos compostos anuais de 19,8% durante o período 1962-75, quase quatro vezes mais do que o mercado no geral.

Durante os anos 1960 e 1970, Munger e Buffett se encontravam regularmente para discutir investimentos e às vezes compravam ações das mesmas empresas. No entanto, só em 1978 Munger se uniu oficialmente a Buffett e se tornou vice-presidente da Berkshire Hathaway.

Munger, agora bilionário, se junta a Buffett não para mostrar sua riqueza, é possível até dizer que ele é bastante sóbrio. É diligente, paciente, tem um humor seco, pode ser direto e até ser rude em algumas ocasiões. Sente orgulho de seu próprio talento e de sua inteligência, totalmente consciente de como esses talentos são especiais. Fala que ninguém o acusou de ser humilde e, apesar de admirar a humildade, acha que não recebeu sua parte. Não tem paciência com acadêmicos que defendem a teoria moderna do portfólio, dizendo que isso é um tipo de demência, e essa é também sua opinião sobre a qualidade da maioria dos analistas de bancos de investimento.

---

[9] BUFFETT, W. E. "The Superinvestors of Graham-and-Doddsille". Transcrito em *Hermes*, Revista da Columbia Business School, Outono. Reproduzido na reimpressão de *The Intelligent Investor*, de Benjamin Graham.

Munger e Buffett são complemen-
tares em suas capacidades; os dois são
fortes apoiadores da ética nos negócios
e abominam qualquer tipo de atividade
suspeita; entendem que suas conquistas

> *Munger e Buffett são
> complementares em suas
> capacidades.*

foram realizadas com inteligência, boa estratégia e firme disciplina, e
os dois assumiram a visão de seu mentor, Benjamin Graham, de que
investir em ações em uma empresa é assumir parte da propriedade, e estar interessado na manutenção de sua qualidade em vez de esperar uma
chance para fazer uma grana fácil comprando e vendendo ações.

A filosofia de Graham residia principalmente em ativos tangíveis; ele
era cauteloso em investir em empresas a menos que estivessem resguardadas
pela estabilidade inerente e ativos líquidos. Considerava as perspectivas de
lucros futuros, mas somente se fossem bancadas por uma boa quantidade
de ativos e quando houvesse uma margem de segurança aceitável. Buffett e
Munger gradualmente se afastaram dessas restrições férreas e passaram a se
interessar por empresas cujas prospectivas de lucros futuros pareciam boas.

Algumas das empresas que corresponderiam à aprovação de Graham,
aquelas com grandes ativos líquidos, estabilidade inerente e uma história
consistente de poder de ganho, encontraram-se lutando na nova era de
competitividade mundial. Empresas manufatureiras em particular estavam em desvantagem já que não podiam competir com custos de mão
de obra no exterior e custos de fabricação. Antes Buffett já tinha descoberto isso com a Berkshire Hathaway, no começo uma próspera empresa
têxtil, que nem ele conseguiu tornar lucrativa sem massivas injeções de
capital, que poderiam ser potencialmente usadas com muito mais lucratividade em outro lugar. Buffett descobriu que muitas ações que se clas-
sificavam como ações de barganha eram na verdade empresas medíocres
em setores em declínio e dessa forma com lucros futuros imprevisíveis.

Sob a influência de Munger, a postura de Buffett sobre os investimentos se afastou de uma aderência estrita aos princípios de Graham,
e ele se voltou para elementos qualitativos; perspectivas futuras e, em

particular, a qualidade da administração. Poucas, se é que alguma das empresas mencionadas na Tabela 3.3 se ajustaria às exigências estritas de Graham; empresas como a Coca-Cola, a Procter & Gamble e o Washington Post simplesmente não têm ativos suficientes para atender aos estritos requerimentos de Graham e, portanto, não estariam qualificadas para receber investimentos.

Buffett falou sobre essa mudança de pensamento e creditou John Maynard Keynes, o famoso economista britânico do século XX, por ter encontrado a chave para seu dilema:

> Meu pensamento mudou drasticamente 35 anos atrás quando aprendi a favorecer ativos tangíveis e evitar empresas cujos valores dependiam muito de *goodwill* econômico [um termo usado para denotar ativos intangíveis de uma empresa que contribuem de modo efetivo para a geração de receitas]. Essa parcialidade fez cometer muitos erros de omissão, apesar de que poucos de decisão. Keynes identificou meu problema: "A dificuldade não está nas novas ideias, mas em como fugir das velhas". Minha fuga foi muito adiada, em parte porque a maior parte do que aprendi do mesmo professor (e continuo aprendendo) foi tão extraordinariamente valioso. No final, a experiência com os negócios, direta e indireta, produziu minha atual presença forte em empresas que possuem grande quantidade de *goodwill* duradouro e que utilizam um mínimo de ativos tangíveis.[10]

Munger, sob a influência de Fisher, e Buffett começaram a focar em empresas de alta qualidade com vantagens competitivas duradouras. Empresas com situação financeira superior, crescente poder de ganho, margem de segurança no preço e, claro, gestão excepcional. O objetivo deles não é encontrar empresas medíocres a preços de barganha. Em vez disso, querem empresas que se destacam com preços razoáveis.

---

[10] BUFFETT, W. E. Carta aos acionistas incluída com o Relatório Anual da Berkshire Hathaway Inc. de 1983. Disponível em: http://www.berkshirehathaway.com.

Filosofia de negócios

Com seus anos de educação (principalmente autodidatismo) e experiência variada, Buffett e Munger desenvolveram juntos uma filosofia de investimentos que foi extraordinariamente bem-sucedida. Eles perceberam que para ser um investidor bem-sucedido é preciso ser capaz de avaliar bem uma empresa. Muitos dos chamados investidores passam o tempo analisando o mercado de ações, tentando descobrir onde e quando a nova tendência vai ocorrer, ou tentando prever tendências futuras estudando números e tabelas. Buffett e Munger acham que o termo "investidor profissional" para descrever muitos gestores de fundos é um oxímoro porque eles não focam no que as empresas vão fazer nos próximos anos, mas no que esperam que outros gestores irão fazer nos próximos dias. Eles tratam as ações como meras peças em um jogo, como as peças no jogo Monopólio.

Buffett e Munger tentam entender qualquer empresa na qual tenham interesse como se fosse a empresa deles. Descobrem como a empresa e seu gerenciamento funcionam, suas atividades diárias e a situação econômica do setor e garantem que tudo esteja funcionando satisfatoriamente. Buffett disse que as dez palavras mais importantes já escritas sobre investimento estão no livro *O investidor inteligente* de Graham: "Investir é mais inteligente quando é mais semelhante a empreender".

Pensar como dono

Se estão pensando em comprar algumas ações em uma empresa, Buffett e Munger tratam o investimento como se fosse a única empresa de suas famílias; como se estivessem comprando toda a empresa, pensando como um analista de negócios, em vez de um analista financeiro.

Eles se colocam em uma posição como se tivessem acabado de herdar a empresa e fossem o único ativo que a família possui. Depois disso, as perguntas eram automáticas: Quais empresas competem contra nós? O que me preocupa? Quem são meus clientes? Como podemos fazer a empresa crescer? A forma como respondem a esse tipo de pergunta é sair e conversar com as pessoas que entendem a empresa – clientes, concorrentes, gerentes, fornecedores etc. Descobrir seus pontos fortes e fracos em relação aos outros.

Investir bem envolve uma quantidade justa de trabalho duro; não tem nada a ver com sorte. O investidor precisa ser brilhante e disciplinado, preparado para passar tempo lendo não só informes da empresa e do setor sobre a empresa em questão, mas também de outras empresas do seu setor, e também disposto a realizar pessoalmente pesquisas sobre ele. Quando Buffett estava interessado na GEICO, ele passou muito tempo em bibliotecas investigando dados de empresas de seguro, lendo livros sobre seguros e conversando com especialistas no setor e diretores de empresas. Com a American Express ele se sentava na sua churrascaria favorita e anotava o número de clientes que usavam os cartões Amex, e com a Disney ia ao cinema para ver as reações a Mary Poppins. Se você se esforça assim, pode comprar boas ações com o preço certo. Depois só precisa mantê-las enquanto forem boas empresas.

Critério para investimento

O que constitui, então, uma boa empresa? Uma boa escolha seria uma empresa que você conhece bem e sobre a qual já pesquisou profundamente para garantir que tem uma vantagem competitiva duradoura; uma com gerência de boa qualidade que é tanto competente quanto honesta e uma empresa cujas ações estão a um preço

Figura 3.2 Os critérios para os investimentos de Buffett e Munger

Perspectivas favoráveis no longo prazo

A empresa deve ter uma vantagem muito difícil de ser copiada que leva a, e vai continuar a produzir, poder de ganho consistente. A vantagem competitiva deve "dar água na boca" e ser duradoura. Deve existir uma marca de valor econômico cercada por um fosso muito profundo.

Operada por pessoas honestas e competentes

A direção precisa ser tanto estável quanto orientada aos acionistas. Ela deve ser altamente íntegra e você deveria ser capaz de gostar, confiar e admirar. As habilidades extraordinárias nas operações deveriam se combinar com a habilidade na alocação de capital.

Uma empresa que você entende

Nos investimentos seus pontos não são computados usando métodos olímpicos de pontuação: "O grau de dificuldade não conta. Se você estiver certo sobre uma empresa cujo valor depende de um único fator-chave que é tão fácil de entender quanto duradouro, o pagamento é o mesmo como se tivesse analisado corretamente um investimento alternativo caracterizado por muitas mudanças constantes e variáveis complexas".[11]

Disponível a um preço muito atrativo

É frequentemente possível identificar empresas que preenchem os três primeiros critérios. Mas tais empresas maravilhosas normalmente estão à venda por altos preços. O preço deve ser "razoável" em termos de sua relação com o valor intrínseco calculado, deixando uma grande margem de segurança. Felizmente, de tempos em tempos, excelentes empresas se encontram em circunstâncias incomuns e a ação é subavaliada pelo mercado.

---

[11] BUFFETT, W. E. Carta aos acionistas incluída com o Relatório Anual da Berkshire Hathaway Inc. de 1994. Disponível em: http://www.berkshirehathaway.com.

razoável, mas não muito alto. O fato mais importante para o investi-dor prospector é que ele entenda a empresa na qual está pensando em investir, e isso não exige um alto Q.I., mas concentração considerável de esforço. Buffett diz que ele e Munger não são espertos o suficien-te para conseguir bons retornos ao lidar com companhias que estão aquém de ser negócios competentes. Ele tampouco acha que pode conseguir sucesso em investimentos a longo prazo pulando de ação em ação. São desdenhosos das pessoas que se chamam "investidores", mas que mesmo assim estão sempre mudando seus portfólios com rapidez – é como chamar de romântico alguém que está sempre em encontros de uma noite.

A Figura 3.2 ilustra os vigorosos critérios de Buffett e Munger para investimentos. De acordo com a Figura 3.2, o objetivo deles ao estabelecer os critérios é calcular o valor intrínseco de uma empresa, que pode ser comparado ao preço atual da ação, e depois a margem de segurança pode ser determinada – a diferença entre valor e preço é suficientemente grande?

Inevitáveis

O tipo favorito de empresa de Buffett é o que ele chama "ine-vitável"; são empresas fortes e eficientes que são dominantes em seu setor e vão continuar a ser assim até um futuro previsível; empresas de setores que não experimentam grandes mudanças, ou seja, com elas é possível prever ganhos futuros. Empresas de setores voláteis têm me-nor probabilidade de permanecer dominantes. Que tipo de empresa é uma inevitável?

Uma empresa assim é a Coca-Cola; concebida em 1886 e paten-teada em 1893, cresceu rapidamente para dominar o mercado e mante-ve sua liderança desde então. A empresa abriu o capital em 1919, com uma ação sendo vendida a US$ 40. Qualquer um que comprou uma ação em 1919 e a manteve seria muitas vezes milionário agora, apesar de uma matéria na *Fortune* em 1938 sugerir que era muito tarde para comprar ações, já que a saturação do mercado e a competição tinham reduzido o potencial futuro. Como isso estava errado! A Coca-Cola foi se fortalecendo ano após ano; seu domínio estratégico e operacional persiste até hoje.

A Coca-Cola, e outras inevitáveis como a Gillette, podem descobrir que analistas preveem futura demanda para seus produtos de forma diferente, mas não há nenhuma sugestão de que seu domínio não continuará, enquanto tiverem os ativos mais que necessários, uma boa equipe de direção combinada com uma vantagem competitiva criando fortes barreiras que evitem novos concorrentes no setor. Os gerentes serão capazes de manter-se alinhados com o momento, inovando quando for necessário e sem deixar cair a eficiência que os manteve no alto até agora.

A liderança de mercado não cria uma inevitável. General Motors, IBM e Kodak passaram por períodos em que pareciam invencíveis, mas seu domínio não durou. Para toda inevitável, você encontrará dezenas de "impostoras"; empresas que estão passando por um bom momento, mas que são vulneráveis a ataques competitivos. Buffett acha que ele e Munger não poderiam encontrar mais do que 20 inevitáveis. E até uma inevitável pode sair dos trilhos já que a direção de grandes empresas pode se desviar e negligenciar sua maravilhosa base. A Gillette e a Coca-Cola passaram por períodos de diversificação temerária antes que uma direção mais inteligente as trouxesse de volta para o caminho já conhecido. A Coca-Cola entrou na crescente indústria de pesca de camarão e a Gillette foi explorar petróleo! Uma das coisas que mais preocupam Buffett e Munger é que o gerenciamento perca seu foco. Eles viram muitas vezes a direção destruir valor porque se tornam arrogantes, pensando que podem dirigir tudo, ou porque ficam entediados e tentam novas direções para as quais não estão preparados.

Cartões perfurados e arremessos perfeitos

Com a necessidade de estar absolutamente certo da adequação de uma ação, um investidor deveria perceber que tais empresas não são comuns e não aparecem com frequência; uma ou duas boas oportunidades por ano são suficientes, e o investidor deveria aproveitar. Buffett diz que seu estilo é a letargia beirando a preguiça. Ele sugere que um investidor deve receber um cartão com 20 espaços para perfurar. Sempre que um investimento é feito, o cartão é perfurado, e ele precisa durar toda a vida. Usando cartão somente para grandes oportunidades, significa que ele nunca se esgotaria. Mesmo levando em conta toda a vida, Buffett e Munger afirmam que é muito difícil fazer centenas de decisões inteligentes. Então, só exigem de si próprios que sejam espertos apenas algumas vezes.

Buffett fez um estudo quando estava dirigindo sociedades de investimento sobre o sucesso de pequenos investimentos comparados com os grandes – os maiores ganhavam mais de forma consistente. Há um limiar de exames, críticas e conhecimento que precisa ser superado ou alcançado ao tomar uma grande decisão que você pode relevar em pequenas decisões. Pensar que uma ação é "boa" não é suficiente: o investidor precisa estar absolutamente convencido de sua adequação.

> Buffett adora usar metáforas de beisebol.

Investidores particulares podem ter alguma vantagem sobre o profissional, pois não precisam ficar investindo o tempo todo, podem esperar pelo momento certo. Buffett adora usar metáforas de beisebol; o investidor privado pode ficar no campo esperando o arremesso perfeito e não será dispensado depois de três arremessos. Então você pode deixar dezenas, até centenas, de empresas passarem e não precisa fazer a opção de comprar. Espere a bola perfeita, não gire seu taco indiscriminadamente.

Círculo de competência

O círculo de competência é algo que todo investidor deve entender. É impossível para alguém pesquisar e entender um grande número de setores e empresas. O que o investidor precisa fazer é reconhecer isso e estabelecer um círculo de competência ao redor dessas empresas/setores que o investidor é capaz de realmente entender. Essas empresas devem ser examinadas, então, para ver se elas se encaixam nos critérios estabelecidos na Figura 3.2. De nenhuma forma ele deve comprar ações de empresas fora do círculo de competência. O investidor tampouco deve focar no fato de sua área de círculo de competência ser grande ou pequena. O que importa é se você definiu bem o perímetro. Deve saber onde estão as bordas. Ao conhecer seus limites, você vai ter um desempenho melhor do que alguém com um círculo mais amplo, mas que não está seguro de onde estão os limites. Claro, é uma boa ideia aprender mais e ampliar o círculo, mas isso demanda tempo e bastante experiência.

Entender o grau da sua competência permite que você resista à tentação de sair de sua profundidade e navegar em águas inexploradas. Charles Munger diz que devemos ter como alvo o lucro, sempre lembrando o óbvio em vez de se agarrar a questões esotéricas. Ele gosta de apontar que são os bons nadadores que se afogam.

Qualquer um que afirmar que pode avaliar todas as empresas no mercado de ações tem uma ideia muito irreal de sua própria capacidade. Se Buffett e Munger não podem nem chegar perto da capacidade de fazer isso, quem são essas pessoas? Familiaridade com uma empresa significa que ela é entendida e está dentro do círculo de competência, e nesse caso a familiaridade não cria desdém, ao contrário, cria confiança e a capacidade de criar lucros.

Evite a complexidade

Buffett e Munger seguem seu próprio conselho de se restringir às empresas que entendem. Apesar de todo seu conhecimento acumulado, eles dizem que isso significa que as empresas devem ser relativamente simples e estáveis. Dizem que não são inteligentes o suficiente para avaliar uma empresa se for complexa ou estiver sujeita a mudanças constantes. Eles evitaram investimentos em ações de tecnologia somente por causa da complexidade. Mesmo que isso tenha significado a perda de alguns investimentos muito bons como Microsoft ou Intel, ainda assim foram capazes de se concentrar em seu círculo de competência e encontraram bons investimentos em áreas que conhecem bem.

Margem de segurança e valor intrínseco

Buffett e Munger acreditam que o princípio de margem de segurança de Benjamin Graham é a pedra central do sucesso de seus investimentos. Não estão interessados em uma ação à venda por um pouco menos do que o seu valor.

Valor intrínseco é o valor descontado em dinheiro que pode ser tirado de um ativo durante o resto de sua vida. Com títulos de dívida isso é relativamente fácil de estimar, já que eles têm cupons regulares e uma data na qual serão resgatados. Há o risco de que o emprestador possa não ser capaz de realizar os pagamentos dos cupons, mas no geral a avaliação do valor dos títulos é bastante direta.

Com ações, o valor intrínseco é muito mais difícil de estimar, dependendo se é feito com fatores qualitativos como a capacidade de gerenciamento ou a posição competitiva da empresa. É trabalho do analista fazer o cálculo e descobrir quais ações fazem a maior diferença entre o preço atual e o valor estimado. Não há dois analistas que chegarão ao mesmo número de valor intrínseco, já que isso depende de um julgamento pessoal de elementos como estimativas de fluxo de caixa futuro. Apesar de o conceito ser um pouco impreciso, o valor intrínseco é muito importante e Buffett e Munger veem como a única forma lógica para considerar a atratividade relativa de investimentos e negócios.

Fluxo de caixa

Buffett e Munger concordam com esses analistas financeiros treinados nas melhores escolas de negócios e organizações profissionais que acreditam que fluxo de caixa futuro é o que dá valor à ação, mas diferem de como isso é obtido. Apesar de Buffett estar interessado em matemática, ele e Munger não se baseiam em infinitas estimativas de fluxo de caixa complexas e análises matemáticas, enquanto acadêmicos e muitos profissionais gostam de ver montes de páginas de cálculos intricados. Na reunião de 1996 dos acionistas da Berkshire Hathaway, Munger disse que eles têm um estilo de avaliação simplificado. Disse que seu sócio fala sobre fluxo de caixa descontado, mas nunca o viu fazer um. Buffett brincou que há algumas coisas que você só faz em um local reservado. Da pesquisa que fazem em uma empresa, um cálculo aproximado é satisfatório, livre de estatísticas infindáveis, que podem atrapalhar o quadro geral. Se o valor de uma empresa não grita para você, está muito perto e você deve abandonar a ideia.

Por causa de sua completa compreensão das empresas, Buffett não vê a necessidade de fazer nenhum ajuste para cima a fim de compensar algum risco adicional ao comprar ações, e usa a taxa de retorno livre de riscos atual, a taxa de títulos a longo prazo do governo norte-americano como taxa de desconto. Como ele tem certeza de seus fatos, não vê motivo para acrescentar um prêmio de risco.

O "fluxo de caixa" que Buffett desconta são os ganhos do acionista, que ele define como *(a + b) – (c + d)*, em que:

a = ganhos informados

b = depreciação, exaustão, amortização e certos custos não pagos em dinheiro

c = a quantidade de investimentos em fábricas e equipamentos etc. que a empresa requer para manter completamente sua posição competitiva a longo prazo e seu volume de produção

d = qualquer capital de giro necessário para manter sua posição competitiva de longo prazo e o volume de produção

c e *d* só podem ser chutes e, portanto, os números de ganhos do acionista não podem ser precisos, mas Buffett concorda com Keynes ao preferir que fossem vagamente certos do que errados com precisão.

Números ruins de ganho do acionista são produzidos por muitas empresas porque precisam gastar mais do que *b* só para manter sua posição competitiva a longo prazo e volume unitário; em outras palavras, *(c + d)* é maior do que *b*.

Muitos analistas produzem diferentes números de fluxo de caixa para Buffett; eles incluem *a* e *b*, mas não levam em conta *c* ou *d*, com a fingida implicação de que a empresa nunca precisa de nenhuma injeção fresca de capital e que nada precisa de renovação, melhoria ou remodelação. Isso faz seus números não significarem nada, pois *c* e *d* são vitais na prosperidade futura da empresa; sem eles, a empresa vai decair.

Scott Fetzer

Scott Fetzer fornece uma ilustração do uso dos ganhos do acionista ao calcular o valor intrínseco. Ver Tabela 3.5. A empresa, um conglomerado de 22 empresas incluindo World Books e Kirby, foi comprada por Berkshire Hathaway em 1986 a um custo de US$ 315,2 milhões e um valor de balanço de US$ 172,4 milhões.

Tabela 3.5 Ganhos do acionista da Scott Fetzer em 1986

		US$
a	1986 ganhos GAAP (*generally accepted accounting principles*), os princípios contábeis geralmente aceitos	40.231
mais **b**	depreciação, exaustão, amortização e outras despesas não pagas em dinheiro	8.301
		48.532
menos		
c e **d**	Investimentos em fábricas, equipamentos, capital de trabalho etc. necessários para manter a posição competitiva a longo prazo e o volume de produção	8.301
		40.231

Buffett e Munger julgaram que itens sob *b* eram iguais a *c* e *d* juntos. Esse cálculo se aplica à maioria das empresas de investimento da Berkshire Hathaway, mas não em todo caso. Durante o final dos anos 1980, Buffett calculou que os gastos anuais de *c* e *d* para a See's Candy excedia *b* em até US$ 1 milhão, mas esse gasto foi necessário para a empresa manter sua posição competitiva.

A Tabela 3.6 mostra os ganhos de Scott Fetzer nos nove anos depois da compra. Se é uma suposição sólida que os ganhos do acionista nesses anos são iguais aos ganhos informados porque *b* é igual a *(c + d)*, então os números na coluna 2 (mais uma estimativa de ganhos depois de 1994) podem ser descontados quando se estima o valor da empresa.

É fácil ver que a empresa era uma barganha a US$ 315,2 milhões se os números dos ganhos fossem descontados a 10, 15 ou até 20%.

Tabela 3.6   Desempenho dos números de Scott Fetzer 1986-94[12]

Ano	(1) Começo valor do balanço	(2) Ganhos (milhões US$)	(3) Dividendos (milhões US$)	(4) Final valor do balanço 1 + 2 − 3
1986	172,6	40,3	125,0	87,9
1987	87,9	48,6	41,0	95,5
1988	95,5	58,0	35,0	118,5
1989	118,5	58,5	71,5	105,5
1990	105,5	61,3	33,5	133,3
1991	133,3	61,4	74,0	120,7
1992	120,7	70,5	80,0	111,2
1993	111,2	77,5	98,0	90,7
1994	90,7	79,3	76,0	94,0

A empresa também teve o bônus adicional do excedente em caixa quando foi comprada e, apesar de só ganhar US$ 40,3 milhões, foi capaz de pagar a Berkshire Hathaway um dividendo de US$ 125 milhões em 1986, fazendo os investimentos líquidos para a Berkshire Hathaway

---

[12] BUFFETT, W. E. Carta aos acionistas incluída com o Relatório Anual de Berkshire Hathaway Inc. de 1994. Disponível em: http://www.berkshirehathaway.com.

muito menores do que tinham pagado. Scott Fetzer continuou esse padrão de ganhos e dividendos, além de reduzir a quantidade de capital necessário e diminuindo sua modesta dívida a virtualmente nada. Fez isso sem usar nenhum aumento artificial de dinheiro, como vender e fazer *leaseback* ou negociando créditos de contas a receber. Em 1994, seu retorno sobre o capital empregado chegou a um nível tão extraordinário que se estivesse na lista da Fortune 500 em 1993 teria conseguido o mais alto retorno sobre o patrimônio líquido, com a exceção de três empresas saindo da bancarrota.

Procurar e encontrar empresas, como Scott Fetzer, que produzem ganhos de acionistas maiores ao mesmo tempo que precisam de pouco capital extra foi um exercício bem-sucedido para Buffett e Munger. Três das empresas da Berkshire Hathaway, Nebraska Furniture Mart, See's Candy Shops e Buffalo Evening News, aumentaram seus ganhos pré-impostos combinados de US$ 8 milhões em 1970 para US$ 72 milhões em 1985, enquanto usaram somente US$ 40 milhões mais em capital de investimento. Isso permitia que Buffett e Munger usassem a maioria dos ganhos que geraram em outro lugar. Compare isso com as empresas em geral: para aumentar significativamente seus ganhos, elas precisam de grandes aumentos no capital. Buffett estima que a empresa média exigiu ao redor de US$ 5 de capital adicional para gerar um US$ 1 adicional de ganhos pré-impostos anuais. Se isso fosse traduzido nas três empresas acima, então para gerar o aumento de lucro que elas tiveram, haveria sido necessário mais de US$ 300 milhões em capital adicional de seus donos, não os meros US$ 40 milhões que elas acabaram recebendo da Berkshire.

> Naturalmente, as empresas com baixo capital incremental são bem difíceis de encontrar por um bom preço.

Assim, as melhores empresas para se possuir são aquelas que no longo prazo podem empregar grandes quantidades de capital incremental a altas taxas de retorno. As piores empresas são as que precisam ou vão usar cada vez mais capital a baixas taxas de retorno. Naturalmente, as empresas com baixo capital incremental são bem difíceis de encontrar por um bom preço.

A empresa ideal

Buffett e Munger aconselham pesquisa cuidadosa e meticulosa em qualquer investimento possível. Não ficar ruminando sobre relatórios e números financeiros infinitos (apesar de alguma pesquisa financeira ser necessária), mas pesquisa pessoal, reunião e conversas com alguém que poderia ter algum conhecimento da possível empresa para investimento.

A empresa para investimento ideal é uma que possui forte marca de valor econômico, como Coca-Cola, Gillette, Disney ou See's Candy. Quanto mais forte a marca, maior o controle da empresa sobre o preço e o aumento do volume das vendas sem grandes exigências de capital. Uma marca confiável e bem reconhecida é um grande ativo, que pode gerar lealdade no cliente e permitir que as empresas deem preços favoráveis a seus produtos. Também faz ser abertamente difícil para os concorrentes entrarem no mercado.

Marca de valor

A Coca-Cola é um maravilhoso exemplo. Apesar de numerosas tentativas dos concorrentes, sua marca é insuperável. Os clientes pedem uma Coca, não qualquer refrigerante, e sua receita secreta mantém seus clientes felizes por mais de cem anos. A Disney tem uma franquia sem rivais, e a capacidade de produzir filmes e produtos para o futuro usando sua biblioteca de filmes, sem necessidade de gastos extras. As empresas de chocolate se beneficiam de reconhecimento de marca: "Se você é dono da See's Candy, olha no espelho e diz 'espelho, espelho meu, quanto eu cobro por doce nesta temporada?', e a resposta é 'mais', essa é uma boa empresa".[13] Cadbury é capaz de cobrar mais de seus rivais: se você foi comprar chocolate e o dono da loja disse que não possui Cadbury, mas possui uma barra de chocolate sem marca que ele recomenda e sua resposta é deixar a loja e atravessar a rua para encontrar uma barra de Cadbury ou se está disposto a pagar alguns centavos a mais pela barra de Cadbury do que pela sem marca, então sabe que a empresa tem valor de marca. A Gillette é outra marca que é capaz de colocar favoravelmente seus preços. Das milhares de lâminas vendidas em todo o mundo, 30% em número são feitas pela Gillette, mas 60% em valor.

Fosso

Outro elemento da empresa ideal é um "fosso", que coloca barreiras para evitar que rivais sejam capazes de competir na indústria. O fosso pode tomar diferentes formas, mas o mais importante é a capacidade da equipe de direção de ter um desempenho excelente no dia a dia, enquanto ao mesmo tempo cria características que são difíceis de copiar pelos rivais ou precisam de desembolsos significativos de capital para serem reproduzidos ou substituídos, e mantendo uma vigilância constante sobre formas de melhorar e inovar, e para atrair e manter clientes. A Wells Fargo, por exemplo, desenvolveu um relacionamento com clientes que seria difícil que um concorrente interrompesse.

Prevalece o vento que faz avançar

A empresa têxtil original da Berkshire Hathaway é um exemplo de empresa que não poderia aceitar nenhum erro de direção. Apesar de seus melhores esforços e bons gerentes, seus resultados foram medíocres. Quando é hora de selecionar ações, importa que a empresa esteja em um setor como a Coca-Cola ou o Washington Post, em que os ventos a favor prevaleçam sobre os ventos contrários.

---

[13] RASMUSSEN, J. Billionaire talks strategy with students. *Omaha World-Herald*, 2 jan. 1994, p. 175.

Qualidade da direção

A atitude e a competência dos diretores também importam bastante. A direção precisa amar seu trabalho e deveria tratar a empresa como se fosse própria. Deveria ter a prosperidade a longo prazo da empresa e seus acionistas no coração, não só um bom desempenho por um ano. A maioria dos diretores principais de Berkshire é bastante rica e ainda assim continua a trabalhar na empresa com grande entusiasmo e interesse. Eles trabalham duro porque amam o que fazem. Eles apreciam a emoção do desempenho excelente. Eles pensam menos como gerentes trabalhando por um salário e bônus de desempenho em curto prazo e muito mais como donos olhando a prosperidade a longo prazo da empresa.

Atitude "não ponha a mão"

Buffett e Munger são bastante a favor da atitude "não ponha a mão" em relação a seus diretores, pensando que essa é a forma de tirar o melhor deles. Eles se desfazem de todas as "atividades ritualistas e não produtivas" com as quais os executivos seniores normalmente perdem tempo, por exemplo, reuniões com analistas de ações, relatórios trimestrais etc. Buffett e Munger não falam como os diretores devem utilizar seu tempo; cada um tem controle total sobre suas agendas pessoais. O que devem fazer é se manter em linha com uma missão muito simples: dirigir a empresa como se:

1. fossem donos de 100% dela;

2. fosse o único ativo no mundo que eles e suas famílias têm ou terão; e

3. fosse impossível para eles venderem ou se fundirem com outros por pelo menos um século. Essas regras realmente ajudam a conseguir o exigido foco a longo prazo.

Os dois dizem aos gerentes que não devem permitir que suas decisões sejam afetadas nem um pouco pelas considerações contábeis. Muitos

CEOs de outras empresas tomam más decisões de longo prazo por causa da necessidade de fornecer números impressionantes de curto prazo para os mercados – Buffett e Munger dão curtos-circuitos nesse jogo de uma forma simples e efetiva. Eles pedem aos diretores que pensem no que conta, não como será contado. A capacidade deles para escolher diretores (escolhendo somente pessoas que eles "gostam, confiam e admiram") e confiar neles funcionou muito bem para a Berkshire Hathaway.

Imperativo institucional

Um ponto de preocupação é o que Buffett chama de imperativo institucional, que é a tendência das empresas a se desviar do caminho da racionalidade, decência e inteligência:

> Eu pensei que diretores decentes, inteligentes e experientes automaticamente tomariam decisões gerenciais racionais. Mas aprendi com o tempo que não é assim. Em vez disso, a racionalidade frequentemente definha quando o imperativo institucional começa a entrar em jogo. Por exemplo:
>
> 1. Como se fosse governado pela Primeira Lei de Movimento de Newton, uma instituição vai resistir a qualquer mudança na direção atual;
>
> 2. Assim como o trabalho se expande para preencher o tempo disponível, projetos corporativos ou aquisições vão se materializar para absorver os fundos disponíveis;
>
> 3. Qualquer desejo intenso do líder de empresa em relação aos negócios, por mais tonto, será rapidamente apoiado por uma detalhada taxa de retorno e estudos estratégicos preparados por suas tropas; e
>
> 4. O comportamento de empresas rivais, independente de estarem se expandindo, adquirindo, estabelecendo compensação executiva ou o que for, será imitado negligentemente.[14]

---

[14] BUFFETT, W. E. Carta aos acionistas incluída com o Relatório Anual da Berkshire Hathaway Inc. de 1989. Disponível em: http://www.berkshirehathaway.com.

Infelizmente, é muito comum que CEOs de empresas permaneçam em seus postos apesar de terem desempenhos medíocres. O CEO precisa prestar contas do desempenho da empresa para a diretoria, mas os membros geralmente não possuem senso de negócios, e estão em suas posições mais porque conhecem as pessoas certas ou são bons na política corporativa. Não são capazes de pedir ao CEO que preste contas. Em muitas empresas é considerado socialmente inaceitável criticar o desempenho do CEO. O mais interessante é que os executivos não parecem ser igualmente inibidos quando é hora de avaliar criticamente, digamos, o digitador medíocre.

Decência e integridade

Fazer a escolha certa da diretoria é obviamente uma parte crucial de como administrar uma empresa, e decência e integridade são o que Buffett e Munger procuram. Eles gostam de pensar em seus diretores como o tipo de pessoa com a qual você gostaria que seu filho ou filha se casasse. O pior traço de um diretor é qualquer tipo de desonestidade. Se estiver procurando pessoas para trabalhar para uma organização, você vai querer três qualidades: integridade, inteligência e energia. É importante notar que, se eles não têm o primeiro, então os outros dois vão matar você. Como Buffett diz, se você contrata alguém sem integridade, é melhor que sejam tontos e preguiçosos. A pessoa no alto é quem dá o tom de qualquer organização; essa é a pessoa que deve ter integridade e pelo comportamento dar um exemplo para todos os outros envolvidos na empresa.

Manipulando contas

É necessário que haja honestidade na área contábil. É bastante comum que os números financeiros sejam massageados e manipulados, e muitos contadores e auditores fazem o que os diretores esperam e pedem, em vez de fornecer números imparciais para a empresa. Há muito de verdade na velha piada sobre o CEO que pergunta quanto é 2 mais 2 e a resposta do contador é: "Quanto o senhor quer que seja?".

Fazendo o comum extraordinariamente bem

Toda a ideia por trás da direção de uma empresa é que todo colaborador, de alto a baixo, simplesmente faça bem o serviço e que os diretores façam o trabalho comum tão bem que sejam capazes de ter um desempenho extraordinário. Eles não devem focar em fazer coisas incomuns, exóticas ou esotéricas, só as coisas comuns com muito foco. Às vezes, trabalho em equipe pode fazer o comum virar extraordinário, como Buffett comentou sobre Carl Reichardt e Paul Hazen na Wells Fargo e Tom Murphy e Dan Burke na Capital Cities/ABC:

> Primeiro, cada dupla é mais forte do que a soma de suas partes porque cada parceiro entende, confia e admira o outro. Em segundo lugar, ambas as equipes gerenciais pagam bons salários a pessoas capazes, mas abominam ter um quadro de pessoal maior do que o necessário. Terceiro, ambas atacam custos tão vigorosamente quando os lucros estão em níveis recorde ou quando estão sob pressão. Finalmente, ambas ficam com o que entendem e deixam suas habilidades, não seus egos, determinarem o que tentam.[15]

Lucros operacionais para os fundos próprios dos acionistas

Uma boa forma de medir o desempenho operacional é a razão dos ganhos operacionais de acordo com o patrimônio líquido. Em 1989, Buffett informou que, nas operações não ligadas a seguros da Berkshire Hathaway, para cara US$ 1 do dinheiro dos acionistas na empresa, os diretores tinham conseguido um lucro de 57 centavos, um desempenho fantástico. Muitas empresas informam os lucros por ação, em vez

---

[15] BUFFETT, W. E. Carta aos acionistas incluída com o Relatório Anual da Berkshire Hathaway Inc. de 1989. Disponível em: http://www.berkshirehathaway.com.

de lucros por dólar do patrimônio líquido. Isso pode ser extremamente enganador, já que qualquer injeção de capital de lucros retidos pode aumentar os lucros por ação simplesmente porque há mais dinheiro na empresa. Os ganhos que poderiam ser distribuídos aos acionistas, mas são retidos na empresa, devem produzir pelos menos a mesma quantia em valor (e preferivelmente duas ou três vezes essa quantia).

Controle de custos

Controle de custos é outra área em que os gerentes devem ter bom desempenho. Novas formas de economizar nos custos deveriam ser sempre procuradas. Gerentes de uma operação com custo já alto parecem ser aqueles que têm os gastos sempre aumentando. No entanto, gerentes de uma empresa dirigida com mão de ferro normalmente são os que encontram mais métodos de reduzir custos, mesmo quando os custos operacionais já estão bem abaixo dos de seus concorrentes. Buffett e Munger praticam essa frugalidade e estrito controle de custos na Berkshire Hathaway; o escritório corporativo só possui 19 pessoas, dirigindo uma empresa de US$ 200 bilhões com mais de 250 mil colaboradores.

Eles têm muitas dúvidas de que custos administrativos altos são benéficos para a maioria das empresas, vendo pouca correlação entre altas despesas e bom desempenho corporativo. Na verdade, onde as despesas administrativas chegam a 10% isso pode ser um ônus para as partes produtivas da empresa e significar um problema para os ganhos.

> *Buffett e Munger praticam essa frugalidade e estrito controle de custos na Berkshire Hathaway.*

Valor da experiência

A experiência é valiosa, e Buffett e Munger ficam satisfeitos por seus diretores continuarem independentemente da idade, enquanto a competência deles não estiver em jogo:

Não removemos *superstars* de nossa equipe somente porque eles chegaram a uma idade específica – sejam os tradicionais 65 ou os 95 alcançados pela Sra. B em 1988. Diretores ótimos são um recurso muito escasso para serem descartados simplesmente porque um bolo fica cheio de velas. Além do mais, nossa experiência com MBAs recém-formados não foi assim muito brilhante. Os registros acadêmicos deles sempre parecem fantásticos, e os candidatos sempre sabem exatamente o que falar; mas é muito frequente que eles tenham pouco compromisso com a empresa e pouco conhecimento dos negócios em geral. É difícil ensinar truques antigos a um cachorro novo.[16]

Cachorros novos devem aprender a pular corda e provar que têm as qualidades essenciais de Buffett – integridade e decência.

Uso de capital

É o trabalho do dono e da diretoria fazer o melhor uso do capital disponível para a empresa, mas não é uma tarefa fácil fazer o melhor uso do capital gerado por uma empresa. Infelizmente muitas empresas são dirigidas por diretores que não possuem nem a inclinação nem o conhecimento para fazer o melhor uso do capital.

O setor de aviação comercial é um exemplo de um espetacular mau uso de capital. Se você pegar todos os lucros de todas as empresas aéreas do mundo desde o primeiro voo de Kitty Hawk, vai encontrar um total que é menor que zero. Os investidores de vez em quando recebem pedidos para colocar mais dinheiro por meio de emissão com direito de subscrição, mas na média aquele dinheiro é mal gasto. O setor de aviação está na infeliz posição de ser um produto pouco diferenciado em um mercado com excesso de capacidade; os clientes tendem a decidir pelo preço em vez de serem leais a uma empresa em especial. Qualquer nova

---

[16] BUFFETT, W. E. Carta aos acionistas incluída com o Relatório Anual da Berkshire Hathaway Inc. 1988. Disponível em: http://www.berkshirehathaway.com.

demanda é facilmente respondida pela capacidade existente ou por novos ingressantes no setor:

> Empresas em setores tanto com excesso de capacidade substancial e um produto *commodity* (pouco diferenciado de qualquer forma importante ao cliente em fatores como desempenho, aparência, apoio ao cliente etc.) são os primeiros candidatos a ter problemas com lucros. Se custos e preços são determinados pela concorrência total, há mais do que ampla capacidade, e o comprador não se importa muito com qual produto ou serviço de distribuição está usando, a economia do setor quase certamente é pouco estimulante. Pode até ser desastrosa. Por isso, a constante luta de todo vendedor para estabelecer e enfatizar qualidades especiais de produto ou serviço. Isso funciona com barras de chocolate (os clientes compram pela marca, não pedem uma "barra de chocolate de 50 gramas"), mas não funciona com açúcar (com que frequência você ouve, "quero uma xícara de café com leite e açúcar C&H, por favor"). Em muitos setores, a diferenciação simplesmente não consegue ser muito significativa. Alguns poucos produtores em tais áreas podem se dar bem consistentemente se tiverem uma vantagem no custo que é tanto ampla quanto sustentável. Por definição, tais exceções são poucas e, em muitos setores, simplesmente não existem. Para a grande maioria das empresas vendendo produtos *commodity*, uma equação depressiva da situação financeira da empresa prevalece: persistente excesso de capacidade sem preços (ou custos) administrados é igual a lucratividade baixa. Claro, o excesso de capacidade pode em algum momento se autocorrigir, seja com a diminuição da capacidade ou o aumento da demanda. Infelizmente para os participantes, tais correções geralmente são muito tardias. Quando elas finalmente ocorrem, a recuperação até a prosperidade frequentemente produz um entusiasmo dominante para a expansão que, dentro de poucos anos, novamente cria um excesso de capacidade e um novo ambiente sem lucro. Em outras palavras, nada

fracassa mais do que o sucesso. O que finalmente determina os níveis de lucratividade a longo prazo em tais setores é a razão entre os anos de estoque limitado e os de estoque excedente. Frequentemente, essa razão é desastrosa. (Parece como se o mais recente período de estoque limitado em nosso setor têxtil – ocorrido há alguns anos – durou a melhor parte de uma manhã.)[17]

Mau uso de capital – o setor têxtil

Depois de determinadas, mas fracassadas, tentativas de voltar a ter lucro com a indústria têxtil da Berkshire Hathaway, Buffett decidiu em 1964 que esse não era o melhor uso do capital. Seu maior concorrente na época eram as Burlington Industries, uma empresa muito maior e mais rentável com vendas de US$ 1,2 bilhão, comparado com os US$ 50 milhões da Berkshire Hathaway. A Burlington decidiu investir pesadamente no setor têxtil, e nos 20 anos seguintes injetou uns US$ 3 bilhões extras de capital, o equivalente a US$ 200 gastos por ação. Infelizmente nesses mesmos 20 anos o declínio do setor têxtil e o aumento da inflação teve como consequência que cada ação só tivesse 1/3 do poder de compra que tinha em 1964.

Esse resultado devastador para os acionistas indica o que pode acontecer quando muita inteligência e energia são aplicadas a uma premissa equivocada. A situação é sugestiva do cavalo de Samuel Johnson: "Um cavalo que sabe contar até dez é um cavalo notável – não um matemático notável". Da mesma forma, uma empresa têxtil que aloca capital de forma brilhante dentro de seu setor é uma notável tecelagem – mas não uma empresa notável. Minha conclusão a partir da minha própria experiência e de muita observação de outras empresas é que bons históricos gerenciais (medidos por retornos econômicos) têm muito mais a ver com em que tipo de empresa você embarca do que com o modo como você rema (apesar de que inteligência e esforço ajudam muito, claro, em qualquer empresa, boa ou ruim). Há alguns anos, eu escrevi: "Quando

[17] BUFFETT, W. E. Carta aos acionistas incluída no Relatório Anual de Berkshire Hathaway Inc. de 1982. Disponível em: http://www.berkshirehathaway.com.

uma direção com uma reputação de brilhantismo entra em um negócio com reputação de situação econômica fundamentalmente pobre, é a reputação do negócio que permanece intacta". Nada mudou desde então, segundo meu ponto de vista. Se você se encontrar em um barco com vazamentos crônicos, a energia devotada a mudar de barco é provavelmente mais produtiva do que a energia devotada a tapar os buracos.[18]

Recompra de ações

O capital também pode ser usado para recomprar ações. Se elas estão sendo vendidas abaixo do valor intrínseco, pode ser bom para os acionistas da empresa recomprar algumas delas usando capital existente e, talvez, empréstimos razoáveis. Se isso acontece, os acionistas se beneficiam de duas formas: primeiro, suas ações têm um valor intrínseco maior devido à recompra e, em segundo, a diretoria está enviando uma mensagem confiante para os acionistas e o mundo em geral de que a empresa está no caminho certo e não construindo um grande império para benefício dos diretores à custa dos acionistas.

Fusões

Gerentes devem tomar decisões racionais sobre fusões, incluindo fazer aquisições e assumir controles. Fusões devem aumentar o valor intrínseco das ações da empresa compradora. De importância crucial no que está sendo dado em troca, e bons diretores deveriam ter o interesse de seus donos (os acionistas) no coração e ter certeza de que a fusão será benéfica para eles. Algumas das razões ruins para fusões são:

- Excitação – diretores se deliciam com a atividade extra, o desafio e a atenção da imprensa.

- Tamanho da organização – diretores julgam seu desempenho pelo tamanho da empresa e buscam o crescimento irracional.

---

[18] BUFFETT, W. E. Carta aos acionistas incluída no Relatório Anual da Berkshire Hathaway Inc. de 1985. Disponível em: http://www.berkshirehathaway.com.

- Excesso de confiança – diretores são tão confiantes em sua própria capacidade que estão seguros de que possuem um toque mágico e vão transformar os lucros da empresa que está sendo adquirida.

- Foco nos ganhos a curto prazo – diretores se concentram em não diluir os lucros por ação, em vez de ter certeza de que o valor intrínseco por ação permanece não diluído.

Armadilhas a serem evitadas

Seguindo o exemplo de Buffett e Munger, há certas armadilhas que os investidores devem evitar. Não é uma boa ideia pôr muita confiança em previsões de como o mercado de ações vai se comportar nos próximos meses. Você pode ter sorte uma vez, mas uma série de apostas de curto prazo em previsões de horizonte imediato não trará nenhum benefício no longo prazo. Também não faz sentido ficar lendo projeções macroeconômicas o tempo todo. Com uma estratégia de manter as ações no longo prazo, o atual estado da economia tem um impacto limitado porque o valor é determinado pelos ganhos durante várias décadas, enquanto as recessões vêm e vão.

Não façam equações com letras gregas.

Investidores não devem tentar nenhuma das fórmulas matemáticas complexas que alguns acadêmicos e analistas recomendam – não usem equações com letras gregas. O conhecimento é a chave, e os investidores devem fazer sua lição de casa para entender as companhias escolhidas.

A impaciência pode ser prejudicial para os investidores. Se eles não conseguem encontrar uma empresa adequada para investir, devem manter sua impaciência controlada e esperar. Buffett e Munger tiveram muitos anos nos quais nenhum alto volume de investimento foi feito, porque não havia nada adequado que respondesse a seus critérios estritos. Da mesma forma, deve-se evitar impaciência com as ações que possui. Se as investigações corretas foram feitas e a empresa em que se investiu é sólida, há muitas chances de que ela terá um bom desempenho no futuro, apesar de que poderão existir altos e baixos no caminho. Perder a paciência e tomar uma decisão impetuosa pode levar a muito arrependimento.

Independência de pensamento é um ativo valioso. Investidores devem evitar seguir a multidão e ser influenciados pela horda dos chamados especialistas, mas devem também admitir quando cometem erros. É muito melhor formar sua própria opinião, tendo examinado todos os dados dentro de uma base racional. Erros devem ser examinados e lições, aprendidas.

Ser muito ambicioso pode fazer os investidores tomarem más decisões. Buffett e Munger almejam não mais do que 15% por ano em seus investimentos. Tentar conseguir mais significa assumir mais riscos e fazer muitas transações, o que pode ser pouco vantajoso, já que as várias comissões sobre as transações podem comer qualquer lucro alcançado.

Muita diversificação pode levar os investidores a não ter conhecimento suficiente de seus investimentos; eles só devem investir em tantas empresas quanto consigam pesquisar e entender completamente. No final de 1999 e 2000, a Berkshire Hathaway tinha 70% de seu fundo de investimentos em somente quatro empresas porque Buffett e Munger sentiam-se incapazes de fazer compras em negócios de que realmente entendiam com preços convenientes.

Buffett e Munger sobre o risco

Buffett e Munger defendem não correr riscos desnecessários, e sua filosofia é definida na seguinte citação:

Em nossa opinião, o risco real que um investidor deve avaliar é se suas receitas agregadas pós-impostos de um investimento (incluindo aquelas que recebem com a venda) vão, sobre o período estimado de retenção, dar pelo menos tanto poder de compra quanto tinham no começo, mais uma taxa modesta de juros sobre aquela participação inicial. Apesar de que esse risco não pode ser calculado com precisão de engenharia, pode em alguns casos ser julgado com um grau de acerto que é útil. Os fatores primários que contam nessa avaliação são:

1. A certeza de que as características econômicas da empresa a longo prazo podem ser avaliadas;

2. A certeza de que a gerência pode ser avaliada, tanto em relação a sua capacidade para perceber o potencial total da empresa e de poder empregar seu fluxo de caixa de forma inteligente;

3. A certeza de que se pode confiar na gerência para canalizar os ganhos da empresa aos acionistas em vez de para si próprio;

4. O preço de compra da empresa;

5. Os níveis de impostos e de inflação que poderão ocorrer e que vão determinar o grau em que o retorno do poder de compra do investidor será reduzido do retorno bruto.

Vários analistas vão achar esses fatores totalmente imprecisos, já que não podem ser extraídos de nenhuma base de dados. Mas a dificuldade de quantificar precisamente essas questões não nega sua importância nem é insuperável. Assim como o juiz do Supremo Tribunal Stewart achou impossível formular uma avaliação sobre o que é obscenidade, mesmo assim afirmou: 'Sei o que é quando a vejo', os investidores também podem – de uma forma inexata, mas útil – 'ver' os riscos inerentes a certos investimentos sem referência a equações complexas ou a históricos de preços.

É realmente tão difícil concluir que a Coca-Cola e a Gillette possuem muito menos riscos a longo prazo do que, digamos, qualquer empresa de computador ou varejista? No mundo todo, a Coca vende ao redor de 44% de todos os refrigerantes e a Gillette tem mais de 60% (em valor) do mercado de lâminas. Deixando de lado o chiclete, no qual a Wrigley é dominante, não conheço outros mercados significativos no qual a empresa líder conquistou tanto poder global.

Além do mais, tanto a Coca quanto a Gillette na verdade aumentaram sua participação mundial no mercado nos últimos anos. O poder de suas marcas, os atributos de seus produtos e a força de seus sistemas de distribuição lhes dão enorme vantagem competitiva, criando um fosso protetor ao redor de seus castelos econômicos. A empresa média, em contraste, batalha diariamente sem esses meios de proteção. Como diz Peter Lynch, ações de empresas vendendo produtos estilo *commodity* deveriam vir com um selo de aviso: "A competição pode ser prejudicial para a riqueza humana".

A força competitiva de uma Coca ou de uma Gillette é tão óbvia até para o observador casual da empresa. Mas a medida beta de suas ações é similar à de muitas empresas comuns que possuem pouca ou nenhuma vantagem competitiva. Deveríamos concluir a partir dessa similaridade que a força competitiva da Coca e da Gillette não serve para nada quando o risco da empresa está sendo medido? Ou deveríamos concluir que o risco de sermos donos de uma parte de uma empresa – suas ações – está de alguma forma divorciado do risco a longo prazo inerente a suas operações? Não acreditamos que nenhuma das conclusões faz sentido e que equalizar a medida beta com risco de investimento tampouco faz algum sentido.

O teórico alimentado no beta não tem mecanismos para diferenciar o risco inerente em, digamos, uma empresa de brinquedo com um único produto que são bonequinhos, de outra empresa de brinquedos cujo único produto é Monopólio ou a Barbie, mas é possível para os investidores comuns fazer essas distinções se tiverem uma compreensão razoável do comportamento do consumidor e dos fatores que criam força competitiva a longo prazo. Obviamente, todo investidor vai cometer erros. Mas, ao se ater a alguns poucos casos fáceis de compreender, uma pessoa informada e diligente, razoavelmente inteligente pode julgar os riscos no investimento com um grau de precisão útil.[19]

---

[19] BUFFETT, W. E. Carta aos acionistas incluída no Relatório Anual da Berkshire Hathaway Inc. de 1993. Disponível em: http://www.berkshirehathaway.com.

Dificuldades e contratempos

Enquanto a filosofia de investimento de Buffett e Munger é fácil de afirmar, ela é difícil de praticar com habilidade. Exige uma considerável quantidade de tempo e conhecimento para entender uma empresa e seu ambiente competitivo. Você precisa de bons conhecimentos de análise estratégica, assim como de contabilidade e finanças. Além disso, conhecer o caráter de uma diretoria é difícil para um investidor médio. Enquanto Buffett ou Munger podem pegar o telefone e conversar com os principais executivos de cada área de uma empresa, nós podemos ter maiores dificuldades. Pelo menos podemos participar de encontros anuais gerais para ouvir os executivos principais falarem – acho especialmente útil as conversas particulares depois da reunião formal. Também, se você acompanha uma empresa e os pronunciamentos da direção por alguns anos, pode fazer uma ideia de sua consistência, abertura e realismo.

Certamente os seguidores de Buffett e Munger terão de diminuir a amplitude das empresas e setores que tentam entender, assim poderão desenvolver a profundidade de conhecimento exigido para criar um círculo de competência que possua algum significado real.

Para resumir

Warren Buffett e Charles Munger já passaram dos 80 anos, mas suas mentes estão tão afiadas como sempre. Se você quer saber como eles parecem continuar crescendo em sabedoria todos esses anos, é só comprar algumas ações da Berkshire Hathaway e participar da reunião geral anual em Omaha em que eles respondem com grande erudição às perguntas dos acionistas por umas seis horas. Depois de ir à reunião de

2010, achei que estavam em excelente forma – e mais uma vez aprendi muita coisa.

Então quais são os elementos centrais que você pode tirar da vida de Buffett e Munger?

> *Warren Buffett e Charles Munger agora são octogenários, mas suas mentes estão tão afiadas como sempre.*

- Analise as empresas, não as ações, e não compre ações em setores dos quais você não entende. Lembre-se de montar seu círculo de competência de forma bem concreta e não deixar seus limites imprecisos.

- Procure empresas que são boas em termos de qualidade de suas marcas de valor econômico de longo prazo e da qualidade de sua direção.

- O retorno do capital dentro da empresa é um elemento vital em qualquer decisão de investimento.

- Calcule o valor intrínseco a partir do fluxo de caixa e tenha certeza de que o preço pago está a uma ampla margem de segurança abaixo do valor intrínseco. O ganho do acionista é a definição de fluxo de caixa de que você precisa.

- Empresas de sucesso inevitável são ótimas se você encontrá-las no preço correto.

- A hiperatividade é destruidora de riquezas – lembre-se da carta boa e da bola perfeita.

- Não faça negócios baseado em: previsões de expectativas a curto prazo de movimentos no mercado; previsões macroeconômicas; fórmulas matemáticas com letras gregas; ou porque você é impaciente.

- Não siga a multidão, nem seja muito ambicioso em seu retorno do investimento, nem muito diversificado.

- Não venda enquanto a empresa continuar a aumentar o valor intrínseco a uma taxa satisfatória.

CAPÍTULO 4

John TEMPLETON

John Templeton é amplamente visto como a luz que guia a abordagem de investimento de valor global. Durante sete décadas, ele procurou barganhas em todo o mundo. Enquanto a maioria de seus contemporâneos se recusava a olhar as ações além de seu próprio jardim, Templeton caçava empresas vendendo por, digamos, três vezes seu rendimento no desdenhosamente negligenciado Japão no final dos anos 1950 ou na subvalorizada Coreia do Sul nos anos 1990. Na busca por barganhas, você certamente encontrará bem mais se estudar muitos países e suas empresas em vez de ficar só no seu; também ganhará uma segurança adicional que é fruto de uma maior diversificação.

Um exemplo das vantagens de um foco de valor global seria que, no período de seis anos entre 1968-74, muitos fundos perderam metade dos ativos de seus clientes por focarem somente em ações norte-americanas, enquanto o fundo internacional de Templeton estava crescendo. Na verdade, desde a fundação do Templeton Growth Fund em 1954 até se aposentar da direção ativa daquele fundo em particular em 1992, ele transformou uma soma inicial típica de US$ 10 mil em US$ 2 milhões, um retorno médio anual de 14,5%. Se a mesma quantia tivesse sido investida em ações domésticas dos Estados Unidos naquele período, teria chegado a pouco mais de US$ 550 mil, uma média anual de 10,85%.

Há muito a aprender de Templeton:

• A importância de entender o mercado de títulos e valores mobiliários além dos confins de um país. Pode ser que, durante alguns anos, até décadas, seu mercado doméstico esteja sobrevalorizado e faz sentido encontrar ações subvalorizadas entre os outros mais de 90% de empresas com registro em bolsas de valores no exterior.

- Como manter a visão a longo prazo de seus investimentos.
- Ser mais inteligente do que os outros analistas e ir contra a multidão.
- A importância da consciência social, econômica e política.
- Princípios de orientação para o trabalho e para a vida.

Sir John (ele recebeu o título de cavaleiro em 1987) era um homem de confiança calma, de gentil cordialidade e de profunda fé religiosa. Ele se importava com muitas outras coisas além de simplesmente ganhar dinheiro. Apesar de se tornar um bilionário, insistia que o espiritual era muito mais importante para ele (e para todo mundo, apesar de não reconhecerem). Ele devotou tanto sua fortuna quanto seu tempo para estudos mundiais sobre as grandes questões ligando ciência, religião e propósito humano. Apesar de ser um homem de intelecto privilegiado, ele não usava isso para intimidar; permanecia reservado, polido e humilde, verdadeiro nas suas crenças cristãs.

Ele nos forneceu alguns dos melhores aforismos para guiar investidores. Aqui estão alguns dos seus mais famosos, que dão o gostinho da exploração racional dos outros:

- Mercados em alta (*Bull Markets*) nascem do pessimismo, crescem no ceticismo, maduram no otimismo e morrem na euforia.[1]
- O momento de máximo pessimismo é o melhor para comprar, e o momento de máximo otimismo é o melhor para vender.[2]

Inicialmente, vou explicar as primeiras influências que o ajudaram a moldar sua filosofia de investimento. Depois vou discutir seus primeiros triunfos como conselheiro de investimentos e como gestor de um fundo mútuo. Seu Templeton Growth Fund teve sucessos impressionantes, incluindo investimentos no Japão, na Coreia e na China, muito antes da grande maioria das empresas de investimento ocidentais. Finalmente, os elementos centrais de sua postura de investimento são explicados.

---

[1] TEMPLETON, L. C.; PHILLIPS, S. *Investing the Templeton way*.
[2] John Templeton citado em *Globe and mail*, 19 jul. 1996.

A formação do homem

Nascido em 1912 em uma comunidade de 2 mil habitantes no Tennessee, Templeton foi muito influenciado pelo sentido de decência e fé que pode ser encontrado nas pequenas cidades do interior. Virtudes de trabalho duro, serviço aos outros, autocontrole, confiança, liberdade de associação e poupar dinheiro eram comuns. Quando era garoto, Templeton tinha liberdade para fazer o que achasse melhor (menos o uso de álcool ou tabaco); isso lhe deu muita autoconfiança e uma convicção de que qualquer coisa era possível. Ele não consegue se lembrar de nenhum conselho de seus pais, nem de ter recebido uma surra. Eles, no entanto, funcionaram como modelos impressionantes. Sua mãe era bem educada e parte ativa da igreja presbiteriana. Além de manter a igreja por meio de campanhas de fundos, ela apoiava um missionário cristão na China. Templeton aprendeu cedo como o dinheiro poderia ser usado para ajudar outras pessoas.

Seu pai, um advogado autodidata, era dono de uma pequena empresa descaroçadora de algodão para ter uma renda extra. Havia também uma empresa de armazenamento de algodão, outra de varejo de fertilizantes e uma agência para várias seguradoras. Em 1925, ele tinha comprado seis pequenas fazendas e, em uma parte da terra, construído e alugado 24 casas. Templeton assistia às atividades empreendedoras de seu pai, algumas bem-sucedidas, outras fracassadas. Havia ambição e disposição, que resultava na transformação da família, se não rica, pelo menos melhor do que a maioria em Winchester.

Sua mãe dizia que ele tinha "nascido velho". Um jovem que possuía autocontrole, julgamento, confiança e prudência. Conseguiu notas "A" na escola, estimulado pelo acordo com o pai em que, cada vez que no seu boletim não houvesse nada mais do que notas "A", recebia um fardo de algodão. Mas sempre que recebesse um boletim que não estivesse totalmente preenchido com notas "A" – mesmo em uma única matéria – ele tinha de dar ao pai um fardo de algodão. Depois de 22 boletins (2 por ano), o pai devia 22 fardos de algodão ao filho.

Ele estudou Economia em Yale entre 1930-34, depois ganhou uma bolsa de estudos Rhodes para o curso de Direito na Baliol College, Oxford.

A doutrina dos "gramas extras"

Quando era criança, Templeton observava que as pessoas que eram moderadamente bem-sucedidas trabalhavam quase tão duro quanto as que tinham muito sucesso. O esforço adicional exigido era somente "alguns gramas a mais", mas elas conseguiam realizar muito mais. Parecia haver uma recompensa exponencial.

Quando tinha 13 anos, comprou dois Fords velhos. Em seis meses, com a ajuda de seus amigos, combinou os dois para criar um carro, que dirigiu por quatro anos. Adorava aprender coisas novas, especialmente se pudesse ganhar dinheiro com elas. Tinha um impulso interno e iniciativa para procurar barganhas.

No verão de 1931, enquanto estava em seu primeiro ano em Yale, Templeton recebeu o que, na época, pareceram notícias devastadoras de seu pai, que havia escrito dizendo que a Depressão o havia afetado bastante e que ele simplesmente não tinha mais dinheiro para manter a faculdade. Templeton orou e conversou com várias pessoas sobre sua difícil situação. Seu tio emprestou algum dinheiro, e ele conseguiu uma bolsa, mas ainda teria de trabalhar para continuar estudando. Ele diria que tragédias aparentes podem ser a forma como Deus educa seus filhos. Seus problemas financeiros reforçaram ainda mais nele o valor do trabalho duro e a importância de poupar. Mais tarde considerou as notícias de seu pai como uma das melhores coisas que já aconteceram com ele.

Seus problemas financeiros reforçaram ainda mais nele o valor do trabalho duro e a importância de poupar.

Para conseguir manter a bolsa ele precisava de boas notas. Desenvolveu técnicas para evitar perder tempo:

- Carregava papel e livros para onde quer que fosse, assim podia estudar e escrever durante todo o tempo livre. Aqueles poucos momentos iam se acumulando.

- Ele trabalhava 15 horas por dia, seis dias por semana (sete horas de sono).

Mesmo assim, tinha uma vida social ativa. Lema: "Trabalhe primeiro, divirta-se depois". Sua atitude continuou igual durante toda a sua vida; mesmo nos anos 1990, ele trabalhava 60 horas por semana.

Os erros dos outros

Na área de Winchester, fazendas ocasionalmente entravam em falência, tornavam-se objeto de execução hipotecária e eram leiloadas. Isso acontecia na praça central em que o pai de Templeton tinha um escritório. Da sua janela, Harvey Templeton podia seguir os leilões e, se uma fazenda não atraía nenhum lance, ele ia até a praça, fazia uma oferta e comprava fazendas por alguns centavos por dólar do valor.

Assim como com os leilões de fazenda, nos preços das ações, às vezes encontramos preços baixos e falta de interesse dos compradores, gerando desinteresse ainda maior, até haver pouco ou nenhum comprador. Todavia, as ações que já estão sendo vendidas atraem mais interesse dos compradores – ficando mais caras. A lição da infância de Templeton de que as fazendas poderiam ser compradas por um preço baixo simplesmente pela ausência de outros compradores e não por causa da ausência de valor sólido pôde ser facilmente transferida para os mercados financeiros.

A lição contrária – que os ativos podem se tornar muito mais caros por causa do superexcitação da multidão – é ilustrada por outra história de sua infância. Em uma tarde de verão, ele correu pela rua para se juntar a uma multidão reunida na frente da varanda de uma casa.

Finalmente, o dono de casa mexeu em um interruptor, e toda a casa se acendeu. A multidão que tinha se juntado deu um grito e bateu palmas alegremente. A eletricidade tinha chegado e havia muita animação com isso. No entanto, Templeton era inteligente o suficiente para perceber que tecnologia excitante não é igual a ações excitantes. Ele percebeu que as empresas de eletricidade já estavam populares demais.

Lições valiosas também foram aprendidas sobre o comportamento dos outros quando jogava pôquer, o que ele fazia desde os oito anos. As pessoas são ocasionalmente tontas e frequentemente ingênuas, e suas ações levam a oportunidades para as pessoas capazes de assumir riscos calculados, mantendo a atenção nas cartas, calculando as chances e avaliando o comportamento dos outros jogadores. Cerca de um quarto dos fundos de Templeton para sua educação em Yale e Oxford vieram do pôquer. (Ele parou de jogar aos 24 e nunca investiria em empresas de jogos – tinha visto muitas pessoas arruinadas por jogarem compulsivamente.) Um dos poemas favoritos de Templeton é "If" ["Se"] de Rudyard Kipling: "Se você consegue manter sua cabeça no lugar, quando todos ao seu redor estão perdendo a deles". Bom conselho se você é um investidor que geralmente vai contra o consenso prevalecente e compra quando outros estão vendendo em um ataque de pânico.

A importância de poupar

O pai de Templeton era tão entusiasmado com esquemas do tipo "como ficar rico rapidamente" que entrou no perigoso mundo de apostas em contratos futuros de algodão em Nova York e Nova Orleans. Um dia ele entrou e disse: "Rapazes, ficamos ricos, acabamos de ganhar mais dinheiro do que se pode imaginar no mercado futuro de algodão". Ele falou que nunca mais teriam de trabalhar, nem seus filhos ou netos. Dias depois teve de anunciar que tinha perdido tudo e estavam arruinados. Dessa forma, John e seu irmão, Harvey Jr., com medo da natureza etérea da riqueza de papel criada pelos mercados financeiros, adotaram uma política de poupar, procurando conforto e segurança. Em Winchester, uma pessoa que não economizava não tinha caráter, era indisciplinada ou preguiçosa. Poupar indicava autorrespeito.

Depois de se formar em Oxford, ele se casou com Judith Falk em 1937[3] e assumiu seu primeiro cargo como conselheiro de investimentos em Nova York. Seu salário era de US$ 150 por mês, igual ao de Judith (revisora de anúncios). Eles concordaram que iam guardar metade de sua renda, assim poderiam construir um portfólio, com o objetivo de ter segurança financeira total. Eles transformaram essa poupança em um jogo divertido em vez de em uma tarefa. Os amigos se juntavam para acompanhar enquanto eles esquadrinhavam Nova York para encontrar um restaurante em que pudessem encontrar uma boa refeição por 50 centavos. Eles mobiliaram um apartamento de cinco quartos por US$ 25, comprando em leilões e em lojas de usados, além de remodelar caixas de madeira para servir como móveis. Levaram a sério o que Rockefeller dizia sobre riqueza. Ele falava que é preciso fazer o dinheiro trabalhar por você se quiser realmente ficar rico.

Quando era criança, ele tinha sido fascinado pelo poder dos juros compostos, e seu exemplo favorito tinha sido a venda de Manhattan no século XVII. Os livros de história geralmente dizem que os índios foram tontos por venderem Manhattan por tão pouco, alguns adornos que valiam US$ 24. Mas Templeton afirmava que, se tivessem investido os US$ 24 a 8% de juros compostos por ano, eles agora teriam trilhões de dólares.

Como conselheiro de investimentos, ele entraria em contato regular com pessoas ricas e que tinham uma boa renda. Era visto como excêntrico por seu jeito de poupar de forma extrema, marchando sob um ritmo diferente, mas era uma pessoa bem apreciada e respeitada.

---

[3] Tragicamente, Judith morreu em um acidente de motocicleta em 1951, e John se casou com Irene em 1958.

Nenhuma dívida pessoal

Quando era adolescente, Templeton viu muitos fazendeiros perderem suas terras por causa das dívidas que tinham assumido. Fez um voto de que emprestaria se fosse necessário, mas que nunca pediria emprestado (pelo menos, não para consumo normal – ele pedia para investir muito ocasionalmente). Em sua caça por barganhas, seguia o princípio de pagar por tudo à vista, então sempre seria um recebedor e não um pagador de juros. Ele não pedia emprestado para comprar casas ou carros. Ao seguir essa política, ganhou a despreocupação com ser capaz de fazer os pagamentos mensais. Ele podia também barganhar um preço mais baixo. Por exemplo, a casa que ele e Judith compraram em 1944 teve uma avaliação para o seguro de reconstrução de US$ 25 mil (tinha sido construída 25 anos antes), mas eles pagaram somente US$ 5 mil.

Perspectiva mundial

No primeiro ano de estudos em Yale, ele ficou interessado em investimentos e começou a ler livros sobre o assunto além dos seus estudos normais. Acabou comprando suas primeiras ações com algum dinheiro que ganhou trabalhando na faculdade. Comprou ações preferenciais de sete dólares da Standard Gas and Electric Company que estava vendendo a somente 12 centavos cada devido à Grande Depressão. A maior parte dos seus colegas vinha de famílias ricas que tinham um amplo portfólio de ações, mas Templeton observou um fenômeno comum estranho: eles não tinham ações estrangeiras. Para esse estudante de 20 anos, poderia ser possível encontrar valores melhores em outros lugares.

Ele decidiu ser um conselheiro de investimentos baseado em três motivos. Primeiro, suas experiências anteriores o convenceram de que seu maior talento era o do julgamento. Ele sentiu que poderia pesar uma grande variedade de fatores afetando uma decisão melhor do que a maioria das pessoas. Ele podia analisar os pontos fortes e fracos relativos das empresas e depois mostrar coragem e confiança para agir sobre a decisão tomada. Em segundo lugar, achava que poderia ganhar mais dinheiro nesse campo do que em outros. Em terceiro lugar, ele podia ajudar as pessoas a adquirir riqueza e segurança – um chamado nobre, alinhado com sua fé cristã.

> Ao treinar para ser conselheiro de investimentos ele poderia aprender coisas sobre várias empresas diferentes.

Havia também outra razão: ao treinar para ser conselheiro de investimentos, ele poderia aprender coisas sobre várias empresas diferentes, então se seu caminho estivesse bloqueado na área de investimentos, poderia aplicar o conhecimento em outra linha de trabalho.

Ao ganhar a bolsa Rhodes, ele estava animado para estudar algum assunto relacionado a negócios. Quando explicou isso aos professores de Oxford, a expressão em seus rostos foi de desgosto. Templeton disse que era como se tivesse falado que queria estudar o lixo. Simplesmente não podiam entender por que um *gentleman* de Oxford estaria interessado em estudar negócios. Ele optou por Direito no lugar, mas manteve suas ambições em uma carreira de investimentos. O conhecimento de leis era um tanto útil no negócio de aconselhamento de investimentos, o mais importante, no entanto, era que o valor da bolsa Rhodes significava que ele não teria de trabalhar. Em vez disso, viajou bastante e cultivou amizades que se provaram valiosas mais tarde. Fez uma série de viagens curtas para a Europa com baixo orçamento, mas sua grande exploração foi quando, depois da graduação, em 1936, ele visitou dezenas de países viajando pela Europa e pela Ásia antes de voltar aos Estados Unidos. Nos oito meses seguintes, ele viveria com meros US$ 100 em dinheiro. (Recusou-se a tirar dinheiro de sua conta de investimentos. Sempre dizia a seus amigos que, se colocou dinheiro de lado como capital, não deveria começar a gastá-lo.)

As viagens tinham um objetivo maior. Ele queria entender, desde a base, a forma como as sociedades funcionam em uma grande variedade de países. Ao examinar o sistema social, político e econômico desde a base, ele poderia ter algumas ideias que permitiriam ganhar altos retornos para potenciais clientes futuros e para ele mesmo. Viajou por 35 países e em cada um tentou aprender o máximo que pôde para compreender mais o funcionamento de empresas ao redor do mundo, assim poderia avaliá-las. Estava convencido de que só é possível entender o valor real de uma empresa estudando mais do que um país, já que os produtos de uma empresa em um único país estão competindo com outras ao redor do mundo. Então, para calcular os ganhos no futuro, você precisa conhecer as características competitivas de todo o setor econômico ao redor do globo.

Uma fortuna feita em 1939

Quando finalmente chegou a Nova York teve 12 entrevistas com instituições financeiras e duas ofertas de emprego. Ele aceitou a que tinha o salário mais baixo com a Fenner and Beane, uma corretora que tinha estabelecido sua divisão de aconselhamento de investimentos somente algumas semanas antes com dois colaboradores. No entanto, em um ano ele recebeu a oferta de um salário maior como vice-presidente de uma pequena empresa em Dallas, chamada National Geophysical, por seu colega de Oxford, George McGhee. Foi durante esse tempo que Templeton tomou decisões de investimentos altamente lucrativas ao ir contra o consenso. Em 1º de setembro de 1939, Hitler invadiu a Polônia. Havia um medo difundido de se a Depressão retornaria enquanto os nazistas sistematicamente destruíam a civilização. Os investidores correram para vender ações, já que antecipavam maus momentos; a Bolsa perdeu metade do seu valor.

Templeton permaneceu calmo e baseou-se em sua experiência. Tinha alguma familiaridade com a Europa e os assuntos internacionais – tinha até viajado para ver as Olimpíadas de 1936 em Berlim. Percebeu que os Estados Unidos seriam arrastados para a guerra, e a indústria seria chamada a fornecer os recursos para o conflito. Assim, a demanda aumentaria exatamente como tinha sido na Guerra Civil e na Primeira Guerra Mundial. Bens e *commodities* precisariam ser transportados, portanto, as ferrovias iriam se beneficiar.

Ele teve a capacidade de focar nas perspectivas a longo prazo e não ser influenciado pelas opiniões pessimistas atuais. Olhava os eventos futuros prováveis em vez dos eventos atuais. Raciocinava que até as empresas mais ineficientes reviveriam por causa do crescimento futuro; as margens de lucro iriam subir muito. Ele procurava comprar onde o sentimento era mais negativo, assim, quando o mercado revisasse as perspectivas para essas empresas, elas produziriam os maiores lucros. Ele tinha passado dois anos estudando o desempenho de ações vendendo a menos de US$ 1 e concluiu que se as comprasse, do jeito que estavam tão baratas por causa das baixas expectativas, era pouco provável que perdesse dinheiro.

Nesse estágio, ele e Judith tinham construído um portfólio pessoal que valia ao redor de US$ 30 mil por meio de uma combinação de investimentos inteligentes, um plano de compras de empresas generoso e economia de dinheiro. Ele estava tão convencido de que sua postura "do contra" estava correta que pediu emprestado US$ 10 mil (a única vez em que pediu emprestado nos 40 anos seguintes). Com isso, voltou a sua velha empresa, Fenner and Beane, para fazer um pedido: que comprassem US$ 100 em ações de toda empresa que negociasse a menos de US$ 1. Seu corretor obediente apontou que 37 das 104 empresas estavam em bancarrota. Templeton respondeu que não importava, acreditando que em uma economia de guerra até as empresas falidas voltariam a crescer.

Note que ele era cuidadoso para diversificar seu risco: apesar de que empresas individuais dentro desse portfólio poderiam perder dinheiro, investindo em umas cem havia uma boa chance de que o desempenho geral fosse bom; alto risco, portanto, diversificação alta. Note também que seu foco está na lucratividade de empresas anos depois: talvez cinco, talvez dez. O período médio de posse dos investimentos era de quatro anos para esse portfólio.

Em um ano, Templeton tinha ganhado o suficiente para repagar todo o dinheiro que havia pedido emprestado. As ações foram gradualmente vendidas em vários anos, lucrando US$ 40 mil. Só quatro das empresas faliram. A perspectiva mais geral de Templeton e seu intenso estudo da economia nos tempos de guerra permitiram que visse antes dos outros que as ações dos Estados Unidos estavam baratas. Sua análise histórica o convenceu de que, em uma grande guerra, as empresas mais deprimidas voltam à vida e fornecem as maiores porcentagens de ganhos.

Uma das ações compradas em 1939 foi a da Missouri Pacific. Essas ações eram oferecidas originalmente a US$ 100 com um dividendo anual de US$ 7. A empresa estava em bancarrota, e as ações estavam sendo vendidas a US$ 0,125. Se o tráfego ferroviário aumentasse com um *boom* no tempo de guerra, então, Templeton estimava, as ações preferenciais deveriam aumentar para US$ 2 ou US$ 3. Com a lucratividade, suas perdas pré-impostos evitariam os altos impostos corporativos do tempo de guerra. É por isso que ele selecionava empresas marginais (deficitárias) em vez de empresas bastante lucrativas. Ele conhecia a história: na Primeira Guerra Mundial empresas fortes tiveram de pagar altos impostos – algo parcialmente justificado porque essas empresas se beneficiaram do aumento de demanda na guerra –, enquanto empresas mais fracas foram poupadas. A empresa voltou a lucrar em 1940, e cresceu muito em 1941 e 1942. Templeton vendeu as ações a US$ 5, um aumento de 3.900%. Ele admite que vendeu muito cedo. Sempre dizia que você não pode esperar comprar na baixa e vender na alta. O melhor que pode esperar é comprar algo que é barato. Quando subir, compre algo que é mais barato. Venda a primeira e compre a segunda.

Sua própria empresa

Em 1940 Templeton comprou de George Towne, por US$ 5 mil, uma empresa de aconselhamento de investimentos com apenas oito clientes. Mudando o nome para Towne, Templeton e Dobbrow, e a compra de máquinas de escrever de segunda mão, uma biblioteca com material de pesquisa também de segunda mão (sempre economizando!), Templeton passou a ser conselheiro de investimentos independente, aos 28 anos. Ele não conseguiu se pagar um salário por dois anos, e precisou usar suas economias para aguentar.

Era um gestor consciente, via seu papel como o de alguém que poderia, por meio de sólidos investimentos, permitir que seus clientes se aposentassem confortavelmente ou enviassem seus filhos à faculdade. Seus clientes recebiam um programa de investimentos individualizados para suas necessidades específicas. Ele decidia como dividir o dinheiro dos clientes entre títulos de dívida, ações e propriedades. Também ajudava com planejamento imobiliário e financeiro, oferecendo um serviço para reduzir impostos. Sempre sentia prazer ao ajudar as pessoas – um prazer maior do que gastar milhares de dólares.

> *Enquanto cortava custos desnecessários, ele não economizava na contratação dos melhores talentos.*

Enquanto cortava custos desnecessários, ele não economizava na contratação dos melhores talentos. Acreditava que você conseguiria uma barganha melhor no mercado para executivos e funcionários se pagasse 20% a mais do que os salários encontrados em outros lugares. Um excelente colaborador vale mais do que dois colaboradores medíocres.

Um dos lemas pessoais de Templeton é "ODO é sagrado". "ODO" é o dinheiro dos outros. Há uma maior dificuldade em ampliar uma empresa de aconselhamento de investimento. Cada conta tem um conjunto único de objetivos e circunstâncias relacionadas a tolerância a riscos, impostos e momento oportuno. Os clientes estão no telefone regularmente e exigem o tempo do gestor. Tornou-se cada vez mais aparente que uma postura mais racional e eficiente em termos de tempo para gerenciar o dinheiro dos outros era montar fundos mútuos. Ele via nesse tipo de empresa uma forma de ajudar famílias de diferentes níveis de renda a economizar dinheiro e acumular riqueza e segurança.

Templeton Growth Fund

Templeton, com alguns poucos colegas, criou a Templeton Growth Fund (TGF) em 1954, com a estratégia de encontrar ações com os menores preços em relação a seu valor intrínseco e poder de ganho a longo prazo, além de diversificar em cada vez mais países. Desde o começo, o fundo procurou valor por todo o globo por duas razões:

1. Ampliou e aprofundou o domínio onde podia encontrar barganhas, permitindo que o investidor permanecesse flexível. Se você está procurando bolsos de muito pessimismo, medo e negatividade, então procurar em vários mercados aumenta a probabilidade de encontrá-los a qualquer momento. Todavia, prender-se a um mercado pode significar a passagem de longos períodos no qual o mercado está cheio de otimismo, e barganhas são poucas e distantes.

2. Diversificação – o mercado de um país pode cair de forma imprevisível. Não é possível marcar os avanços e retrocessos. Para se proteger, é preciso estar em vários mercados.

O Templeton Growth Fund começou com US$ 7 milhões de ativos. Nas primeiras duas décadas, ele cresceu vagarosamente. O desempenho do portfólio foi incrível, mas o fundo não foi divulgado de modo eficiente. Em 1974, o renomado economista John Galbraith se juntou para fazer o marketing do fundo para um público mais amplo. Outros fundos foram adicionados ao Templeton (por exemplo, uma pequena empresa com foco nos fundos) e, em 1992, eles estavam administrando US$ 22 bilhões. Em 1997, havia 4 milhões de investidores que tinham US$ 80 bilhões.

Para ter alguma impressão da qualidade do Templeton Growth Fund, considere o caso de Leroy Pasley. Ele era um velho amigo de Templeton que tinha ganhado dinheiro aplicando sua genialidade à eletrônica. Colocou US$ 100 mil no fundo desde o princípio, e não tirou nem um centavo nas décadas seguintes. No meio dos anos 1990, esse investimento tinha crescido e chegado a mais de US$ 35 milhões de dólares canadenses (a TGF estava localizada no Canadá).

Aventura japonesa

Nos anos 1950 e 1960, o Japão era visto pelos investidores como um perdedor de guerras, estagnado industrialmente e um mercado pequeno. Claramente, sua reputação estava por baixo, fazendo produtos triviais de baixo custo; *made in Japan* significava de baixa qualidade. As pessoas rejeitavam os japoneses, pois achavam que eles nunca teriam o potencial para liderar em termos de pesquisa ou qualidade.

Templeton tinha estudado o caráter e as práticas empresariais japonesas desde os anos 1940. Conhecia mais do que a maioria. Suas observações eram de que o povo japonês estava trabalhando muito duro e poupava para investir em uma prosperidade futura. De cada iene ganho, 25% eram poupados, comparado com as taxas típicas de poupança nos Estados Unidos ao redor de 5%. A poupança japonesa permitiu que investissem em mais fábricas e máquinas. Havia também um sentido de solidariedade entre empresas e seus colaboradores; eles consideravam um privilégio trabalhar para uma boa empresa. E admiravam os líderes empresariais.

Na década seguinte, depois da devastação da Segunda Guerra Mundial, o Japão já tinha se tornado um produtor industrial de grande escala, focando principalmente em equipamentos pesados e máquinas. Começando no início dos anos 1950, Templeton investiu muito de suas economias pessoais no país, mas era incapaz de colocar os fundos de clientes em ações japonesas por causa dos fortes controles cambiais que restringiam a retirada de dinheiro do país: você podia colocar dinheiro, mas não podia tirar. Templeton achava que o governo continuaria a liberalizar a economia e posteriormente permitiria que o investimento estrangeiro crescesse. Quando ele provou estar certo em 1968, estava perto e imediatamente investiu fundos dos clientes.

As ações japonesas estavam negociando a uma média de somente quatro vezes a estimativa anual de ganhos de Templeton, enquanto as ações norte-americanas estavam negociando a 19,5 vezes. Outros investidores se afastaram por causa da extrema flutuação de preços e falta de informação sobre as empresas. Eles se agarraram tenazmente à visão geralmente pessimista do Japão. Mas Templeton encontrava tantas barganhas que a TGF nunca pagou pelas ações mais de três vezes a renda por ação, mesmo nas melhores empresas.

Logo 50% da TGF era formada de ações japonesas. Ele era criticado por (a) comprar no Japão, e (b) devotar uma grande proporção do fundo ao Japão. Sua resposta a isso foi que era onde estavam os bons negócios.

Complexidades contábeis e legais presentes em uma oportunidade

Outros investidores evitaram as ações japonesas por causa da complexidade das regras contábeis e legais. As empresas japonesas não informavam números de rendimentos consolidados. Então se uma subsidiária tem um rendimento de US$ 1 milhão, mas só repassa US$ 150 mil para a empresa-mãe, o investidor desavisado pode pensar que a empresa-mãe tem aplicações de somente US$ 150 mil dos ganhos de sua subsidiária.

Na realidade, se ela é dona de 60% da subsidiária, tem juros na ordem de US$ 600 mil. Templeton procurava as empresas com a maior distância entre os lucros informados pela empresa-mãe e os lucros consolidados.

A Hitachi tinha várias subsidiárias, para as quais a parte relevante dos lucros não estava consolidada nos demonstrativos financeiros daquela empresa; assim, os números estavam artificialmente deprimidos, resultando em um P/L aparentemente alto de 16. Templeton adicionou os ganhos das subsidiárias e encontrou um P/L de 6. Os lucros consolidados eram duas vezes e meia os lucros informados da empresa-mãe. Ele avaliou que havia uma forte possibilidade de que os investidores japoneses acabariam ofertando 2,5 vezes o preço que tinham anteriormente. Quando o governo finalmente exigiu que as empresas informassem rendimentos consolidados, os investidores japoneses começaram a ver os ganhos consolidados e os preços das ações subiram.

Lição a aprender: tire tempo para entender a situação de cima a baixo, especialmente se for difícil para os outros entenderem.

O milagre econômico japonês produziu taxas de crescimento econômico ao redor de 10% por ano nos anos 1960. Empresas que a TGF comprou mostraram números de ganhos excelentes, e a multidão de investidores ao redor do mundo começou a prestar atenção, mas já estavam uns dez passos atrasados.

O desempenho extraordinário do mercado de ações japonês fez o público investidor notar Templeton. Em 1969, o *New York Times* publicou um artigo mostrando os 25 maiores fundos mútuos por desempenho do ano. O Templeton Growth Fund era o número um, mostrando um rendimento de 19,38% no valor de ativos líquidos, tendo subido da 19º posição em 1968.

> *O desempenho extraordinário do mercado de ações japonês fez o público investidor notar Templeton.*

Considerando que a Lipper, empresa líder na publicação de análises de fundos mútuos em nível global, pesquisou 376 fundos, era um desempenho excelente.

Os anos seguintes não foram tão bons, mas Templeton estava menos preocupado com o desempenho no curto prazo do que com os retornos superiores a longo prazo. O Templeton Growth Fund ficou abaixo do Índice Dow Jones em 1970, 1971 e 1975, e mesmo assim teve retornos compostos de 22% nos anos 1970 em geral, comparados com 4,6% do Dow.

As ações japonesas ficaram tão "quentes" no final dos anos 1970 que o P/L típico era de 30, com as empresas mais procuradas acima de 70. A taxa de crescimento nos ganhos tinha diminuído drasticamente, se comparado ao dos anos 1960, então os investidores estavam pagando cada vez mais por cada vez menos. Havia somente muito "otimismo pouco razoável". Templeton identificava barganhas em outras partes do mundo e para comprá-las usava os lucros das ações japonesas.

Ele tinha vendido suas posições nas ações japonesas no começo e meio dos anos 1980, bem no ponto em que sua popularidade e preços de mercado passaram pelo último frenesi de uma das maiores bolhas do mercado de todos os tempos – as ações aumentaram 36 vezes entre 1960 e 1989. Apesar de ter enormes lucros, mais tarde ele se arrependeu de não ter continuado para se beneficiar da loucura por tudo que fosse japonês no final dos anos 1980. Ele contou a seus seguidores leais na reunião da TGF em 1991 que deveria ter esperado para conseguir maiores lucros no Japão.

Nos anos seguintes, continuou mantendo uma forte afeição pelos japoneses, mas isso nunca criou nenhum problema sobre o julgamento dos valores das ações. Ele disse em 1988 que não tinha nada no Japão naquele momento, mas gostaria de voltar porque o povo de lá permanecia poupador, honesto, trabalhador, organizado e ambicioso. Mas só faria isso quando pudesse encontrar ações que fossem uma barganha melhor do que em outros lugares. O mercado japonês nunca se recuperou do pico de 1989. Depois de uma queda de 50% no mercado em 1990 ele voltou a olhar para descobrir se haveria barganhas melhores. Encontrou duas, a Hitachi (novamente) e a Matsushita Electric Industrial. Mesmo com a compra dessas empresas, a partir de então menos de 0,5% dos investimentos estavam no Japão, e ele continuou encontrando barganhas melhores em outros lugares.

Ir contra a multidão

Com Templeton aos poucos se retirando do superbadalado mercado japonês dos anos 1980, ele esquadrinhou o globo por ações negligenciadas e desvalorizadas; e elas não estavam todas em economias emergentes. Ele já tinha conquistado um retorno de 15 vezes ao comprar a General Public Utilities depois do desastre nuclear de Three Mile Island no final dos anos 1970, e estava ficando cada vez mais intrigado pelas baixas avaliações das ações dos Estados Unidos. No meio do mercado desmoralizado de junho de 1982, quando o Dow Jones estava a 788, ele espantou os comentaristas com suas declarações de que achava que havia uma boa oportunidade de que o índice alcançasse uns 3 mil em 1988 (não chegou a esse valor, mas quase triplicou).

Ele comprou no deprimido mercado mexicano no começo dos anos 1980 e não deixou escapar as ações da Union Carbide no dia seguinte ao acidente na fábrica indiana que causou a morte de quase 2.500 pessoas em Bhopal. Os investidores venderam as ações com medo de que processos legais pudessem acabar com a empresa. As ações mergulharam de US$ 50 para US$ 33. Sete meses depois (julho de 1985) o um milhão de ações compradas subiu para US$ 52. Ele contou às 750 pessoas reunidas para o encontro anual de 1985 dos fundos Templeton que compra ações quando elas estão baratas. Isso às vezes significa cometer erros, mas, na maioria dos casos, dá para vender com lucro quando as más notícias passam. Ele também disse que você deve evitar comprar quando os analistas recomendam comprar porque, nesse momento, as ações não são mais uma barganha. Nesse ponto, Templeton tinha identificado tantas barganhas nos mercados da América do Norte que tinha 40% do fundo investido nos Estados Unidos, com outros 14% nas ações canadenses: títulos australianos chegavam a quase 12%.

Outra onda de pessimismo tomou conta dos mercados em 1990, o que levou a uma resposta característica de Templeton. Ele disse que nunca tinha visto tantas ações, especialmente empresas crescendo em mercados emergentes, tão desvalorizadas pelo mercado. Encontrou muitas barganhas em indústrias sobre as que havia um grande pessimismo. Então passou o começo dos anos 1990 encontrando barganhas em lugares distantes como Nova Zelândia, Indonésia, Paquistão, Brasil e Peru. Era incrível como ele conhecia vários países; por exemplo, em 1996, a TGF tinha títulos em mais de 30 países. No entanto, naquele momento havia uma indicação de que ele já estava começando a ficar nervoso com a exuberância do final dos anos 1990 porque tinha alocado 25% do fundo em dinheiro.

Em março de 2000 ele foi ainda mais fundo, novamente demonstrando sua independência da multidão iludida pela conversa de "nova era", ao expressar sua convicção de que os mercados estavam sobrevalorizados em relação aos ganhos e às perspectivas de crescimento. Depois de avisar sobre os riscos da bolha da internet, ele aconselhou o editor da revista *Equities* a dizer a seus leitores que comprassem títulos de dívida. Só porque, na maior parte do século XX, os títulos tiveram um preço tão baixo que tinham sido uma boa compra, não significava que em 2000 eles seriam melhores do que os títulos de dívida.

Para seu fundo, ele comprou títulos de dívida sem cupom do governo dos Estados Unidos, pensando que, quando a bolha de internet estourasse, o valor dos títulos aumentaria, já que o Federal Reserve, temeroso de uma recessão, diminuiria as taxas de juros. Também comprou títulos de dívida no Canadá, Austrália e Nova Zelândia com uma lógica similar. Em março de 2000, o rendimento dos títulos canadenses de 30 anos sem cupom foi 5,3%. Três anos depois, para 4,9%. O retorno em três anos foi de 31,9% ou 9,7% ao ano. Como o valor do dólar norte-americano caiu nesse período, o retorno em dólar foi de 43,4% (12,8% ao ano). Além disso, para financiar metade desses investimentos Templeton tinha pedido emprestado em ienes japoneses com taxa ao redor de 0,1%. Como tinha usado alavancagem de 2x, o retorno pulou para

86,8%. (Para reduzir o risco de valorização do iene japonês durante o período de empréstimo, ele colocou o dinheiro em moedas de países com uma balança comercial favorável, poucos déficits de orçamento ou excedentes e baixas dívidas totais em relação ao PIB – não em dólares norte-americanos.) Tenha em mente que, durante esse período de três anos, muitas bolsas tiveram grandes perdas.

Em abril de 2000, Templeton deu uma entrevista ao Miami Herald na qual disse que o momento em que o investidor poderia ter algum lucro com empresas de tecnologia e internet já tinha passado. Ele disse que os mercados já tinham chegado ao ponto de "entusiasmo máximo" e que tais entusiasmos são temporários. Quando essa entrevista foi feita, ele já não tinha ações tecnológicas há um ano.

Ele tinha pensado em um plano engenhoso para explorar as ações superinflacionadas de 1999 para seu portfólio de investimentos pessoais. Durante o período seguinte a uma oferta pública inicial (IPO) de ações, há um período "fechado" durante o qual os funcionários da empresa não têm permissão de vender suas ações. Ele percebeu que muitos desses diretores/fundadores estariam impacientes para vender assim que pudessem, geralmente com a crença de que as ações estavam presas em uma bolha; eles podiam ver os riscos de que seus empreendimentos pudessem não chegar a se tornar empresas viáveis a longo prazo e queriam algum dinheiro. As vendas das pessoas das empresas iniciariam uma avalanche de negativismo – alguém de dentro da empresa vendendo se torna um disparador para isso, mas não a força principal.

> Suas vendas a descoberto chegaram a mais de três vezes o preço original.

Templeton vendeu a descoberto 84 empresas pouco antes do final do período fechado (ao redor de 11 dias antes) e depois voltou a comprá-las para fechar sua posição depois que tinham caído por causa da pressão das vendas pelos próprios diretores. Suas vendas a descoberto chegaram a mais de três vezes o preço original. De sua maneira disciplinada, ele colocou alvos precisos com os quais conseguiu seu lucro. Se as ações subissem inesperadamente, ele cortava suas perdas totalmente. Apostou US$ 2,2 milhões de cada vez e afirmou que conseguiu quase 50% de sua aposta total de US$ 185 milhões, um lucro de US$ 86 milhões.

Templeton tinha regras para vendas a descoberto:

- Controle suas perdas. Estabeleça um nível no qual vai cortar suas perdas cobrindo a oferta. Lembre-se de Keynes: "O mercado pode ficar irracional por mais tempo do que você ficar solvente".

- Visualize os lucros de uma forma predeterminada. Para os negócios de 1999 ele usou tanto quando: (a) a ação está 95% baixa ou (b) o P/L caiu abaixo de 30.

Coreia do Sul

Da história da Coreia podemos ver a importância de ganhar conhecimento pacientemente enquanto espera a oportunidade correta. Já em 1983 Templeton declarou que achava que a Coreia do Sul seria o próximo "Japão", mas não investia o dinheiro dos seus clientes ali por causa das restrições sobre a retirada de capital do país. Em uma conversa durante uma reunião dos fundos Templeton em 1991, ele mencionou a Coreia como uma das nações em desenvolvimento (com China, Brasil, Tailândia e Turquia) com as mais "incríveis oportunidades de investimento". As restrições sobre remover dinheiro do país foram relaxadas em 1992, mas só foi na crise financeira asiática de 1997 que ele realmente começou a focar seu dinheiro no país.

A Coreia do Sul seguiu o mesmo plano para desenvolvimento econômico que o Japão usou: altas taxas de poupança, exportadores determinados e altos níveis de educação. Isso resultou no crescimento econômico médio mais alto do mundo entre 1970 e 1997. Os conglomerados coreanos, conhecidos como *chaebols*, assumiram volumes altamente de dívidas inflacionados para permitir uma expansão ainda mais ambiciosa. A crise de 1997 bateu forte – moeda desvalorizada, ações em queda e aumento das dívidas. Quando eles não conseguiram pagar os juros, algumas *chaebols* procuraram a proteção da falência (por exemplo, a Kia Motors, Haitai). Em troca de ajuda financeira, o país, agora em uma profunda recessão, concordou em abrir mais seus mercados.

A edição de 2 de janeiro de 1998 do *Wall Street Journal* informa que a Templeton comprou veículos (empresas) de investimento focados no mercado coreano (por exemplo, fundos mútuos). Ele disse: "Acho que o mercado coreano está perto do fundo. Em toda a minha carreira como investidor, sempre tentei comprar no ponto de máximo pessimismo. O pessimismo na Coreia foi muito intenso nos últimos meses". Ele estava apostando que (a) a Coreia não voltaria com os controles sobre o capital, e (b) a economia voltaria a seu antigo nível de crescimento. A P/L estava ao redor de 10.

Templeton preferiu evitar comprar as ações diretamente. Em vez disso, contratou The Matthew Fund, dirigido por pessoas que estudaram Templeton por muitos anos e seguiam sua política, que tinham maior familiaridade com ações específicas na Coreia. Note que ele escolheu o Matthew Fund apesar de ter um registro recente pobre – tinha perdido dois terços em cinco meses – comparado com fundos mútuos em outros mercados. Muitos outros investidores tinham abandonado ou ignorado a empresa. Templeton podia ver que o desempenho fraco era por causa das circunstâncias coreanas, não por mau gerenciamento. Nos dois anos seguintes ao investimento de Templeton em 1997, o Matthew Fund cresceu 267%.

Templeton continuou a ter interesse na Coreia e começou a comprar ações. Por exemplo, em 2004 (quando tinha 92 anos) ele achou a Kia Motors com um P/L de 4,8 enquanto exibia uma taxa de crescimento a longo prazo nos lucros por ação de 28% por ano. Isso comparado com o P/L da General Motors de 5,9, com um declínio nos lucros por ação. Também a margem de lucro líquido da Kia era três vezes maior do que a da GM. Ele comprou US$ 50 milhões da Kia Motors em agosto de 2004. Em dezembro de 2005, a ação subiu 174%.

O exemplo da Kia Motors também nos dá uma visão do caráter e dos princípios do homem. Coincidindo com o investimento na empresa, ele precisava comprar um carro novo. Visitou o *showroom* da Kia e ficou muito impressionado com o carro. Sua assistente, May Walker, perguntou por que ele não tinha comprado um: "Muito caro para mim". Ela o persuadiu a comprar. "Sabia que ele queria comprar, mas o homem simplesmente não gasta dinheiro." Ele nunca deixou seu sucesso financeiro mudar seu comportamento poupador.

China

Em 1995, Templeton nos contou sobre o enorme potencial de crescimento na China. Sua análise estava baseada no efeito das liberdades econômicas. Até a pequena quantidade de liberdade para realizar negócios era suficiente para ter um forte efeito, já que as pessoas vinham de condições desesperançadas e pobres sob o comunismo. A China Mobile tinha 68% do mercado. Tinha uma taxa de crescimento estimado no longo prazo em lucros por ação de uns 20%, mas estava negociando com um P/L histórico de apenas 11. Era uma das ações de telecomunicações mais baratas do mundo. Templeton olhava para o P/L baseando-se em ganhos de dez anos no futuro (2014). Ele achava que esse P/L era menos de dois, então comprou as American Depository Receipts (ADRs) em 2004, que são certificados emitidos por um banco norte-americano sobre ações estrangeiras em uma conta de custódia; são papéis negociáveis no mercado acionário norte-americano. Estimar dez anos no futuro é uma boa disciplina. Você precisa pensar na posição competitiva da empresa; em particular, o potencial para a entrada de rivais na indústria. Entre setembro de 2004 e setembro de 2007, a China Mobile ADRs subiu 656%. As ADRs da China Life Insurance também foram adquiridas na Bolsa de Valores de Nova York em setembro de 2004. Subiram 1.000% em três anos.

Fundação

Templeton estava sempre preocupado em garantir que continuava a "trabalhar em harmonia com os propósitos de Deus". Ele passava bom tempo rezando e meditando. Até abria as reuniões de diretoria e acionistas com uma oração. As orações não eram pelo sucesso financeiro, mas sim para limpar a mente e focar no que era realmente importante. Ele via o livre-comércio como uma forma de enriquecer os pobres, ao reduzir custos, aumentar a variedade e melhorar a qualidade. Mas, se o negócio não fosse ético, então, ele dizia, vai acabar fracassando. Usava sua riqueza para beneficiar os outros, mantendo hábitos muito sóbrios. Tinha um sentido profundo de servir aos outros. Isso englobava o cuidado com os ativos que os outros lhe confiavam, mas também as responsabilidades e deveres sobre seus ativos pessoais, como o talento, dado por Deus, que ele deveria usar de forma inteligente. Isso o encorajava a trabalhar duro e ver os bens materiais não como se não fossem dele, mas de Deus, para ser usados de acordo com os desejos Dele.

Com trinta e tantos anos, começou a doar 20% de seus ganhos para caridade. Nos anos 1960, ele desenvolveu respeito pelos bahamianos, pois vieram pessoas de profunda espiritualidade e, por isso, queria viver entre eles. Também queria passar mais tempo fazendo trabalho religioso e filantrópico. Assim, em 1968 ele, sua segunda esposa, Irene

Butler (com quem se casou em 1958) e seus filhos se mudaram para Lyford Cay, Nassau. Seu escritório eram duas salas alugadas em cima de uma barbearia, e ele tinha uma secretária que trabalhou meio período. Queria se tornar um membro da comunidade e, por isso, virou súdito da Coroa Britânica (as Bahamas foram colônia do Reino Unido até 1993), renunciando à sua cidadania dos Estados Unidos: Ele ainda controlava um fundo mútuo, o Templeton Growth Fund. Além de dirigi-lo, ele cuidava dos investimentos da família e doava uma fortuna.

Em 1972, estabeleceu a Templeton Prize for Progress in Religion – mais de US$ 1 milhão anualmente – para reconhecer conquistas exemplares em trabalhos relacionados à dimensão espiritual da vida. Era a forma de Templeton sublinhar sua crença de que avançar no reino espiritual não é menos importante do que em outras áreas do comportamento humano. Recipientes incluíram Madre Teresa de Calcutá, Billy Graham e Alexander Solzhenitsyn, assim como vários físicos e outros cientistas. Templeton era um universalista, e acreditava que houvesse elementos significativos de verdade em todas as religiões. Escreveu vários livros sobre questões espirituais.

Ele subvencionou o antigo Oxford Centre for Management Studies transformando-o em uma faculdade completa, a Templeton College, em 1983. Por seu trabalho de caridade, foi transformado em cavalheiro pela rainha em 1987. A John Templeton Foundation foi criada no mesmo ano para financiar o trabalho de pesquisa conectando ciência, religião e objetivos humanos. Até hoje ela ainda distribui grande quantia de dinheiro (mais de US$ 70 milhões por ano) em bolsas com fundos para pesquisa científica em áreas como biologia evolucionária, cosmologia, física teórica, ciência cognitiva e ciências sociais relacionadas com "amor, perdão, criatividade, propósito, a natureza e a origem da crença religiosa". Ela possui um fundo para doação de mais de US$ 1,5 bilhão.

Que aposentadoria?

Em 1992, a organização Templeton Funds foi vendida por US$ 913 milhões ao Franklin Group, quando gerenciavam US$ 25 bilhões. Franklin concordou em permitir que os 78 fundos mútuos fossem operados separadamente, com Sir John transformado em presidente emérito (havia mais de 200 pessoas trabalhando para a organização Templeton). Sua esposa, Irene, perguntou a ele se a venda reduziria suas 12 horas normais de trabalho. Sua única concessão era que ele às vezes não trabalharia nos sábados à tarde.

Ele não diminuiu; três anos depois, aos 83, ele disse que queria trabalhar todo dia enquanto pudesse, pois assim iria ajudar o maior número possível de pessoas. Declarou que estava trabalhando mais do que antes – incluindo noites, sábados e domingos – e, ainda mais, ele achava ótimo que pudesse fazer isso. Muito mais interessante do que assistir à televisão ou jogar golfe. Ele encontrava muito prazer ao tentar ajudar as pessoas. Mesmo quando tinha 60 anos, ele trabalhava muito. O *Guardian* de Londres informou que entre 1954 e sua morte, em 2008, um investidor de US$ 10 mil na TGF teria experimentado um aumento para US$ 7 milhões.

Os elementos centrais de sua postura

Templeton levava em conta uma grande quantidade de fatores quando selecionava investimentos (veja na Figura 4.1).

Figura 4.1 Os princípios-chave de John Templeton

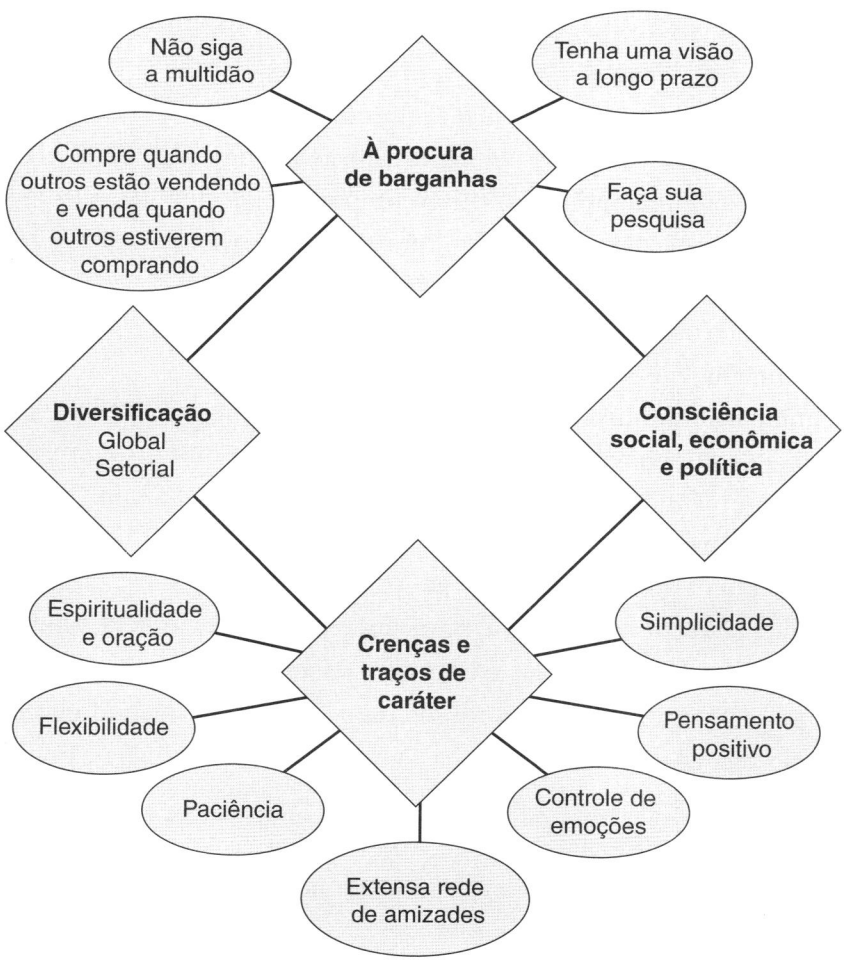

Procurando barganhas

Não siga a multidão

Templeton desenvolveu uma habilidade para procurar investimentos de uma forma diferente da de outros investidores, seja em um país diferente, com um horizonte diferente, usando um método de avaliação diferente, seja em um nível diferente de otimismo ou pessimismo. Ele diria que escolher ações é a única atividade em que não se deve seguir o conselho de especialistas. Se você teve um problema médico e pediu o conselho de dez médicos e todos concordaram, você provavelmente seguiu o conselho deles. Mas, se dez analistas profissionais dizem que essa ação é uma boa compra, então você não deveria comprá-la. Qualquer coisa ótima em relação a uma empresa já está no preço das ações. Geralmente é mais inteligente fazer o oposto do que dizem os especialistas.

Descobrir que outros discordam de suas decisões de compra e venda é algo que faz parte da busca de barganhas. Se houvesse consenso não seria uma barganha. Caçadores de barganhas são independentes e têm fé em seu próprio julgamento.

Os seres humanos parecem estar preparados para reagir a uma situação. Eles também respondem às ações dos outros compradores e vendedores ao redor deles em vez de aplicar um raciocínio sólido. Tire vantagem das pessoas com pensamento menos claro, que estão largando ou comprando ações com base somente na emoção. Fácil falar, difícil de praticar.

Claro, você pode dizer, compre quando estiver barato, isso é óbvio. Pode ser, mas não é assim que o mercado funciona. Quando os preços estão altos, um monte de investidores está comprando. Os preços estão baixos quando a demanda está baixa, os investidores saíram, as pessoas estão desencorajadas e pessimistas. Quando quase todo mundo está pessimista ao mesmo tempo, todo o mercado colapsa e investidores ficam de lado, sentados sobre suas carteiras. Sim, eles dizem: "Compre na baixa, venda na alta", mas muitos deles compram na alta e vendem na baixa. E quando eles compram? A resposta normal: "Oras, depois que os analistas concordam que a previsão está mais favorável". Isso é tolice, mas é a natureza humana.[4]

Manter a separação da multidão em um sentido intelectual pode significar escolher se separar fisicamente também. O desempenho de Templeton melhorou depois que se mudou para as Bahamas. Estar em Nassau o ajudou a pensar diferente de Wall Street. Note que outros grandes investidores também se mantêm longe de grandes centros financeiros, por exemplo, Warren Buffett em Nebraska, Philip Fisher e Charlie Munger na Califórnia. Ao evitar as apresentações-padrão da empresa e conversas em Wall Street, eles eram capazes de pensar livremente.

Quando falava das ofertas públicas iniciais – IPO (*Initial Public Offer*), Templeton disse que encontrava poucas barganhas. Enquanto a multidão geralmente se tornava animada pelas ações durante os IPOs, ele não ficava. Achava que seria melhor esperar até que a multidão perdesse interesse ou ficasse desiludida, quando ele poderia comprar as mesmas ações a um preço melhor, meses ou anos depois. Há poucas barganhas em IPOs.

Ele não seguiu a multidão quando ela se enamorou da teoria que ganhou o Prêmio Nobel sobre o modelo de precificação de ativos financeiros (em inglês, CAPM), com índice beta como medida de risco. Ele achava que o índice beta não era confiável porque ele muda. Por um período de cinco anos, o índice beta para uma empresa pode parecer diferente no final comparado com o começo. Em vez do índice beta, procure parâmetros de real valor.

---

[4] A lista de regras de investimentos de John Templeton pulblicadas em *Christian science monitor*, fev. 1993. Reproduzido em: ROSS, N. *Lessons from the legends of Wall Street*.

Compre quando os outros estão vendendo e venda quando os outros estão comprando

Um dos lemas mais famosos de Templeton é "comprar quando os outros estão vendendo sem esperança e vender quando os outros estão comprando com avidez". Essa política demanda muita coragem, mas vale a pena. Outra é comprar quando há sangue nas ruas. Crises levam a pânico, já que os vendedores são tomados pelo medo, que se torna exagerado. Dificuldades na economia geralmente parecem ser piores no princípio, mas todas as crises se acalmam com o tempo. Quando o pânico diminui, o preço das ações aumenta. Por exemplo, em agosto de 1979, havia muitas razões para pessimismo: inflação, altas taxas de juros, preços de petróleo e medo sobre o suprimento, concorrência japonesa. Na capa da *BusinessWeek* estavam as palavras "A morte das ações". Até os fundos de pensão reduziram seus títulos e compraram *hedges* de inflação como ouro e mercado imobiliário. No entanto, Templeton achava que o mercado de ações norte-americano estava incrivelmente barato segundo os padrões históricos – a média P/L Dow era de 6,8, o mais baixo registrado, comparado com a média a longo prazo, ao redor de 14. Ele investiu pesadamente, repartindo 60% de seus fundos nos Estados Unidos.

Templeton mantinha uma "lista de desejos" de empresas bem administradas, com perspectivas brilhantes e bons gerentes, mas com altos preços: assim, ele não poderia se convencer a comprá-las – precisava esperar. Então, quando um grande declínio do mercado ocorresse, ele poderia escolher algumas delas, já que os preços das ações cairiam na zona de barganhas. Essa postura forma um bastião contra os bloqueios psicológicos que surgem quando o mercado cai, e você parece estar agindo sozinho, contra o consenso. Dessa forma, você não é influenciado por eventos imediatos.

Se adota a postura de comprar quando o mercado declina, muitos dos seus sinais-chave ocorrem quando a economia está em ou perto da recessão. Tenha certeza de que as empresas na sua lista de desejos têm níveis suficientes de dívida baixa para prosperar até em uma retração econômica.

No ponto alto de máximo pessimismo, Templeton disse que devemos esperar até que a 99ª pessoa de 100 desista. Então, o mercado só pode subir porque não há mais nenhum vendedor. Mercados em baixa (*Bear Markets*) devem ser

> *Para obter uma barganha, você deve pesquisar onde a generalidade dos investidores está mais amedrontada e pessimista.*

bem-vindos, porque então as ações se tornam mais baratas e há barganhas para comprar. Se você pode entender o paradoxo de que não deve procurar onde há boas perspectivas, compre onde estiver pior, então você está a caminho de ser um investidor como Templeton. Em outras formas de vida, como ser o gerente de uma fábrica, você deve tentar ir para onde a perspectiva estiver melhor, por exemplo, comprar uma fábrica em que as perspectivas são melhores. Mas, quando falamos em ações, você precisa fazer o oposto. A razão é que seu objetivo é comprar uma ação com o menor preço possível em relação ao que vale a empresa. Uma ação se torna uma barganha porque outras pessoas estão vendendo. Não há outra razão. Para obter um preço de barganha, você precisa procurar onde os investidores gerais estão mais amedrontados e pessimistas.

No ponto de euforia de mercado, há muito a se falar sobre um novo paradigma financeiro, uma nova era em que as velhas medidas de valor não são mais aplicáveis. Templeton diria que as quatro palavras mais caras na língua são "desta vez é diferente". Ele se apegava à crença de que os índices de ações a longo prazo flutuam ao redor da tendência ascendente nos lucros por ação. Naquele contexto, os mercados em baixa são temporários e tendem a começar a mudar um ano antes da mudança do ciclo de negócios, enquanto mercados em alta acabam terminando, e a queda de preços reflete mais realisticamente a tendência aos ganhos (com a possibilidade de uma reação exagerada na correção a curto prazo).

Templeton se descrevia como um "acomodador" em vez de ser do contra; quando investidores ambiciosos superanimados pulavam para comprar no alto do mercado em ascensão, ele os acomodava vendendo suas ações. Quando investidores amedrontados estavam vendendo no fundo, ele os acomodava comprando.

Quando se fala em lucrar sobre os títulos atuais, Templeton só fazia depois de ter encontrado uma ação muito melhor para substituí-la. Por "muito melhor" ele usava a regra de ser 50% melhor, evitando a agitação excessiva do portfólio ao criar atividades perdulárias. Assim, se você tem uma ação que vale US$ 100, mas seu preço de mercado atual é de US$ 50 e está considerando a compra de outra ação com um valor verdadeiro de US$ 100 quando o atual preço de mercado é de US$ 40, você deve fazer isso? Não, porque a diferença de porcentagem US$ 10/US$ 40 = 25% não é os 50% que você precisa. Se, no entanto, você esperar algumas semanas e a ação de US$ 40 vai para US$ 30 então há US$ 20/US$ 30 = 66,7%, assim você deve mudar.

Seu biógrafo, William Procter, disse em 1983 que o seu período médio de manutenção era de uns seis anos, mas o período de tempo não era um fator que o guiava. O que importa era se ele tinha encontrado em outro lugar uma excelente barganha. Ele olhava seu portfólio para ver qual ação era a barganha menos vantajosa – e vendia. Mas nesse processo ele não se perguntava se tinha mantido a ação por um mês ou dez anos: não é relevante. Fazer continuamente comparações entre ações em termos do tamanho da diferença entre o valor e o preço delas é útil porque você é forçado a constantemente analisar a atratividade dos seus investimentos relativamente àqueles disponíveis no mercado. Então, se os seus investimentos no Peru estão atualmente pegos em uma onda de euforia, você permanece ocupado comparando esses investimentos com barganhas disponíveis em outro lugar nos mercados mundiais, fazendo se sentir menos inclinado a ser arrastado na euforia; você não relaxa e se chafurda no recente aumento no seu portfólio. A razão pela qual Templeton diminuiu seu portfólio no Japão, muito tempo antes do final do estágio da bolha não foi uma escolha consciente para deixar o Japão como país, mas uma comparação entre ações de valor no Japão comparadas com, digamos, empresas norte-americanas ou da Nova Zelândia.

As pessoas criticaram Templeton (e outros investidores de valor) por deixar dinheiro na mesa e vender um investimento muito cedo. No entanto, como investidor é preciso aceitar que uma ação pode geralmente ser vendida antes de chegar ao máximo, se existem barganhas mais baratas em outro lugar.

As recomendações dos corretores não devem ser confiadas como guias para barganhas porque, se um corretor recomendou uma ação para você, então ele a recomendou para centenas de outros; assim, não será uma barganha tão boa quanto a que você mesmo encontrou. Se uma empresa ou setor chega à primeira página do jornal, é muito tarde para comprar porque o interesse de outras pessoas já elevou os preços.

Use a visão a longo prazo

Templeton geralmente focava no que uma empresa poderia ganhar entre dois e cinco anos. A maioria dos corretores olha no curto prazo – o que vai acontecer com os ganhos no mês seguinte ou no ano seguinte. Ao olhar para o tempo médio, você filtra o ruído de curto prazo que é normalmente preocupante para o mercado. Usar a visão a longo prazo dá ao caçador de barganhas uma vantagem psicológica, permitindo a exploração de problemas temporários nos negócios. Ao perguntar sobre a posição estratégica da empresa e a qualidade do gerenciamento em termos de seu foco no valor de suas ações de longo prazo, você ganha uma perspectiva superior relativa aos negociantes no mercado. O conjunto de perguntas que você é forçado a responder inclui: o que dá a essa empresa uma vantagem competitiva? Eles vão manter seu poder de ganho por um longo período, tanto nos maus tempos como nos bons? A qualidade da marca é tal que pode fornecer um poder de preço durável?

Ao definir "valor" ele disse que tenta conseguir o que achava ser a melhor estimativa de ganhos no período de cinco anos. Ele então não pagaria mais do que cinco vezes esse número pelas ações. Isso tem a vantagem, ao comprar empresas com problemas e, portanto, com preços de ações diminuídas, de distinguir entre problemas temporários, solúveis e os que criam uma desvantagem estratégica ou uma economia pouco atrativa.

Ele nos mandou não especular, mas investir. O mercado de ações não deve ser visto como um cassino, ele tem propósitos mais importantes. Dito isso, se você passa seu tempo comprando e vendendo ações continuamente, para ganhar algumas vantagens supostas de alguns pontos de porcentagem, ou você joga com opções e futuros, então o mercado vai começar a se parecer com um cassino para você, já que vai se tornar mais um apostador do que um investidor. Você pode ganhar algumas vezes, mas acabará perdendo. Seus lucros serão consumidos por comissões. Lembre-se das palavras de Lucien O. Hooper, uma lenda de Wall Street:

> O que sempre me impressiona é como os donos de ações a longo prazo ficam mais relaxados com seus portfólios do que os negociantes com suas mudanças na carteira de títulos. O investidor relaxado está normalmente melhor informado e entende melhor os valores essenciais, é mais paciente e menos emotivo, paga menos impostos anuais e não precisa pagar comissões de corretagem desnecessárias.[5]

Quando questionado a respeito do que achava dos movimentos prováveis no mercado de ações nos próximos meses, ele dizia que não conhecia ninguém que pudesse julgar isso, nem ele mesmo. Por um curto período de tempo, os preços das ações são influenciados principalmente pela emoção, euforia ou tristeza.

---

[5] ROSS, N. *Lessons from the legends of Wall Street.*

Apesar de Templeton manter as ações por anos, houve uma ou duas jogadas de curto prazo tentadoras. Por exemplo, depois da crise de 11 de setembro, oito empresas aéreas estavam com baixo P/L. Ele deu a ordem a um corretor que comprasse qualquer uma das oito se o preço das ações caísse mais de 50% em 17 de setembro, o dia em que o mercado reabriu. Ele tinha o objetivo de vender depois de seis meses. Isso foi uma pura exploração do pânico de curto prazo. No evento, três das empresas caíram mais de 50% e ele comprou. Logo depois, a AMR (American) subiu 61%, a Continental subiu 72% e a US Airways 24% (o governo veio em socorro).

Faça sua pesquisa

É importante que você faça sua própria pesquisa, que investigue antes de investir. Compreender o que faz uma empresa ser bem-sucedida é vital. Como a empresa funciona? Qual é o desempenho com o tempo e como isso se compara com o desempenho dos concorrentes? O que estimula as atividades de venda? Quais pressões poderiam evitar um crescimento nas vendas? Ao responder a esses tipos de perguntas, você pode aumentar sua precisão ao julgar por que a empresa está atualmente desfavorecida e se uma situação ruim é temporária ou a empresa será consumida por ela.

Passava uma boa quantidade de tempo estudando um setor, a posição competitiva da empresa, as qualidades pessoais e a competência da gerência. Mirava nos valores centrais das principais empresas do setor, por exemplo, no setor de minas são as reservas, no de varejistas são os lucros e a força competitiva.

Quando pesquisava uma empresa, ele passava muito tempo olhando também seus concorrentes. Na verdade, a melhor informação vem dos concorrentes e não diretamente da empresa. Os concorrentes focam muito na concorrência e assim desenvolvem um conhecimento profundo das fraquezas e vantagens da oposição. Pergunte a vários executivos em quais empresas em seu setor eles investiriam, além da própria. São geralmente otimistas sobre as perspectivas para suas próprias empresas e assim podem fazer uma análise pouco franca. Mas, se você perguntar sobre um concorrente, em 30 segundos, terá uma análise efusiva.

Um indicador de que as empresas de um setor em particular estão subvalorizadas é o aumento da atividade de fusão e aquisição; se estão sendo compradas a lances de 50% ou mais, talvez os preços das ações estejam baixos demais. Além disso, empresas que compram suas próprias ações porque acham que estão ridiculamente subvalorizadas pode ser um sinal positivo.

> *O investidor tem centenas de medidas e se parece com um médico procurando muitos sintomas para considerar.*

Templeton gostava da análise corporativa para fazer um diagnóstico médico. O investidor tem centenas de medidas e se parece com um médico que procura muitos sintomas para considerar; enquanto não dá para ignorar nenhum deles; você aprende que, na maioria das situações, somente três ou quatro são importantes para o caso e deveria se concentrar nelas. Na análise de títulos, você deduz os valores básicos de uma empresa a partir de um conjunto particular de medidas, mas não presta muita atenção a medidas que não se aplicam. Um conjunto diferente de medidas será o foco principal quando se trata de outra empresa – assim como um médico vai olhar de forma diferente para os sintomas de cada paciente que chega. Outra analogia é a da análise de um restaurante: não espere que a qualidade de uma ação seja 100% perfeita em todo aspecto, mas você quer que a qualidade geral seja alta o suficiente para garantir três ou quatro estrelas.

Alguns dos fatores centrais (dentro das cem possibilidades) sobre os quais ele escreveu são:

- **Histórico preço/lucro.** Os ganhos do ano passado são menos interessantes do que os ganhos de cinco a dez anos no futuro. Procure uma ação com preço excepcionalmente baixo relativo a suas perspectivas de crescimento de ganhos no longo prazo.

- **Vantagens competitivas.** Ela tem uma vantagem competitiva que outras empresas não conseguem replicar? É um produtor de baixo custo? Ou é o líder tecnológico? Ou tem uma marca forte?

- **Margem de lucro nas vendas.** Ele procurava empresas que tinha a maior margem de lucro e o aumento mais rápido dos lucros.

- **Índice preço/valor contábil.** Se isso é menor do que um, então os ativos líquidos da empresa são maiores do que o preço pago. Pode ser uma barganha ou pode estar caindo. Em 1979, esse índice para a média das ações dos Estados Unidos estava abaixo de 1. Além do mais, por causa da inflação alta, o valor de reposição dos ativos era mais alto do que o valor contábil registrado. Ao ajustar o valor contábil ao valor de reposição, levando em conta o aumento esperado na inflação entre o tempo de compra e 1982, Templeton descobriu que a razão P/L caía de 1,0 para 0,59: ações estavam avaliadas com 40% de desconto em relação ao valor dos ativos líquidos da empresa. Enquanto a maioria das pessoas via uma razão P/VC de 1,0, Templeton via 0,59.

- **Plano a longo prazo dos executivos seniores.** Entreviste os altos executivos para descobrir o que eles planejam fazer no futuro.

- **Domínio do mercado.** Uma forte posição geralmente produz alto poder de ganho.

- **Está bem capitalizada?** Existe capital social suficiente? Muito pouco capital social pode significar excesso de dívidas e mais riscos ou restrições ao crescimento.

- **Retorno sobre o capital empregado.** Um número alto significa que dinheiro adicional usado na empresa, como os lucros acumulados, vai provavelmente gerar um alto valor nas ações.

- **Índice de preço das ações/vendas.** Um número baixo pode indicar que o mercado não permite que o potencial de margens de lucro sobre as vendas melhore suficientemente.

- **Múltiplo preço/fluxo de caixa.** Um múltiplo baixo é geralmente sinal de subvalorização.

- **Preço da ação para valor de liquidação.** Há várias formas pelas quais o valor pode ser gerado para os acionistas se os ativos estiverem com preço baixo, até mesmo a mudança completa de controle acionário (*takeover*).

Templeton dizia que é importante prestar atenção tanto aos demonstrativos financeiros quanto ao que está no balanço patrimonial. No entanto, como mostra a seguinte citação, na maior parte do tempo ele colocava ênfase nos lucros:

> Quando eu era aluno do famoso Benjamin Graham, ele me ensinou como usar os valores contábeis e procurar empresas que vendessem por menos do que o capital de giro. E eu fiz isso. Mas não funciona hoje [1987] porque não se encontra nenhuma empresa que venda por menos do que o capital de giro. Ben era um homem muito inteligente. Tinha um método esplêndido. Mas, se estivesse vivo hoje, ele estaria se baseando em conceitos mais novos e mais variados. A medida do valor que usamos mais frequentemente é o preço relativo aos prováveis lucros futuros. Outros que usamos incluíam o preço relativamente ao fluxo de caixa e o preço relativamente ao valor de liquidação, não o valor contábil. Os lucros futuros são mais importantes do que os lucros atuais ou passados.[6]

Quando perguntaram a Templeton se ele usava análises técnicas (tabelas com históricos de preço ou volume) ele respondeu que sim, mas só como suplemento – e que não tinha encontrado muitas coisas na análise técnica que valia a pena estudar.

---

[6] John Templeton citado em *Financial Post* (Toronto) em 25 maio de 1987, p. 25. De uma entrevista feita pelo professor Eric Kirzner, Universidade de Waterloo.

Aqui estão dois exemplos de avaliação:

Caso 1: Skaggs

A Skaggs fez uma fusão com a Acme para formar a American Stores em 1979. Templeton disse que, apesar de a Acme não ser lucrativa na época, ele estava confiante de que a diretoria da Skaggs aumentaria sua margem de lucro ao mesmo nível da Skaggs, quer dizer, 2%. Ele começou a comprar as ações a US$ 25 quando o volume de vendas por ação era US$ 700. Se as margens de 2% fossem alcançadas por toda a empresa unificada, então US$ 14 de lucro por ação seria o esperado. Assim, Templeton estava comprando a American Stores por menos de duas vezes o lucro potencial por ação. As ações subiram mais de 500%.

Caso 2: Ito-Yokado

Ito-Yokado, uma grande cadeia de supermercado, estava vendendo a um P/L de 10. Templeton estimava o crescimento de seus rendimentos em 30% por ano. Ele comparava a Ito a outros supermercados (Safeway, por exemplo), perguntando qual preço teria de pagar por um dólar do rendimento futuro provável.

$$\text{Índice de crescimento preço/lucro (índice PEG)} = \frac{\text{índice preço/lucro}}{\text{Estimativa de crescimento dos lucros a longo prazo}}$$

Ito-Yokado	Safeway
P/L: 10	P/L: 8
Estimativa de crescimento: 30% a.a.	Estimativa de crescimento: 15% a.a.
PEG [Price/Earnings to Growth] = = 10/30 = 0,33	PEG [Price/Earnings to Growth] = = 8/15 = 0,53

Ito-Yokado estava mais barata porque a taxa de crescimento de lucros futuros é muito mais alta. No entanto, algum cuidado é necessário: a suposição de 30% de crescimento é razoável?

Diversificação

Templeton diria que as únicas pessoas que não devem diversificar são as que estão certas 100% do tempo; poucos investidores estão certos mais de dois terços do tempo – ele se incluía nessa análise. Como guia, todo investidor deveria ter ao menos dez ações. Aqueles que administram portfólios multimilionários deveriam ter muito mais. Mesmo se você é extremamente cuidadoso na seleção de suas ações, não é possível prever o futuro. Um grande vazamento de petróleo, um avanço tecnológico inesperado por um concorrente ou novas regras do governo podem reduzir metade do valor de uma empresa. Além disso, você pode não ter visto problemas internos sérios quando realizou a análise pela primeira vez. Por isso, deve diversificar – por empresa, setor, risco e país.

Templeton fazia análises de baixo para cima, examinando ações inicialmente no nível da empresa.

Templeton fazia análises de baixo para cima, examinando ações inicialmente no nível da empresa. Se isso levasse a uma concentração em um país em especial aquele ano, então tudo bem. Essa concentração pode parecer um argumento em favor das perspectivas macroeconômicas de um país, mas essa não era a intenção. Independentemente dessa postura inicial, Templeton tentaria evitar se comprometer muito com um único país.

Ficava chocado que tão poucos gestores de fundos mútuos diversificassem levando em conta um ponto de vista mundial. Além de ser capaz de encontrar mais e melhores barganhas, o risco pode ser reduzido se seus ativos estiverem em muitas nações. A economia de um único país flutua, assim como um único mercado de ações. Outros países, ao mesmo tempo, poderiam estar em uma fase completamente diferente. Quando o Reino Unido está passando por uma queda (*Bear Market*), o Japão pode estar atravessando um período de rápida expansão.

Consciência social, econômica e política

Templeton passava muito tempo tentando entender a dinâmica social, econômica e política de países ao redor do mundo. Isso deve ser levado em conta pelos investidores quando fazem estimativas de lucros futuros e o risco ligado àqueles lucros – as barganhas não podem ser identificadas sem isso.

Ele tinha observado em primeira mão o poder de permitir o livre-comércio liberar o espírito empreendedor e testemunhou o efeito asfixiante do socialismo extremo. Isso pode levar à nacionalização (ou até ao confisco dos bens), em que o investidor dificilmente recebe um valor justo. Economias controladas também podem impor controles de preços e outras distorções na economia que acabam dissuadindo empreendedores de criar riqueza.

Templeton procurava governos que colocassem suas economias em direção ao capitalismo e aos mercados livres. Em suas viagens pós-Oxford em 1936, ele visitou a Índia e Hong Kong. Os dois eram muito pobres, com pessoas morrendo nas ruas. Quando ele voltou anos depois notou uma mudança profunda em Hong Kong, mas não em Calcutá; uma mudança que ele atribuía à diferença entre empreendedorismo e socialismo. O governo da Índia tinha uma tendência a regular tudo, havendo assim pouco progresso; enquanto em Hong Kong o governo mantinha distância, permitindo que as empresas tivessem ampla latitude. O resultado era que o padrão de vida se multiplicou dez vezes em 40 anos em Hong Kong, enquanto mal tinha tido melhoria em Calcutá.

Seu conhecimento do funcionamento de Hong Kong e da China significava que ele podia ver o potencial da China quando as restrições econômicas foram relaxadas no continente e os talentos de Hong Kong poderiam ser aplicados com mais de um bilhão de pessoas após a reunificação. A China não só ganharia um sofisticado centro financeiro para acelerar o progresso, mas também um quadro de homens e mulheres com experiência em negócios. Olhando para trás, a transformação da China pode parecer óbvia, mas, no final dos anos 1980, quando Templeton estava examinando a questão, não era tão óbvia assim.

Seu conhecimento da sociedade e do caráter japonês o ajudou a identificar o potencial de crescimento daquele país nos anos 1950: trabalho duro, poupança e coesão social já estavam lá. Ele viu tudo isso muito antes da maioria dos observadores ocidentais – e ganhou uma fortuna que apoiava seu julgamento da estrutura social, econômica e política do Japão.

Quando havia profundo pessimismo nos Estados Unidos em 1990 devido à recessão, ao forte endividamento federal e a uma taxa de juros interinstituições de 21%, Templeton percebia a sorte de estar voltado para a economia mundial. Ele previa que o mundo entraria nos 20 anos mais prósperos da história por causa do colapso do comunismo e do Muro de Berlim. Na década seguinte, o Dow mais do que triplicou.

Certamente, ser um bom historiador do mercado ajuda como investidor. Padrões de eventos têm a tendência a se repetir. Uma nova geração de negociantes reage exageradamente da mesma forma que a geração anterior. Ser capaz de ver o começo de uma repetição de um velho padrão pode permitir que o investidor entre no momento certo. Quando, em 2003, o clima era positivo, Templeton baseou-se em uma perspectiva muito mais ampla para apontar algumas fraquezas. Aumentava o desequilíbrio (por exemplo, poupança insuficiente) na economia mundial fazendo o dólar ficar vulnerável; havia uma bolha nascente no setor imobiliário. Ele disse que via o potencial para um declínio de 50% nos preços das ações.

Crenças e traços de caráter

Templeton dizia que os sete traços de caráter apresentados na Figura 4.1 podem ser adquiridos em algum grau por qualquer pessoa razoavelmente capaz de um grau suficiente de desejo e autodisciplina.

Espiritualidade e oração

Ele acreditava que fortes princípios éticos e religiosos formavam a base para o sucesso e a felicidade em toda área da vida. Sua vida de oração lhe dava clareza da mente e profundidade de pensamento que foram decisivos em seu sucesso.

Flexibilidade

É importante permanecer flexível e aberto sobre os diferentes tipos de investimentos que você poderia incluir no seu portfólio. Não há nenhum tipo de papel financeiro que seja sempre melhor. Há bons momentos para comprar títulos de dívida e bons momentos para comprar ações de grandes empresas (*blue chips*) ou empresas cíclicas ou outros investimentos. Se um tipo particular de segurança está atualmente muito popular com os investidores, então é normalmente um mau momento para comprá-la. E sempre mantenha a flexibilidade para pensar que há momentos em que o melhor é guardar o dinheiro. Dinheiro disponível permite que você aproveite oportunidades de investimento.

Se você tem uma área de investimento, digamos ações de petróleo, que rendeu bem nos últimos anos, pode ser o momento de perguntar se continuará assim no futuro. Olhe ao redor e pergunte: "O que está com um preço baixo hoje?". Ações em petróleo podem ter sido uma barganha há dois ou três anos, mas elas podem não ser agora e seria uma tolice mantê-las. Procure aqueles papéis que tiveram o pior desempenho no passado recente e analise se são agora boas barganhas.

Paciência

Comprar ações com uma visão a longo prazo exige paciência porque é frequente que o mercado demore para perceber e reavaliar o que você comprou. Essas ações podem continuar negligenciadas por vários anos. As compras proféticas das ações japonesas nos anos 1950 e começo dos 1960 só foram recompensadas no final dos 1960 e 1970, quando, depois de uma longa espera, ele estava à frente dos outros gestores de fundos.

Comprar coisas que outros ainda nem pensaram significa esperar até que as perspectivas de curto prazo se tornem boas. Quando os lucros próximos começam a acontecer, isso atrai a atenção de pessoas menos focadas no longo prazo, quer dizer, os negociantes que respondem a coisas que estão estourando na cara deles – aí, os preços aumentam.

Não troque por ações que estão subindo no momento.

Mesmo investidores experientes acham difícil aguentar períodos de mau desempenho. Quando parece que todo mundo está ganhando dinheiro e suas ações estão em baixa, você pode começar a duvidar da sabedoria da sua postura. Templeton nos ensinou a esperar e aceitar anos de baixo desempenho. Mantenha a fé no seu método; se você fez sua lição de casa acabará triunfando quando o mercado começar a reconhecer o valor das ações que você escolheu. Não troque por ações que estão subindo no momento – se o seu raciocínio e análise são sólidos, suas compras de barganhas vão ser bem-sucedidas no longo prazo.

Extensa rede de amizades

Templeton era naturalmente gregário e construiu um amplo círculo de amigos. Muitos desses amigos conheciam muito sobre um setor ou um país e ele sempre podia ligar se queria saber algo. Dizia que tinha centenas de amigos íntimos em quase todos os setores e em uma grande variedade de países. Eles foram muito úteis na seleção de investimentos.

Se queria saber algo sobre, digamos, o setor automobilístico no Reino Unido poderia pegar o telefone e conversar com um amigo que tinha muito conhecimento daquele setor. Apesar de que podemos não ser tão felizes na construção de uma rede de amigos informados quanto Templeton, acho que vale a pena adquirir o princípio geral de fazer esforços para manter contatos.

Controle mental

Templeton citava São Paulo Apóstolo ao dizer que um dos nove frutos do Espírito é o controle mental. É importante que todo ser humano preste muita atenção ao que está acontecendo em sua própria mente. Ele disse: "Uma pessoa é o que pensa, e se você quer ser uma pessoa melhor, precisa controlar o que está pensando, usando-o para propósitos que acredita serem valiosos e admiráveis".[7]

Sua técnica pessoal de controle mental permitiu que se concentrasse, perseverasse e trabalhasse duro. Ele dizia que todos podiam ter essa disciplina. Recomendava o método de encher sua mente só com pensamentos bons e produtivos. Dessa forma, você não dará espaço para outros. Tente eliminar pensamentos egocêntricos, críticos, invejosos, de ódio, de cobiça, vingativos. Livre-se também dos que o fazem perder tempo porque não se relacionam com seus objetivos finais na vida. Ele raramente lia romances nem assistia muito à televisão, dizendo que não tinha tempo suficiente, por causa de todas as coisas importantes que exigiam sua dedicação.

Pensamento positivo

Tenha uma atitude de "posso fazer". Dirija seus pensamentos e ações para construir em vez de destruir.

---

[7] John Templeton citado em: PROCTOR, W. *The Templeton touch*, p. 90-1.

É muito difícil construir uma corporação se você é pessimista. É quase obrigatório ser um otimista para construir qualquer organização substancial, seja uma empresa, uma igreja ou uma organização de caridade. Para ser bem-sucedido você tem de ter a esperança do sucesso.[8]

O fracasso não é uma derrota, mas uma oportunidade para aprender. Até Templeton, bastante bem-sucedido, teve uma boa dose de aventuras fracassadas em sua vida. As pessoas realmente bem-sucedidas aprendem com seus erros e com os dos outros.

Ele nos dizia que, assim que abrirmos nossa mente pela manhã, devemos pensar em cinco coisas pelas quais estamos profundamente gratos. Isso vai ajudar a estabelecer o padrão para o seu dia. Você tem menor probabilidade de sofrer de pena de si mesmo ou de solidão, ou por acreditar que está sendo discriminado, se a sua mente estiver cheia de gratidão.

Tente não ficar com medo ou ser negativo com frequência. No último século, aqueles que foram otimistas com a economia e com as ações foram os ganhadores. Apesar de que existirão períodos de baixa, até mesmo quedas profundas, as ações vão crescer com o tempo. Na verdade, com maior integração do mundo e maior liberdade de negócios empresariais, é provável que as empresas cresçam.

Eu deixo a última palavra sobre pensamento positivo de Templeton:

Sim, eu definitivamente me descreveria dessa forma [alguém com pensamento positivo]. Estou tão grato e agradecido pelas milhões de bênçãos que Deus nos deu, por ter nascido nessa época em particular, que não posso ver como alguém poderia ser algo exceto feliz o dia todo. Além disso, acredito que pensamento positivo é de grande ajuda – não só em termos de crescimento espiritual e relacionamentos humanos, mas uma ajuda em termos financeiros e todas as outras atividades na vida.[9]

---

[8] PROCTOR, W. *The Templeton touch*, p. 93.
[9] PROCTOR, W. *The Templeton touch*, p. 92-3.

No entanto, ele nunca deixou seu pensamento positivo anuviar sua avaliação racional de empresas baseada em pesquisa e rigorosas comparações entre uma corporação e outra.

Simplicidade

Simplicidade não significa ser tolo ou ignorante. Significa foco na essência de um setor industrial ou empresa depois de juntar muitas informações. Liste os pontos fortes e fracos de forma clara e simples. Não faça a coisa muito complicada. Evite as fórmulas matemáticas e não busque cada último detalhe de cada corporação – procure princípios básicos.

A simplicidade se estendia por toda a sua vida privada, desde manter um escritório sobre uma barbearia quando ele era multimilionário a viajar durante toda a sua vida na classe econômica.

Dificuldades e contratempos

Não é fácil ser um seguidor de Templeton. Aqui estão alguns dos problemas:

- Ganhar conhecimento suficiente sobre tantos mercados e empresas ao redor do mundo é algo que consome tempo e exige muito intelectualmente.

- Nem todos temos as habilidades sociais, a posição na sociedade ou uma carreira tão longa para desenvolver um amplo círculo de amigos profissionais com conhecimento sobre empresas em outros países.

- A disciplina extraordinária que Templeton desenvolveu é algo a que muitos de nós podemos aspirar, mas é improvável que consigamos porque temos outras prioridades na vida. Por exemplo, trabalhar 60 horas por semana pode não ser considerado bom se tiver esposa/

marido e filhos. Também os hábitos de economia extrema de Templeton podem não ser compatíveis com as exigências familiares.

* É preciso muita coragem para ir contra a multidão regularmente – nem todos fomos feitos para isso.

O legado de Templeton

Mesmo não podendo emular Templeton em todos os pontos, pelo menos podemos copiar alguns princípios centrais:

* Quando tudo é destruição e tristeza, quando há sangue nas ruas, é geralmente o melhor momento para comprar. Quando tudo está brilhando e parece fácil ganhar dinheiro, é o momento de ser cauteloso. Além disso, seja cuidadoso em assumir que, só por que o mercado está em baixa, ele entrou no território da barganha. Por exemplo, o fato de as ações do Reino Unido, da Europa e dos Estados Unidos estarem mais baixas em 2007 do que em 2000 não as transformavam em barganhas. Dica: dê uma olhada no índice preço/lucro ajustado, CAPE – *Cyclically Adjusted Price Earnings ratio* (o preço de ações em um índice dividido pelos lucros médios por ação nos últimos dez anos) –, e compare com a média a longo prazo para julgar se há realmente sangue nas ruas (preços realmente baixos em relação às perspectivas de lucros) ou os negociantes estão apenas "uivando" por causa de perdas a curto prazo. Nas últimas duas décadas, acostumamo-nos com as autoridades injetando dinheiro em economias e setores, por exemplo, bancos ou montadoras de automóveis, e assim gradualmente o elemento de medo "cobiça e medo", que impulsiona os mercados, estava removido; havia sempre a expectativa de que as autoridades interviessem com taxas de juros baixas etc., e de que os mercados iriam se recuperar. Isso fez o mercado de títulos não cair no território das barganhas – exceto para as curtas explosões, como

as de 2008-09. Já faz muito tempo que não temos P/Ls em dígitos únicos por um período significativo, que é o que Templeton caçava. Tendo dito isso, ações individuais podem ser barganhas mesmo se o mercado é meramente justo ou supervalorizado. E, se o verdadeiro medo retornar, podemos nos encontrar sobrecarregados por muitas barganhas.

- Olhe para países diferentes do que o seu próprio em busca de barganhas. Você não precisa construir familiaridade com uma longa lista de países. Um punhado deles vai permitir que encontre um número maior de barganhas do que se estivesse puramente focado no mercado doméstico e estará melhor diversificado.

- Estime o valor de uma empresa baseado na projeção de lucro daqui a cinco anos. Isso o força a focar em fatores-chave de acordo com o valor da empresa, com a posição estratégica e a qualidade gerencial.

- Examine continuamente a diferença entre o preço de uma ação atualmente no seu portfólio com seu valor. Então, compare a extensão dessa diferença com investimentos potenciais. Compre a melhor alternativa se a diferença entre preço e valor é significativamente maior do que a menor diferença no portfólio atual.

- Aprenda sobre desenvolvimentos políticos, sociais e econômicos que estão acontecendo no mundo. Comece a ler regularmente jornais e revistas especializadas tanto do seu país como do exterior, tal qual *The Economist* e *Financial Times*.

- Desenvolva os traços corretos de caráter como paciência, controle mental, simplicidade, rigor analítico, comportamento ético, clareza de pensamento que vem com a oração e a fortaleza para resistir a anos de maus desempenhos.

- Seja admirável e generoso: "O único sucesso que vale a pena ter é o sucesso que alcança e toca os outros".[10]

---

[10] TEMPLETON, J. M.; ELLISON, J. *The Templeton plans*.

CAPÍTULO 5

George
SOROS

George Soros é o mais respeitado administrador de fundos *hedge* que investe em amplas categorias, setores e fatores econômicos, baseado em sua visão de ativos terem preços "longe do equilíbrio". Ele ganhou uma fortuna para si e para os investidores do Quantum Fund. Por exemplo, conseguiu uma taxa de retorno anual de quase 35% nos primeiros 26 anos do fundo. Um investimento de mil dólares em 1969 cresceu e passou a valer milhões menos de três décadas depois.

Há muito a aprender sobre Soros:

- Uma nova forma de olhar para o comportamento de preços de mercado: eles são resultado de um mecanismo de *feedback* de mão dupla com participantes (por exemplo, investidores), alterando preços e constituintes fundamentais em resposta às suas percepções (equivocadas). Essas percepções, porém, são formadas por movimentos de mercado – isso pode ajudar a identificar bolhas e espirais irracionais para baixo.

- A exploração da irracionalidade da multidão.

- Agir com independência de mente e decisão.

Soros se vê a princípio e principalmente como filósofo. No começo da vida, ele desenvolveu sua filosofia de como as pessoas em estruturas sociais operam como um grupo ocasionalmente para levar os fundamentos econômicos (ou políticos ou sociais) de um estado de "quase equilíbrio" até um estado de "longe do equilíbrio". Suas observações e antecipações de movimentos de mercado financeiro não são nada mais do que subconjuntos de manifestações de sua teoria de "reflexividade". A mesma base filosófica pode ser usada para descrever e analisar, por exemplo, o movimento de uma sociedade de uma forma aberta, democrática e baseada no Direito para outra cada vez mais fechada e autoritária. Também pode ser usada para descrever e explicar as interações humanas individuais como amor e ódio, entre várias outras aplicações.

Ele escreveu vários livros para tentar resumir a essência de sua ideia de reflexividade – no qual existe um *loop de feedback* de duas mãos, entre o modo de ver do participante e o estado objetivo da situação. Suas incríveis experiências de vida o ensinaram que os indivíduos não baseiam suas decisões na situação objetiva que estão confrontando. Em vez disso, as decisões são baseadas na percepção ou interpretação das pessoas sobre a situação. Além do mais, suas decisões podem mudar a situação concreta, alterando os constituintes fundamentais (por exemplo, o preço das casas em um país ou o preço das ações "ponto com"). As mudanças nos constituintes fundamentais assim introduzidas são, por sua vez, responsáveis por mudar as percepções dos indivíduos. E assim por diante.

Como tão poucas pessoas entenderam propriamente o conceito de seus tratados dos anos 1980 ele se descrevia, por um tempo, como um "filósofo fracassado". Queria ser levado a sério, como alguém que tinha coisas importantes para falar sobre a forma como a sociedade funciona e, por isso, perseverou em seus escritos, deixando-os progressivamente mais claros. Então, quando suas ideias tiveram um poder de explicação considerável em relação às causas subjacentes da crise financeira de 2008, ele finalmente ganhou o reconhecimento que merecia em círculos intelectuais, políticos e de mercado. O economista vencedor do prêmio Nobel, Joseph Stiglitz, disse sobre Soros: "Para esses economistas interessados em ideias, acho que o trabalho dele é levado a sério como uma ideia que consubstancia o pensamento deles".[1] Larry Summers, ex--diretor de Harvard e economista-chefe de Obama disse: "A reflexividade como ideia é correta e importante".[2] A visão de Paul Volcker (economista e ex-presidente do Federal Reserve, de 1979 a 1987, e colaborador no governo Obama, de 2009 a 2011): "Acho que ele tem ideias válidas e

---

[1] Joseph Stiglitz citado em: FREELAND, C. The credit crunch according to Soros. *Financial Times*, 31 jan. 2009.
[2] Larry Summers citado em: FREELAND, C. The credit crunch according to Soros. *Financial Times*, 31 jan. 2009.

é um pensador imaginativo e provocador. Possui algumas ideias brilhantes sobre como os mercados funcionam e 'disfuncionam'".[3] Soros agora diz que ele não se sente mais um filósofo fracassado.

Soros não ficou só famoso como o homem que ganhou US$ 1 bilhão em poucos dias apostando que a libra não conseguiria manter sua alta taxa contra outras moedas no Mecanismo Europeu de Taxas de Câmbio (1992), para dar o nome de apenas um triunfo financeiro, mas se tornou o maior benfeitor, promovendo a sociedade aberta em todo o mundo (doando mais de US$ 5 bilhões), assim como um confidente de líderes, incluindo o presidente Obama. Nada mal para um adolescente pobre que teve de fugir do terror nazista, aguentar a brutalidade totalitária comunista e a indiferença britânica.

Nazistas e comunistas

As primeiras experiências de sua vida foram muito importantes para afastar Soros do pensamento convencional sobre a formação de preços, as estruturas políticas ou outras construções humanas e em direção a uma nova teoria do mundo na qual o ato de humanos tentando entender e responder com ação aos constituintes fundamentais do que veem pode fazer esses mudarem e, quando mudam, a compreensão (ou falta de) por parte dos atores humanos também muda.

Soros nasceu em uma família judia húngara em agosto de 1930. Sua mãe era uma mulher adorável, mas muito introspectiva, mergulhada em uma postura bastante autocrítica, até autoflageladora. Soros diz que ele internalizou a atitude autocrítica de sua mãe. Afirma que uma das forças mobilizadoras que o levou ao sucesso foi a necessidade de subjugar a forte sensação, que levava dentro de si, de ser um fracasso.

---

[3] Paul Volcker citado em: FREELAND, C. The credit crunch according to Soros. *Financial Times*, 31 jan. 2009.

Seu pai, Tivadar, era extrovertido, sociável, genuinamente interessado no destino das outras pessoas. Apesar de ter essas virtudes, ele ficava relutante em revelar coisas de si mesmo para os outros. Soros o idolatrava. Tivadar tinha sido um jovem ambicioso; então, a Primeira Guerra Mundial começou. Ele foi voluntário e acabou promovido a tenente, mas foi capturado pelos russos e levado a um campo de prisioneiros na Sibéria. Permaneceu ambicioso – por um tempo. Editava o jornal do campo chamado *A Tábua* (era escrito à mão e preso a uma tábua). Era muito respeitado e foi eleito o representante dos prisioneiros. Quando alguns soldados de um campo vizinho fugiram, o representante deles foi fuzilado para servir de exemplo e desencorajamento. Tivadar decidiu que sua melhor política era escapar em vez de esperar para ser fuzilado em retaliação pela fuga dos outros.

Tivadar escolheu 30 homens porque tinham a mistura certa de habilidades – carpinteiro, cozinheiro, médico etc. – e fugiram do campo, fizeram uma jangada e começaram a flutuar pelo rio até o oceano. O problema era que os rios da Sibéria fluem para o Oceano Ártico. Demoraram semanas para perceber o erro, e foi então que começaram uma longa caminhada pela Sibéria no meio do caos por causa da luta entre os russos vermelhos e os brancos depois da Primeira Guerra Mundial. Ele testemunhou horrendos atos de violência e, por isso, valorizava muito o simples fato de estar vivo, perdendo toda a ambição. Riqueza e influência já não eram mais importantes – ele simplesmente queria desfrutar a vida. Mesmo assim, suas experiências duras em uma sociedade caótica deram tanto habilidades de sobrevivência e uma visão do potencial de sociedades que passam por períodos de desequilíbrio total.

Antes de George completar seis anos, o nome da família tinha sido Schwartz, mas quem tinha sobrenome judeu era sujeito a severas discriminações na Hungria. Tivadar envolveu toda a família na busca por um novo nome. Soros foi escolhido

Soros foi escolhido porque podia ser pronunciado em qualquer idioma e em magiar significa "o próximo da fila".

porque podia ser pronunciado em qualquer idioma e em magiar significa "o próximo da fila".

Sobrevivência ao holocausto

George Soros era um estudante indiferente, preferindo se concentrar em esportes e jogos (Monopólio era o seu favorito). Ele era especialmente ruim em matemática, mas muito interessado na leitura de filosofia clássica. Quando tinha 13 anos, Soros estava indo para casa ao sair de uma galeria de arte quando viu tanques alemães nas ruas – era março de 1944, e os alemães tinham invadido o território de seus aliados húngaros.

George mais tarde disse que foi o momento mais emocionante da sua vida. Tivadar rapidamente reconheceu que não era uma época normal e que, por isso, não se aplicavam as regras normais. George diz que foi o melhor momento de seu pai. Ele entendeu que obedecer à lei era um "vício perigoso" e que se exibir era a única forma de sobreviver. Com Tivadar como professor, a Segunda Guerra Mundial se tornou um curso avançado de sobrevivência, fornecendo habilidades para George usar em investimentos mais tarde. A Revolução Russa tinha ensinado Tivadar o que fazer. Ele agiu com decisão, obtendo identidades falsas para sua família e encontrando lugares para eles viverem ou se esconderem. Ele não ajudou apenas a sua familia; salvou dezenas de vidas. Soros vê esse período como um dos mais felizes de sua vida. Pode parecer paradoxal que, sob o domínio nazista e quando o holocausto estava alcançando seu auge, ele fosse tão feliz, mas era um garoto de 14 anos aventureiro que via o pai que adorava no comando da situação e ajudando os outros. Soros diz que nenhum dos riscos que ele correu como adulto foi tão grande como os que fez tentando evadir e enganar os invasores nazistas.

Os soviéticos

A ocupação russa de 1945 trouxe um período com algumas aventuras, mas principalmente trabalho chato quando os comunistas tomaram conta do país. Viver tanto sob os regimes nazista e comunista deu a

Soros um respeito saudável pelos aspectos objetivos da realidade. Suas experiências de viver em condições "longe do equilíbrio" de seu país, primeiramente na ocupação alemã e depois na russa, forneceu boas visões que desempenharam um papel importante na preparação para uma carreira bem-sucedida como gestor de fundos *hedge*. Tivadar tinha a Revolução Russa como professora de como sobreviver e George viveu a ocupação nazista. Juntando essas experiências, George foi capaz de pensar em sua estrutura conceitual para ser capaz de reconhecer situações de desequilíbrio quando surgissem.

Soros sentia-se restrito sob o Estado controlador da Hungria comunista. Também sentia que seu pai o influenciava demais. Disse a Tivadar que não era natural que um jovem de 15 anos pensasse como alguém de 50 e que precisava de mais liberdade para crescer. Seu pai sugeriu que ele fosse morar sozinho e perguntou para onde gostaria de ir. George disse que para a Inglaterra (ele ouvia a BBC e tinha ficado impressionado com o sentido britânico de jogo limpo e os informes objetivos) ou para a União Soviética (para descobrir a natureza do sistema sob o qual eles tinham de viver). Tivadar disse que ele tinha estado na União Soviética e que poderia contar tudo o que tinha visto – então ele foi para a Inglaterra.

Londres

Soros chegou a Londres logo depois de seu 17º aniversário, em setembro de 1947. Não tinha dinheiro ou amigos, e sentiu-se profundamente solitário e rejeitado. Encontrou uma Londres pós-guerra emocionalmente fria. Parentes distantes deixaram que ele dormisse no sofá, mas não o receberam com os braços abertos.

Ele passou de um emprego subalterno para outro: cuidador de piscinas em Brentford, lavador de pratos, pintor de casas. Um ponto especialmente baixo para um jovem com altas expectativas foi quando o *maître* de um restaurante em que ele trabalhava disse que, por causa da sua capacidade, um dia, se ele trabalhasse duro, poderia chegar a ser assistente do *maître*.

Apesar de alguns passos positivos, como se matricular em um curso de inglês, ele sentiu uma espiral descendente de desespero taciturno por um ano e meio, que teve como auge o fracasso em ingressar na London School of Economics (LSE) devido a seu inglês. Sentiu que tinha chegado ao fundo. Mas conseguiu encontrar, dentro de si, alguns pensamentos positivos e decidiu que, dali, só poderia subir. A dor de não ter dinheiro nem amigos deixou marcas para sempre. Ele admite que tem um tipo de fobia a reviver isso. E acha que essa é uma das razões pelas quais se tornou tão determinado a ganhar dinheiro.

Em vez da universidade, ele foi para a Kentish Town Polytechnic por um tempo, até que, na primavera de 1949, passou no exame para a LSE.

Quando escreveu aos 78 anos, depois de explicar de forma clara sua ideia de reflexividade, ele se baseou em seus anos de formação para mostrar as diferenças entre situações de quase equilíbrio e situações desequilibradas. Disse que tinha crescido em um ambiente estável e de classe média – um quase equilíbrio normal. Depois, o terror nazista e a repressão comunista tinham criado medo e desequilíbrio. Seguiu então a sua experiência de ser um estrangeiro na Inglaterra em que só podia olhar pela janela de uma sociedade estável e autossuficiente. Ele, mais do que a maioria, sentiu-se consciente de que estabilidade é um bem que vai e vem.

LSE e Karl Popper

Soros escolheu estudar Economia, mas rapidamente descobriu que isso era complicado por duas razões: (1) ele era ruim em matemática, e a Economia estava se tornando cada vez mais uma disciplina matemática e (2) estava mais interessado em estudar os fundamentos da Economia, como a suposição de conhecimento perfeito, enquanto seus professores preferiam as construções algébricas montadas em cima de tais suposições.

Os pontos interessantes em sua experiência universitária foram seus encontros com o professor e filósofo Karl Popper, que forneceu ideias inspiradoras e manteve uma amizade séria com Soros.

Karl Popper afirmava que a razão não é capaz de estabelecer a verdade das generalizações, além de toda e qualquer dúvida. Até mesmo as leis científicas não podem ser verificadas porque é impossível derivar generalizações válidas universalmente a partir de observações individuais, por mais numerosas que sejam pela lógica dedutiva. O método científico funciona melhor adotando uma atitude de ceticismo abrangente: leis científicas devem ser tratadas como hipóteses que são provisoriamente válidas a menos que e até que sejam provadas falsas. Ele argumentou de modo conclusivo que leis científicas não podem ser verificadas. Um exemplo não conforme pode ser suficiente para destruir a validade da generalização, mas nenhuma quantidade de exemplos conformes é suficiente para verificar uma generalização além de qualquer dúvida.[4]

A necessidade dos economistas de manter a hipótese do conhecimento perfeito em parte dos atores econômicos contradiz diretamente a alegação de Popper de que a compreensão pelos humanos é inerentemente imperfeita. Mas os economistas continuam tentando criar uma disciplina com generalizações comparáveis com as de Isaac Newton na física, resultando em uma disciplina cada vez mais intricada e matemática.

As experiências de Tivadar de chegadas e partidas inesperadas e repentinas de consequências imprevistas do pensamento e da ação humana se misturaram com a ênfase de Popper na falibilidade. Ao rejeitar o modelo-padrão dos economistas e influenciado por Popper, Soros começou a desenvolver uma estrutura do comportamento humano na qual erros e interpretações equivocadas desempenham um importante papel na moldagem do curso da história. Os participantes do mercado não baseiam suas decisões somente no conhecimento, porque percepções

---

4 SOROS, G. *The crash of 2008 and what it means*, p. 35-6.

tendenciosas têm um impacto poderoso não só nos preços do mercado, mas também nos elementos constituintes fundamentais que aqueles preços devem refletir. Note agora as duas influências de percepções tendenciosas – muitos leitores do trabalho de Soros só levam em conta a primeira e assim concluem, superficialmente, que ele não está dizendo nada original; no entanto, o segundo elemento que é original:

• Primeiro elemento: influenciando os preços do mercado.

• Segundo elemento: influenciando os elementos constitutivos fundamentais que aqueles preços devem refletir.

(A reflexividade é explicada mais adiante.)

> Soros era fascinado pelas ideias; ele era atraído pela "aventura" das ideias.

Soros era bastante perspicaz para uma carreira como filósofo original e influente, um desejo que ele manteve por toda a vida. Queria estabelecer a falibilidade como um princípio reconhecido. No entanto, conquistou somente uma graduação menor de segunda classe, e assim uma carreira acadêmica era pouco provável. Também outro pensador, Alfred North Whitehead, que escreveu *The adventure of ideas*, inspirou Soros a usar sua nova perspectiva no mundo prático dos negócios em vez de se dedicar a uma vida de especulação filosófica. Soros era fascinado pelas ideias; era atraído pela "aventura" das ideias. Mas também era esperto o suficiente para perceber que, quando se tratava de ideias econômicas ou financeiras, podia aprender bem mais pela ação do que pela contemplação. Seu pensamento levava à ação que, em troca, melhorava suas ideias.

Um imaginativo vendedor de produtos e um corretor de arbitragem

Empregos vinculados a alto nível de pensamento não eram comuns para estudantes com diplomas de segunda classe, então, para viver, Soros se tornou vendedor de uma empresa que comercializava bolsas de couro e bijuterias. Ele viajava pelos balneários do País de Gales no carro da empresa vendendo tabacarias e outros varejos. O emprego o afastava bastante do conceito que tinha de si mesmo e do que queria desenvolver.

Ele comprou o *Stock Exchange Yearbook* e escreveu para todos os diretores-gestores de todos os bancos mercantis de Londres e, em 1954, acabou conseguindo uma posição na Singer & Friedlander, como *trainee* fazendo várias tarefas enfadonhas, que não realizava muito bem. Acabou na seção de arbitragem, comprando em um mercado e vendendo em outro, tentando lucrar com pequenas diferenças nos dois mercados. Era visto como a pessoa extra e desnecessária na equipe (ou em qualquer equipe da qual participou) e ouviu que era improvável que encontrassem uma posição permanente para ele. Perguntou se eles teriam alguma objeção se procurasse emprego em outro lugar e recebeu a deprimente resposta: "Não, você pode ir com nossa bênção". Por sorte, um colega *trainee* da empresa, Robert Mayer, mencionou que a pequena corretora de seu pai em Nova York, F. M. Mayer, estava procurando um corretor de arbitragem em Wall Street.

Nova York

Assim, aos 26 anos, Soros chegou a Wall Street. Começou em arbitragem internacional, comprando títulos e ações em um país e vendendo em outro. Havia muito interesse nos títulos e ações europeias depois da formação do Mercado Comum Europeu, e Soros começou a negociá-los enquanto também atuava como analista financeiro e vendedor.

F. M. Mayer

Soros tinha um plano de cinco anos. Ele trabalharia duro para Wall Street, guardaria US$ 500 mil e depois voltaria ao Reino Unido para continuar seus estudos de filosofia. Começou a trabalhar negociando ouro e ações de petróleo da Europa. Essas indústrias tinham conseguido um crescimento incrível quando a crise de Suez deslocou o movimento de petróleo, fazendo essas ações ficarem mais ativas. Ele conseguiu usar suas conexões de Londres para obter ações que poderiam ser oferecidas aos norte-americanos.

Trabalhava incrivelmente duro, sem perder um dia de negócios – ele nem dispôs de tempo para encontrar seus pais, que chegavam de navio para se estabelecer em Nova York. Não fez amizades e tornou-se um solitário. Mas estava adorando aquilo. Desenvolveu relações com algumas das empresas líderes na área e foi ficando cada vez mais confiante, enquanto fazia negócios similares aos de Morgan Stanley e de Warburg. Ele já estava bem adiantado em seu plano de cinco anos.

Wertheim

No final de 1959, ele se casou com Annalise Witschak e, sentindo-se incomodado na Mayer, decidiu mudar-se para uma empresa maior e mais rica, Wertheim & Co. Na época, as contas das empresas europeias eram difíceis de entender. Soros tinha de estimar o valor real como um detetive juntando pequenas informações, como as declarações de imposto de renda. Sua habilidade com idiomas (além do húngaro, falava bem francês e inglês) permitia que entrevistasse gestores seniores e ganhasse mais conhecimento do que outros analistas financeiros europeus em Nova York. Ele era um desbravador, tendo sido o primeiro a descobrir várias empresas que tiveram grande sucesso, incluindo Dresdner Bank, Allianz e algumas empresas farmacêuticas.

Um dos pontos fortes que ele descobriu em si mesmo foi a capacidade de autocrítica. Admite que errou tanto quanto qualquer outro investidor, mas sua postura autocrítica permitia que os descobrisse mais rápido que os outros e corrigisse antes que fizessem muitos estragos. Soros se tornou uma pessoa ousada, até mesmo arrogante no trabalho, mas permaneceu tímido e não contava a ninguém sobre sua paixão por filosofia – trabalhava regularmente em suas ideias filosóficas à noite e nos finais de semana, tentando conectar sua visão da falibilidade com os desenvolvimentos históricos.

A perda do comércio europeu e de um fundo hedge

Depois de um desacordo com um superior, Soros deixou a Wertheim para entrar na Arnhold & S. Bleichroeder em 1963. Foi contratado como corretor e gestor de ativos, focado em pesquisa e comércio global. Infelizmente. Naquele ano o presidente Kennedy criou um imposto que, na prática, impunha um aumento de 15% na compra de títulos e ações estrangeiras no exterior. De repente, a principal atividade de Soros foi interrompida. Por um tempo, ele se ocupou em vender títulos e ações europeias de volta aos europeus, mas foi ficando com cada vez menos coisas para fazer.

Felizmente, seu emprego estava assegurado, então, ele voltou sua atenção para a filosofia, que viu como seu principal projeto por três anos. Em 1966, Soros voltou os focos para os negócios. Queria aprender como funcionavam os títulos e ações norte-americanos, então, criou uma conta modelo com US$ 100 mil do dinheiro da empresa. Dividiu o dinheiro em 16 partes. Cada parte era investida nas ações da empresa que ele achava serem promissoras. Escreveu memorandos curtos explicando suas razões para a compra e continuou com relatórios mensais reexaminando o portfólio e discutindo desenvolvimentos. Estava tentando conhecer mais sobre taxas de crescimento, risco e retorno, e como maximizar os retornos do portfólio. Não só estava desenvolvendo um novo negócio, mas também ensinando como investir. Foi forçado a sair de seu ambiente rarefeito de escritas filosóficas e entrar em contato com a comunidade de investimentos. Quando testou suas ideias sobre investimento com alguns poucos investidores, conseguiu boa resposta.

Da conta modelo surgiu um pequeno fundo de investimento chamado First Eagle Fund em 1967, com Soros como gestor. O fundo, estabelecido como fundo mútuo, tinha US$ 3 milhões de capital. Seguiu-se o Double Eagle Fund em 1969 (US$ 4 milhões de capital). Montado como fundo *hedge*, isso permitia que Soros tivesse maior latitude em estratégias e ferramentas de investimentos (por exemplo, vender a descoberto, uso de alavancagem).

Foi o Double Eagle Fund que permitiu a Soros conectar suas meditações filosóficas com a prática do investimento. Aqui, ele podia elaborar seu conceito de reflexividade de expansão e depressão nos negócios. Finalmente, sua filosofia tinha uma aplicação prática, algo muito animador.

Com o crescimento dos dois fundos, também surgiu um potencial conflito de interesse. Arnhold & S. Bleichroeder, como corretora, era uma empresa que recomendava cursos de ação para seus clientes, como a compra de uma ação em particular. Ao mesmo tempo, estava administrando fundos. Corretores inescrupulosos que também administravam fundos de investimentos eram conhecidos por encorajar seus clientes a comprar ações com a simples intenção de colocá-la "na moda" e artificialmente forçar o valor das ações que tinham sido anteriormente compradas por seus fundos. A Securities and Exchange Commission (SEC), para controlar a indústria financeira, tinha regras para minimizar os potenciais conflitos de interesse, e Soros sabia que a Arnhold & S. Bleichroeder não poderia continuar a administrar um fundo e, ao mesmo tempo, manter seu negócio principal como corretores. Ele foi relutante, mas terminou por sair e montar um fundo próprio. Gostava das pessoas na Arnhold & S. Bleichroeder, mas a atração de receber todas as taxas de gerenciamento em vez de meramente uma fração, além das preocupações da SEC, o encorajaram a montar, em 1973, o Soros Fund Management.

Soros Fund Management e o Quantum Fund

Toda a equipe do Soros Fund Management (SFM) consistia em Soros, Jim Rogers como sócio menor e duas secretárias, localizados em um escritório com duas salas em Manhattan. Os acionistas da Double Eagle receberam a oferta de continuar com a Arnhold & S. Bleichroeder ou ir com a SFM. A Double Eagle tinha crescido para US$ 20 milhões e US$ 13 milhões destes foram transferidos para a SFM. Alguns outros investidores se juntaram ao "The Soros Fund", assim, em um ano, ele já tinha juntado mais de US$ 18 milhões.

Soros não queria que seu nome fosse proeminente e assim o chamou de Fund Quantum, em homenagem ao físico Heisenberg e seu princípio de incerteza, que tinha minado o conceito de causalidade na física e aludia a noções

> Ele o chamou de fundo Quantum, em homenagem a Heisenberg e seu princípio de incerteza.

de falibilidade, reflexividade e determinismo incompleto – além de também incorporar a ideia de um aumento súbito e grande nos valores.

A maioria dos investidores eram europeus ricos – indivíduos mais do que instituições. Na verdade, nas poucas décadas seguintes, os fundos de Soros contaram com um número incrivelmente pequeno de pessoas – nunca mais do que mil no total – apesar de o valor dos fundos, posteriormente, chegar a valer dezenas de bilhões. Ele nunca foi procurar acionistas, e o fundo emitiu poucas ações adicionais. Ele simplesmente cresceu internamente. Como ele diz, se você obtém juros compostos ao redor de 40%, cresce de forma bastante rápida.

A sociedade com Rogers era muito produtiva; ele era uma das poucas pessoas que entendiam seus conceitos de mudança interativa dinâmica de duas mãos nos mercados e as percepções do investidor. Rogers era visto por Soros como um analista excepcional e um trabalhador dedicado.

Eles investiam em ações, títulos de dívida, moedas, *commodities* e qualquer outra coisa que parecia uma boa aposta. Negociavam a descoberto e a longo prazo, e alavancavam ao limite. Quando investiam em ações, eles tomavam emprestado 50% da quantia usada. Quando se tratava de títulos de dívida, tomavam ainda mais. Para cada US$ 1.000 do capital do fundo, eles podiam comprar pelo menos US$ 50 mil em títulos a longo prazo. Também vendiam ações e títulos a descoberto depois de tomá-los emprestado de outras instituições. Geralmente, conseguiam recomprar mais tarde por menos do que o valor pelo qual tinham vendido.

O Soros Fund Management recebia 20% dos lucros anuais assim como uma taxa de performance de mais de 1% sobre todos os ativos sob seu controle. A maior parte dessas taxas ia para Soros e ele ficou muito rico.

Ele trabalhava muito duro, acordando às 5 da manhã e indo para a cama exausto às 21h. Dentro de cinco anos, o fundo tinha chegado a US$ 100 milhões, mas Soros não estava feliz. Estava totalmente absorto em seu trabalho e achava aquilo extremamente doloroso. O estresse do dia a dia, principalmente com as vendas a descoberto, era enorme. Isso era tão ruim que ele afirmava que o fundo era um tipo de parasita em seu corpo. Disse que sentia que suas terminações nervosas estavam ligadas ao fundo. Assim, apesar de deixá-lo muito rico (ao redor de US$ 25 milhões), estava tão infeliz quase a ponto da depressão. Decidiu deixar a direção diária, apesar de permanecer na direção geral e de tomar as grandes decisões. Isso permitiu que tivesse mais tempo para outras coisas, incluindo viajar e ler livros.

Com os negócios crescendo, Soros reconhece a necessidade de mais pessoal, mas Rogers estava relutante em admitir mais gente – gostava da intimidade com Soros e não queria contratar gente de fora. Quando eles não conseguiram concordar com a necessidade de mais pessoas (e a necessidade de tratar os que foram contratados de uma forma menos crítica e implacável), Soros decidiu acabar com a sociedade. Foi em 1980. Em setembro de 1981, Soros tinha passado a maior parte do capital do Quantum Fund para outros gestores, agindo mais como supervisor do que como gestor ativo.

No entanto, Soros achou difícil encontrar gestores em quem pudesse confiar (ou talvez ele não conseguia abrir mão) e, então voltou à luta interminável como gestor em 1984. Stanley Druckenmiller foi atraído a Soros depois de ler seu livro *A alquimia das finanças* em 1987. Druckenmiller achou que o livro era intelectualmente estimulante, e eles discutiram algumas das ideias. Em 1988 Druckenmiller assumiu a área de investimentos macro. Soros ainda era o chefe, mas estava cada vez mais ausente, pois tinha se envolvido na ajuda à criação de sociedades abertas no Leste Europeu, na Rússia e na China. No final, Soros e Druckenmiller estabeleceram um relacionamento estilo técnico-jogador. Druckenmiller e os outros gerentes iam até Soros pedindo conselhos e discutindo ideias. Agora, metade do lucro da empresa era reservada para a equipe de gerência.

A quebra do Banco da Inglaterra

Em 1992, a libra era parte do Mecanismo Europeu de Taxas de Câmbio (MTC), que permitia que as moedas flutuassem uma em relação à outra, mas dentro de um limite estreito. Com o colapso da União Soviética e a reunificação da Alemanha, o MTC foi jogado no que Soros descreve como um desequilíbrio dinâmico. Por razões políticas, foi permitido que a moeda da Alemanha Oriental fosse trocada pelo marco a uma taxa muito alta. Isso, com uma grande injeção de capital da Alemanha Ocidental na Oriental (a maior parte aplicada a despesa governamental deficitária), criou fortes pressões inflacionárias dentro da economia alemã.

O Bundesbank, por ser um banco central totalmente independente, era obrigado a lutar contra a inflação extra aumentando as taxas de juros. A maior parte do resto da Europa, especialmente o Reino Unido, ainda estava em recessão; altas taxas de juros era algo totalmente impróprio para eles. Ao seguir uma política monetária estrita, o Bundesbank não podia mais servir como âncora do MTC. Essa mudança fez com que o MTC passasse de um quase equilíbrio a um desequilíbrio dinâmico.

Ao mesmo tempo, os políticos estavam falando em estabelecer uma moeda europeia comum. Isso ameaçava a existência do Bundesbank. Como Soros observou, há um forte imperativo dentro de organizações para sua própria sobrevivência. O Tratado de Maastricht era visto como uma ameaça à própria existência do Bundesbank, e seus funcionários não gostavam disso.

Havia três causas de conflito. Primeiramente, a política monetária da Alemanha necessitava ser mais estrita do que no resto da Europa. Em segundo lugar, o Bundesbank achava que o governo alemão estava seguindo uma política fiscal excessivamente frouxa. Em terceiro lugar, o Bundesbank estava lutando por sua sobrevivência. Na visão de Soros, o mais importante dos três conflitos era o terceiro. Também era o menos compreendido.

Soros ouviu um discurso feito pelo presidente do Bundesbank no qual ele afirmava que achava que os investidores estavam cometendo um erro ao pensar que a Unidade Monetária Europeia (ECU, na sigla em inglês) seria uma cesta de moedas a taxas fixas. Soros achou que ele estava aludindo à fraqueza da lira italiana. Perguntou ao presidente depois do discurso se ele gostava da ECU como moeda.

> Ele disse que gostava como conceito, mas não gostava do nome. Preferia que fosse chamada marco. Entendi a mensagem. Isso nos encorajou a vender a descoberto a lira italiana e, na verdade, a lira foi forçada a sair do mecanismo de taxas de câmbio logo depois. Isso era um sinal claro de que a libra esterlina também estava vulnerável.[5]

Soros concluiu que o Bundesbank estava determinado a quebrar o Mecanismo de Taxas de Câmbio (MTC) para se preservar como árbitro da política monetária na Europa.

A libra esterlina tinha entrado no MTC a uma taxa absurdamente alta. Então, a taxa de juros alemã subiu. Para evitar que a libra caísse abaixo dos limites estabelecidos pelo MTC quando os investidores começaram a vender libras e comprar marcos, o Reino Unido subiu os juros para tentar fazer a posse de libras ser mais atrativa. Eles foram a 10%, depois a 12% e, finalmente, a um maciço de 15% em um momento de profunda recessão. Esses juros altos estavam tendo um efeito opressivo sobre a demanda de consumo do Reino Unido e nos investimentos das empresas. Além do mais, a alta taxa da libra contra o dólar norte-americano causava grandes dificuldades para os exportadores. Soros e Druckenmiller viram o aumento da taxa de juros como atos de desespero do governo britânico. A posição deles era insustentável: não podiam evitar a desvalorização da libra e a alternativa era maior deterioração da produção.

---

[5] SOROS, G. *Soros on Soros*, p. 81.

Druckenmiller explicou a Soros suas razões para esperar uma significativa depreciação da libra e achava que deveriam apostar contra ela – investindo em marcos e outras moedas fortes. A resposta de So-

> *Soros o encorajou a "ir direto na jugular" e aumentar a aposta para US$ 10 bilhões.*

ros foi enfática: se Druckenmiller realmente acreditava que a libra ia cair porque estava apostando "somente" US$ 2 ou US$ 3 bilhões. Soros o encorajou a "ir direto na jugular" e aumentar a aposta para US$ 10 bilhões.

Em poucos dias, a libra foi desvalorizada, US$ 1 bilhão de lucro foi feito, Soros foi chamado "o homem que quebrou o Banco da Inglaterra" e instantaneamente ficou famoso no mundo todo. O segredo do seu sucesso foi que estava preparado para uma mudança completa, uma mudança de regime. Outros no mercado ainda estavam pensando no regime existente; eles achavam difícil contemplar mudanças revolucionárias no mesmo grau de Soros. Ele tinha uma consciência maior do potencial para mudanças revolucionárias devido às suas experiências na infância. Enquanto outros estavam convencidos da garantia do governo britânico de que o MTC era algo sólido, Soros e Druckenmiller não confiaram no fato de que tudo iria continuar como antes.

Reflexividade

Para entender os triunfos de Soros, você precisa desenvolver uma compreensão profunda do conceito de reflexividade. Eu tento, nesta seção, explicar:

- Primeiramente olhamos para os pressupostos-chave por trás do paradigma oposto, mas geralmente aceito, da economia clássica.
- Depois vou discutir a teoria por trás da reflexividade.
- Finalmente, vou aplicar a reflexividade para explicar como as bolhas nos preços de ativos podem se desenvolver.

Economia clássica

A visão de mundo do Iluminismo é que a realidade está ali, passivamente esperando para ser descoberta. A razão age como um farol para iluminar a realidade. Assim, há uma separação entre, por um lado, os pensamentos das pessoas e a compreensão que têm do mundo e, por outro, o objeto. Os agentes pensantes não conseguem influenciar a realidade subjacente. Assim, na ciência natural podemos explicar e prever o curso dos eventos com certeza razoável.

A Economia e outras áreas de "estudo" social – Soros não aceita o uso da palavra "ciência" com as disciplinas sociais – tentaram imitar a física newtoniana e desenvolveram "leis" para descrever os processos fundamentais. Para fazer seus modelos funcionarem de maneira "científica", os economistas simplificaram a realidade criando hipóteses, por exemplo, de que os participantes do mercado baseiam suas decisões em um conhecimento perfeito, ou que as curvas de oferta e demanda poderiam ser tomadas de forma independente (com a oferta não influenciando a demanda, e a demanda não influenciando a oferta, exceto pela interação clássica no diagrama do economista).

Para os cientistas físicos, é óbvio que, para ganhar conhecimento, deve existir uma separação entre o pensamento e seus objetivos. Os fatos devem se independentes das declarações feitas sobre eles. Então, a Terra vai ser mover ao redor do Sol em um padrão razoavelmente previsível independentemente do que o observador pensa sobre o movimento. Muitos economistas seguem uma sequência de analogia lógica para o modelo físico ao tentar descrever os resultados econômicos – veja a Figura 5.1.

Figura 5.1 Economia clássica

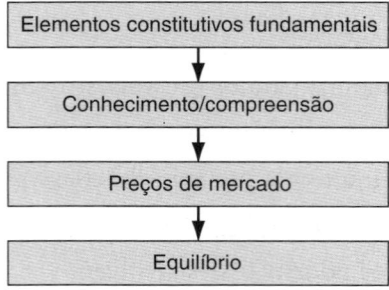

Quando nos afastamos da ciência física, é comum encontramos um problema. Nos fenômenos sociais é frequentemente difícil separar fatos de pensamentos. O tomador de decisão, ao tentar determinar o sentido do mundo, tenta ser um observador imparcial, mas nunca pode superar completamente o fato de que é parte da situação que procura compreender. Por exemplo, as pessoas e as organizações humanas, como as instituições de empréstimo, tentam entender os fatos subjacentes do mercado imobiliário, mas, ao fazer isso – e ao agir –, influenciam a realidade do fornecimento, demanda e preços das casas. Sob o paradigma da economia clássica, as curvas de oferta e demanda supostamente determinam o preço de mercado. Mas parece razoável sugerir que, em muitos casos, essas curvas são elas mesmas sujeitas às influências de mercado, em cujo caso os preços deixam de ser definidos de forma especificamente determinada. Terminamos com preços flutuantes, e não com equilíbrio.

Outro exemplo: Os analistas acham que os mercados estão em guarda por conta de uma recessão prevista para o futuro pelos próprios analistas. Soros tem um ponto de vista diferente: para ele é mais correto dizer que os mercados ajudam a precipitar as recessões, pois:

• mercados são sempre tendenciosos em uma direção ou outra; e

• mercados podem influenciar os eventos que antecipam.

Por exemplo, seria difícil argumentar que a *reação* dos mercados financeiros às notícias do mercado hipotecário residencial dos Estados Unidos em 2008 *não* influenciou os eventos que levaram à recessão.

Paradigma de Soros

Assim, o paradigma mais popular de que os mercados financeiros tendem ao equilíbrio é tanto falso quanto enganoso. Soros sustenta que, primeiro, os mercados financeiros nunca refletem a realidade subjacente de forma precisa e, segundo, que, ocasionalmente, essas distorções afetam os elementos constitutivos fundamentais que os preços de mercado supõem refletir, fornecendo profunda compreensão sobre a formação dos preços e sobre o movimento do que está subjacente. Os erros, as incompreensões e os julgamentos equivocados dos participantes do mercado afetam os preços do mercado e, mais importante, os preços de mercado afetam os elementos constitutivos fundamentais.

O modelo clássico dos economistas permite desvios do equilíbrio teórico, mas só de uma maneira aleatória, e os desvios serão corrigidos de modo automático em pouco tempo. Soros diz que os preços de mercado não se detêm no ponto de equilíbrio teórico, e, sim, que estão em um contínuo estado de mudança em relação ao equilíbrio teórico.

O papel das percepções é a chave para entender a reflexividade. Os participantes dos mercados financeiros têm expectativa sobre os eventos. Essas expectativas afetam os formatos tanto das curvas de oferta quanto das de demanda. Decisões para comprar ou vender um ativo são baseadas em expectativas sobre preços futuros, que são, por seu lado, determinados por decisões de comprar ou vender no presente.

> *Como as tendências que se autorreforçam persistem se as curvas de oferta e de demanda são independentes dos preços de mercado?*

Os ativos que estão atualmente subindo de preço geralmente atraem compradores, enquanto aqueles que estão caindo encorajam mais vendas – tendências que se autorreforçam. Qualquer um que já passou algum tempo nos mercados financeiros se torna consciente de que existem tendências reforçadoras. Soros pergunta retoricamente: Como as tendências que se autorreforçam persistem se as curvas de oferta e demanda são independentes dos preços de mercado?

O ato de pensar dos participantes do mercado tem um papel dual. Por um lado, eles estão tentando entender a situação; por outro, a compreensão deles (ou falta de compreensão) desencadeia ações que influenciam o curso dos eventos. Os dois papéis interferem um no outro. A compreensão imperfeita dos participantes leva a ações, e o curso dos eventos leva a marca daquela imperfeição.

O termo "reflexivo" vem de uma característica da língua francesa, em que o sujeito e o objeto são o mesmo. Também significa reflexão (e não movimentos reflexos).

Aprendemos a pensar em termos de eventos como uma sequência de fatos – um conjunto de fatos leva a outro conjunto de fatos, e assim por diante, em uma cadeia sem fim. No entanto, não é assim que a parte do mundo afetada pelos humanos funciona na verdade. Os fatos são primeiro sujeitos ao pensamento dos participantes, depois o pensamento dos participantes se conecta com o conjunto seguinte de fatos seguinte. Como pode ser visto na Figura 5.2, os participantes do mercado olham os elementos constitutivos fundamentais por uma bruma de concepções equivocadas, incompreensões e julgamentos errados. Eles possuem percepções tendenciosas. Ao tentar entender – "a função cognitiva" –, eles cometem erros. Nesse estado tendencioso, eles então agem – "a função manipulativa" –, e isso move os preços do mercado.

Figura 5.2   Uma conexão reflexiva de duas mãos entre percepção e realidade

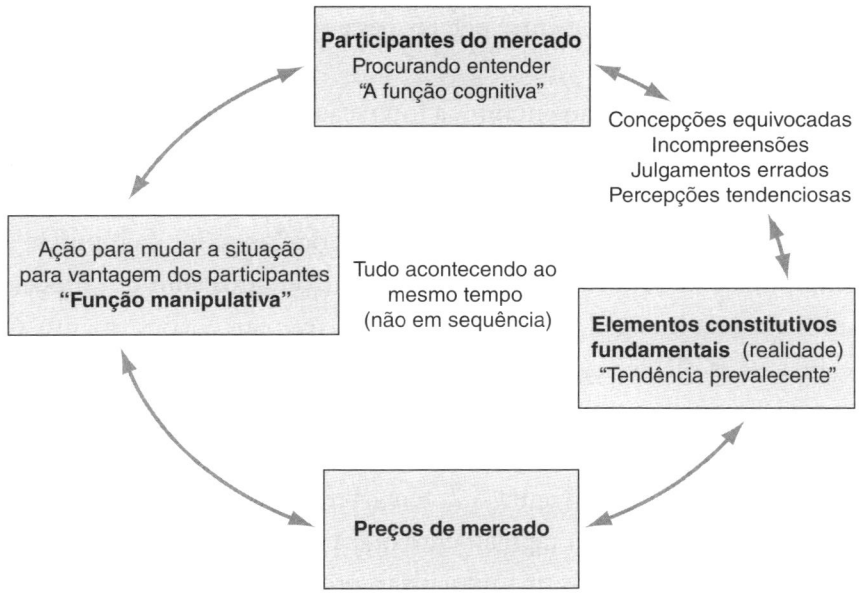

Até o momento, tudo convencional: o padrão econômico permite que os atores menos informados interpretem errado e tomem decisões ruins porque os mercados não são perfeitos e atuam como rebanho. O *insight* de Soros é que, em vez de voltar ao equilíbrio teórico quando os participantes percebem seus erros (ou os erros são meramente parte de um conjunto maior de eventos aleatórios compensatórios), as distorções nos preços de mercado criam distorções nos elementos constitutivos fundamentais – a própria "tendência prevalecente" é alterada – e simultaneamente as percepções dos participantes é alterada em resposta à mudança dos elementos fundamentais, resultando em um final indeterminado. Assim, percepções alimentam o curso dos eventos, e o curso dos eventos alimenta as percepções. Temos indeterminação tanto na função cognitiva quanto na manipulativa por causa da conexão reflexiva entre elas.

Na maioria dos casos, a interação reflexiva é relativamente insignificante, porque há forças em jogo que juntam pensamento e realidade, como pessoas aprendendo por experiência ou novas provas aparecendo. Essas são chamadas "condições de quase equilíbrio", e o impacto da reflexividade pode ser desprezado. Nesses casos a teoria econômica clássica se aplica, e a divergência entre percepções e realidades pode ser ignorada como mero ruído.

Ocasionalmente, no entanto, a interação reflexiva pode levar a massivas distorções de mercado, sem tendência a se unirem – "condições longe de equilíbrio" –, levando a sequências de rápida expansão ou retração. Nesse caso, as teorias que se desenvolveram ao redor da hipótese do equilíbrio se tornam irrelevantes. Somos defrontados com um processo unidirecional no qual as mudanças tanto nas percepções quanto nas realidades são irreversíveis (pelo menos por um período). Assim como a mutação tem um papel na biologia, as concepções equivocadas e os erros desempenham um papel nos assuntos humanos.

Quando pensar na Figura 5.2, tente ver os estágios apresentados seguindo um ao outro tão rapidamente que a coisa toda se torna um borrão de funções cognitivas, manipulativas, preços de mercado e elementos constitutivos ocorrendo ao mesmo tempo (e influenciando uns aos outros). As pessoas que tomam decisões produzem um impacto sobre a situação (a função manipulativa), que muda a situação, que tende a mudar suas percepções (a função cognitiva):

> As duas funções operam ao mesmo tempo, não sequencialmente. Se o *feedback* fosse sequencial, produziria uma sequência determinada de forma única levando de fatos a percepções para novos fatos e depois novas percepções, e assim por diante. É o fato de que os dois processos ocorrem simultaneamente que cria uma indeterminação tanto nas percepções dos participantes quanto no curso real dos eventos.[6]

Se pegamos o mercado de ações, por exemplo, observamos que as pessoas negociam ações em antecipação de preços futuros, mas esses preços são determinados pelas expectativas dos investidores. Não podemos assumir que as expectativas do mercado sejam uma forma de conhecimento da mesma forma que um cientista físico pode prever os movimentos das estrelas – o movimento das estrelas é realmente independente das expectativas do cientista. Na ausência do conhecimento, os participantes trazem um elemento de julgamento ou tendenciosidade sobre sua tomada de decisões. Assim, os resultados divergem das expectativas.

Soros usa "equilíbrio" como uma figura de linguagem. Ele não vê um equilíbrio estável do qual se desvia o processo ocasional de expansão e retração. O equilíbrio deve ser visto como um alvo móvel porque os preços de mercado são sacudidos repetidamente pelos elementos fundamentais que supostamente refletem.

- Exemplo de uma declaração reflexiva fora das finanças: "Você é meu inimigo". Se isso é verdade ou não, depende de como você reage a isso. É indeterminado.

- Exemplo de um ato da função manipulativa que fracassou em conseguir o resultado desejado:

---

[6] SOROS, G. *Soros on Soros*, p. 10.

O presidente George W. Bush declarou uma guerra contra o terror e usou isso para invadir o Iraque baseado em falsidades. O resultado foi o exato oposto de suas intenções: queria demonstrar a supremacia norte-americana e acumular apoio político no processo; mas causou um declínio vertiginoso do poder e da influência norte-americanos e perdeu o apoio político no processo.[7]

Bolhas

Soros vê as bolhas como consistindo em dois componentes:

- uma tendência baseada na realidade;
- uma concepção equivocada ou uma má interpretação dessa tendência.

Normalmente, os mercados financeiros corrigem erros, mas, ocasionalmente, eles podem levar à criação de uma bolha. Isso acontece quando as más interpretações reforçam a tendência prevalecente. Então um *feedback* de duas mãos poderia ocorrer no qual a tendência prevalecente, agora envaidecida pelo erro inicial, reforça o conceito equivocado. Então, a distância entre realidade e interpretação da realidade feita pelo mercado pode crescer cada vez mais. Ao manter o crescimento da distância, a parcialidade dos participantes precisa de um curto-circuito para que possa continuar a afetar os elementos fundamentais. Isso é normalmente fornecido por algum tipo de dívida ou capital alavancado.

Em algum ponto, o tamanho da distância se torna tão grande que é insustentável. O conceito equivocado é reconhecido pelo que é, e os participantes ficam desiludidos. A tendência é revertida. Com os preços dos ativos caindo, desaparece o valor da garantia que apoiava a maior parte dos empréstimos para as compras, levando à exigência de cobertura e a vendas com prejuízo. No final, há uma fuga na outra direção.

A sequência expansão/retração é assimétrica. Ela infla vagarosamente até um ponto, quando acelera, seguida por uma reversão muito mais

---

[7] SOROS, G. *Soros on Soros*, p. 38.

rápida. Os estágios de vários exemplos tirados da história recente são descritos mais adiante.

Soros afirma que há oito estágios para a sequência expansão/retração. Vamos tomar o exemplo em que a tendência subjacente é o lucro por ação ("a tendência prevalecente") e as percepções dos participantes (a função cognitiva) estão refletidas nos preços das ações por meio da função manipulativa, quer dizer, eles compram ou vendem ações empurrando os preços para cima ou para baixo. No entanto, a mudança nos preços das ações pode afetar tanto a parcialidade dos participantes quanto a tendência subjacente.

Assim, os preços das ações são determinados por dois fatores:

- A tendência subjacente – EPS (*Earnings Per Share*, ou Lucro por Ação);
- A parcialidade prevalecente.

Os dois são influenciados por preços de ações, portanto há um *loop de feedback*.

Na Figura 5.3, a divergência entre as duas curvas é uma indicação da parcialidade subjacente. (Soros dizia que a verdadeira relação é mais complexa do que estamos representando aqui porque a curva de lucros inclui, assim como a tendência subjacente, a influência dos preços das ações sobre aquela tendência. Assim, a parcialidade prevalecente é expressa só parcialmente pela divergência entre as duas curvas – também já está parcialmente refletida naquelas curvas.)

Estágio 1 – Sem reconhecimento da tendência

A tendência subjacente está subindo moderadamente, mas ainda não é reconhecida.

Estágio 2 – Reconhecimento da tendência e reforço

A tendência é reconhecida pelos participantes do mercado. Isso muda percepções sobre as causas subjacentes. A recém-desenvolvida tendenciosidade prevalecente positiva empurra as ações. Nesse estágio, a mudança nos preços das ações pode ou não afetar a tendência subjacente, quer dizer, o nível de lucros das empresas. Se não afeta, então a expansão reflexiva não se materializa – a correção nos preços das ações leva à perda da tendência subjacente, quer dizer, a EPS não continua a crescer de forma anormal.

Se a tendência subjacente é afetada pela subida dos preços das ações, então temos o começo de um processo de autorreforço e começamos a nos mover na direção de um estado longe do equilíbrio. A tendência subjacente se torna cada vez mais dependente da tendenciosidade prevalecente e ela fica cada vez mais exagerada.

Figura 5.3   O modelo expansão/retração

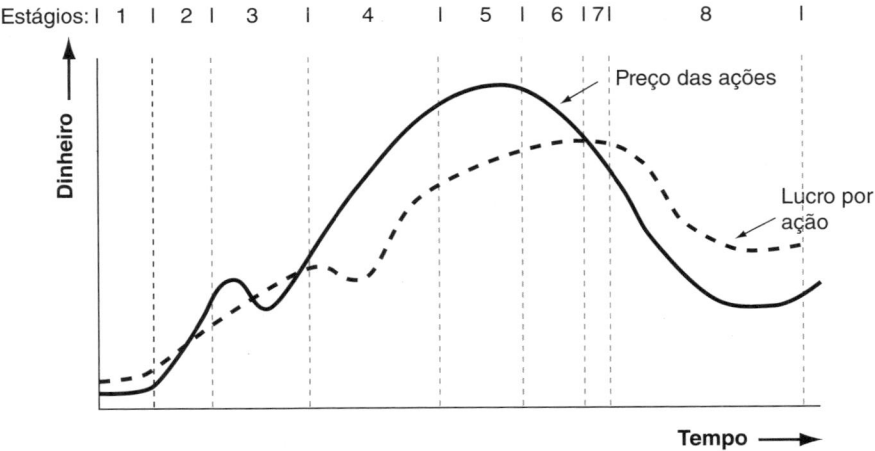

Estágio 3 – Teste

Tanto a tendenciosidade prevalecente quanto a tendência são testadas por choques externos – pode haver vários testes, mas aqui só mostramos um. Os preços sofrem flutuações. Se o teste for tendencioso, e a tendência não conseguir sobreviver, então a bolha potencial morre.

Estágio 4 – Período de aceleração

A sobrevivência aos testes faz tanto a parcialidade quanto a tendência ficarem mais fortes. A tendência subjacente (EPS) torna-se cada vez mais influenciada pelos preços das ações. Também o aumento nos preços das ações torna-se cada vez mais dependente da tendenciosidade prevalecente. Tanto a tendenciosidade quanto a tendência tornam-se cada vez mais inabaláveis. A convicção é tão forte que o aumento dos preços das ações não é mais afetado por variações na tendência de lucros. Agora condições desequilibradas se tornam firmemente estabelecidas – as regras normais não se aplicam mais.

Estágio 5 – Insustentabilidade

Expectativas exageradas chegam a tal ponto que a realidade não pode mais sustentá-las. Esse é o "momento da verdade".

Estágio 6 – Período de crepúsculo

Os participantes percebem que sua tendenciosidade prevalecente está alta e diminuem suas expectativas. A tendência pode ser sustentada por inércia, mas não é mais reforçada pela crença, então aumenta a uma taxa menor. Esse é o período de crepúsculo ou de estagnação – as pessoas não acreditam mais no jogo, mas continuam a jogar.

Estágio 7 – Ponto de virada

A perda da crença acaba levando a uma reversão na tendência, que se tornou cada vez mais dependente de uma tendenciosidade cada vez mais forte. Quando a tendência se reverte, temos a reversão ou ponto de virada.

Estágio 8 – Catastrófica aceleração da queda

Uma tendência de queda reforça a tendenciosidade prevalecente, agora negativa – a distância entre o preço das ações, como reflexo das expectativas, e os níveis de EPS agora são negativos. Ocorre uma quebra. No final, o pessimismo é exagerado, e o mercado estabiliza.

A reflexividade não segue um padrão predeterminado

Soros enfatiza que esse é somente um caminho possível como resultado de uma interação entre uma tendência e uma tendenciosidade prevalecente. Algumas situações reflexivas desequilibradas seguem esse padrão de autorreforço inicial, insustentabilidade da distância entre pensamento e realidade, seguida de um colapso, criando um evento historicamente significativo. Mas também existem interações reflexivas que se corrigem antes de alcançarem proporções de expansão desenfreada, e assim não se tornam historicamente significativas. Não há nada determinante ou compulsório em relação ao padrão de rápida expansão/retração. O processo pode ser abortado a qualquer momento. Além disso, há muitos outros processos acontecendo ao mesmo tempo, por exemplo, mudanças em outros mercados de ativos, mudanças no ambiente regulatório, mudanças no ambiente político ou social. Os vários processos podem interferir um com o outro, levando a sequências de rápidas expansões/retrações atingidas por choque externo. Podem existir padrões que tendem a se repetir em situações de desequilíbrio, mas o curso real dos eventos é indeterminado e único.

Aplicando a reflexividade

Ações ou setores?

Houve momentos em que Soros concentrou suas energias e o dinheiro de seu fundo em ações específicas e outros momentos em que ele selecionou mercados inteiros ou segmentos de mercado. Ele não segue nenhuma regra especial aqui, tudo depende das circunstâncias.

Seguidor de tendências ou "do contra"?

Apesar de sua independência de pensamento, Soros era muito cauteloso na hora de ir contra o rebanho. Ele diz que fazer isso aumenta o risco real de ser esmagado. Na verdade, com o autorreforço inicial, mas no fim com tendências derrotistas, a forma de jogar é olhar a tendência como sua amiga a maior parte do tempo. Mas em pontos de inflexão os seguidores de tendências tendem a sofrer. Assim, a maior parte dos investimentos de Soros segue as tendências, mas o que o faz ter um desempenho excepcional é que sua teoria permite a identificação de pontos de inflexão antes da multidão. Então ele pode sair das suas posições e explorar a tendência reversa.

Cortar perdas ou dobrar a aposta?

Se ele sente confiança em sua tese original, então, apesar de algo parecer que está indo mal (talvez o dano venha de uma fonte externa), ele tem maior possibilidade de aumentar sua posição em vez de vender tudo.

Estudos de caso

Para reforçar nossa compreensão de reflexividade, vamos olhar para quatro estudos de caso nos quais Soros ganhou muito dinheiro:

- Em primeiro lugar, durante o *boom* dos conglomerados dos anos 1960, ele explorou a tendência indo com a multidão quando elas levavam os preços a níveis ainda mais irracionais e depois vendia as ações pouco antes do pico.

- Em segundo lugar, durante a mania de investimentos consolidados em imóveis dos anos 1970, ele previu e comprou antes, para vender a descoberto com lucro mais tarde.

- Em terceiro lugar, a crise das dívidas dos anos 1980 causada por empréstimos exagerados dos governos dos países em desenvolvimento.

- Em quarto lugar, a bolha imobiliária dos anos 2000, que é uma subparte de uma superbolha muito maior que se estende retroativamente ao começo dos anos 1980.

Estudo de caso 1:
O boom dos conglomerados

O *boom* dos conglomerados dos anos 1960 foi a primeira vez que Soros sistematicamente colocou em prática sua teoria. As diretorias das empresas de defesa de alta tecnologia, como Textron, LTV e Teledyne, temiam um desaquecimento das vendas depois da Guerra do Vietnã. Elas usaram suas ações com preço alto para comprar outras empresas. Ao comprar empresas com índice preço/lucro relativamente baixo (P/Ls) em troca de suas próprias ações (que tinham altos P/Ls), elas aumentaram seus lucros por ação (EPS).

> Os diretores aprenderam rapidamente que há duas formas de empurrar para cima a EPS e, assim, os preços das ações, permitindo que aumentassem mais o capital.

Os diretores aprenderam rapidamente que há duas formas de empurrar para cima a EPS e, assim, os preços das ações, permitindo um aumento do capital. A primeira é tornar mais eficiente e aumentar os lucros orgânicos das empresas existentes. A segunda era comprar regularmente empresas com baixo P/Ls com ações com preços altos. O segundo método se tornava rápido e fácil se eles pudessem confiar que seus investidores continuariam a precificar suas ações em um múltiplo alto. Por isso, precisavam convencer seus investidores de que as empresas adquiridas seriam transformadas em empresas de crescimento rápido e, assim, os lucros combinados produzidos deveriam estar de acordo com um alto P/L baseado no EPS do ano passado. Os investidores estavam procurando EPS, mas eram incapazes de dizer se os números informados estavam crescendo por causa da eficiência maior pelas subsidiárias adquiridas ou simplesmente por causa de um fluxo contínuo de compras de empresas de baixo P/L.

Imagine duas empresas, Crafty plc. e Sloth plc. As duas ganharam US$ 1 milhão no último ano e tinham o mesmo número de ações. Os lucros por ação com uma base histórica são, portanto, idênticos. A diferença entre as duas empresas é a percepção do mercado de ações sobre o crescimento dos lucros. Como a Crafty é julgada como um tipo de empresa dinâmica com uma direção determinada a melhorar os lucros por ação em grandes porcentagens nos anos futuros, é valorizada com um alto P/L de 20.

Sloth, porém, não é vista pelos investidores como uma empresa com crescimento rápido. É considerada um tanto quanto sonolenta. O mercado multiplica os lucros do ano anterior por ação somente por um fator de 10 para determinar o preço da ação.

	Crafty	Sloth
Lucros atuais	£1 m	£1 m
Número de ações	10 m	10 m
Lucros por ação	10 p	10 p
Índice preço/lucro	20	10
Preço da ação	£2	£1

Como as ações da Crafty são vendidas exatamente pelo dobro da ação da Sloth, seria possível que a Crafty trocasse uma das suas ações por duas da Sloth. (Isso se baseia na hipótese de que não há um lance *premium* pela compra, mas o argumento que segue funciona da mesma forma se um razoável prêmio pela compra for pago.)

O capital acionário da Crafty aumenta 50%, de 10 milhões de ações para 15 milhões. No entanto, a EPS é um terço maior. Se o mercado de ações ainda coloca um P/L alto nos lucros da Crafty, talvez seja porque os investidores acreditem que a Crafty vai reavivar a Sloth e produzir um crescimento de EPS por causa de sua direção mais dinâmica, então a capitalização do mercado da Crafty aumenta, e os acionistas ficam satisfeitos. Cada velho acionista da Crafty experimentou um aumento na EPS e no preço das ações de 33%. Além disso, anteriormente os acionistas da Sloth tinham US$ 10 milhões de ações da Sloth; agora eles são donos de US$ 13,33 milhões de ações.

	Crafty depois da compra
Lucros	£2 m
Número de ações	15 m
Lucros por ação	13,33 p
Índice preço/lucro	20
Preço da ação	267 p

Isso tudo parece racional e bom, mas os acionistas estão baseando suas avaliações na hipótese de que os diretores vão cumprir suas promessas de crescimento maior dos lucros pela eficiência operacional etc. Os diretores criaram técnicas especiais de contabilidade que aumentavam o impacto das aquisições – as regras contábeis eram frouxas.

Assim, foi criada uma "tendência subjacente": os lucros estavam aumentando. Cada vez se ouviam menos as vozes inicialmente céticas sobre o potencial para o aumento dos lucros por ações. Com as empresas mostrando taxas de crescimento de EPS aceleradas, os múltiplos designados a essas ações se expandiram ao invés de contraírem. O sucesso dos pioneiros foi imitado por outras empresas. Os investidores reconheceram os conglomerados como um grupo e cada vez mais se afastavam da avaliação baseada no mérito, inclinando-se à avaliação baseada no tipo de empresa. Até as empresas mais comuns podiam conseguir P/Ls altos simplesmente ao passarem por uma aquisição. No final, altos múltiplos foram as recompensas de empresas que meramente prometiam colocar seu capital em bom uso ao fazer aquisições. Tornou-se muito fácil para os conglomerados aumentar mais o capital.

Assim, temos uma "concepção equivocada": as empresas devem ser valorizadas de acordo com o crescimento de seus lucros por ação, não importa que crescimento ela tenha alcançado. Os diretores exploraram esse erro de concepção ao usar suas ações supervalorizadas para comprar empresas em termos vantajosos, levando à inflação de suas ações ainda mais. Soros chama isso uma forma de alavancagem de capital próprio: vender ações a um preço inflacionado para gerar crescimento dos lucros (similar a usar alavancagem de dívidas para aumentar EPS).

Se os investidores tivessem entendido a reflexividade, o erro de concepção não poderia ter aumentado porque eles teriam percebido que a alavancagem de capital próprio cria um tipo de ilusão. Como os múltiplos EPS se tornaram absurdamente grandes, chega um ponto em que a realidade poderia não sustentar as expectativas. Uma proporção cada vez maior dos investidores percebeu que havia um erro sério de conceito por trás do *boom* – mas eles ainda continuaram no jogo.

Os diretores tinham de fazer aquisições cada vez maiores para manter o estímulo do crescimento dos lucros, mas além de certo ponto isso é impossível. Quando os preços das ações começaram a cair, o declínio se autoalimentou. Em uma situação de sobrevalorização reduzida de suas ações, os diretores não poderiam fazer novas aquisições. Agora, as galinhas tinham voltado ao galinheiro; os diretores tiveram de varrer vários tipos de problemas internos para baixo do tapete durante o período de rápido crescimento externo – eles não tinham tempo para o gerenciamento do dia a dia, já que estavam criando "crescimento dos lucros" de forma mais rápida. Agora esses problemas começaram a aparecer. Os acionistas ficaram desiludidos e estavam agora abertos a todas as notícias negativas sobre essas empresas. Estavam preparados para acreditar no pior, e isso empurrava as ações cada vez mais para baixo.

Quando Soros reconhecia a natureza reflexiva do *boom*, ele aproveitava. Primeiro, seguia a onda com o crescimento, depois vendia a descoberto quando o preço se aproximava do pico.

Estudo de caso 2:
Fundos de Investimento Imobiliário (REITs – Real Estate Investment Trusts)

Essas empresas, também chamadas fundos hipotecários, estavam sujeitas a uma regra especial de impostos: se distribuíssem mais de 95%

de seus lucros, podiam estar isentas de imposto de renda. Isso estava amplamente inexplorado até 1969 quando elas realmente começaram a crescer. Reconhecendo o potencial de rápida expansão/retração, em fevereiro de 1970 Soros publicou um relatório de pesquisa no qual disse que o método convencional de análise de títulos e ações não deveria ser aplicado nas REITs:

> A verdadeira atração dos fundos hipotecários está em sua capacidade de gerar ganhos de capital para seus acionistas ao vender as ações adicionais a um prêmio sobre o valor contábil. Se um fundo com um valor contábil de US$ 10 e um retorno de 12% sobre o patrimônio dobra seu capital ao vender ações adicionais a US$ 20, o valor contábil pula para US$ 13,33 e o lucro por ação de US$ 1,20 a US$ 1,60.[8]

Digamos que há 10 milhões de ações para começar:

	Valor contábil	Retorno em dólar	Lucro por ação
Originalmente (10 milhões de ações)	$100 m	$12 m	$12 m/10 m = $1,20
Novas ações (5 milhões de ações vendidas a US$ 20 cada)	$100 m	$12 m	
Totais seguindo novas ações	$200 m	$24 m	$24 m/15 m = $1,60
Valor contábil por ação	$200 m/15 m = $13,33		

Por que os investidores estariam dispostos a pagar acima do valor contábil por novas ações? Por causa da alta produção e da antecipação do crescimento do lucro por ação. Quanto mais o prêmio sobe, mais fácil é para o fundo cumprir essas expectativas. Todo o processo se autorreforça. Depois de começar, o fundo pode continuar mostrando crescimento em EPS apesar de distribuir 95% de todos seus lucros como dividendos. Esses investidores que compram no processo logo no começo ganham

---

[8] Relatório de pesquisa "The case for mortgage trusts", escrito por George Soros em fevereiro de 1970. Reproduzido em: SOROS, G. *A alquimia das finanças*.

os benefícios de um retorno alto sobre o patrimônio, um crescente valor contábil e um prêmio também crescente sobre o valor contábil.

Não fazia sentido tentar prever os lucros futuros e (por esses descontos) estabelecer um preço que os investidores estivessem dispostos a pagar (a postura convencional) porque o preço que os investidores estão dispostos a pagar também determina o curso futuro dos lucros. É importante reconhecer a natureza autorreforçada do processo. Investidores só podem tentar prever o curso futuro do processo inteiramente, a princípio autorreforçado, mas no final autodeprimido.

Ele desenhou quatro estágios para o drama que iria se descortinar nos três anos seguintes ou mais.

Ato um

Em 1970, havia uma demanda contida por casas, e as novas unidades encontravam compradores imediatos. Por causa da falta de fundos investidos em empresas de construção ou aquisição de moradias e REITs, aquelas que conseguiam fundos recebiam altos retornos. Além disso os fornecedores (construtores, trabalhadores e materiais) eram confiáveis e podiam ser conseguidos em pouco tempo. Os investidores estavam começando a reconhecer o conceito de fundo hipotecário, permitindo a criação de muito mais e a rápida expansão dos existentes. Assim, o processo de autorreforço começa.

Ato dois

Uma rápida expansão imobiliária começa, e os créditos bancários estão disponíveis a taxas vantajosas. Os fundos hipotecários conseguem uma alavancagem mais alta. O prêmio dos preços das ações dos fundos hipotecários sobre o valor contábil aumenta com os investidores antecipando altos retornos em um mercado imobiliário em crescimento. Os fundos hipotecários usam os altos prêmios para aumentar tanto de tamanho quanto de lucros por ação. Muitos novos fundos hipotecários são estabelecidos, já que não há restrições de entrada.

Ato três

Os fundos hipotecários dominam uma proporção significativa do mercado de empréstimos para construção. A concorrência aumenta, e eles assumem mais riscos. Os maus empréstimos aumentam. No final, a expansão começa a perder fôlego e aparece o superávit de casas. Os preços caem. Financiadores dos fundos hipotecários entram em pânico e exigem que suas linhas de crédito sejam pagas.

Ato quatro

Investidores ficam desapontados e diminuem toda a categoria do investimento. O prêmio sobre o valor contábil é reduzido, o que, porém, diminui o crescimento dos lucros por ação. Os fundos hipotecários passam por um período de "sacudidas". A maturidade é alcançada onde há poucos novos participantes, assim, é introduzida regulação e os fundos existentes se estabelecem com um crescimento moderado.

O relatório de Soros recebeu as boas-vindas da comunidade financeira e foi amplamente distribuído. Os poucos fundos hipotecários que existiam na época da publicação ficaram bem populares – o valor de suas ações dobrou em um mês. Um processo de autorreforço começou a ganhar força. Em resposta ao aumento da demanda, muitos outros fundos foram estabelecidos, e os eventos tomaram o curso delineado em seu relatório.

No começo do processo, Soros tinha investido bastante em fundos hipotecários e obteve algum lucro quando viu a incrível resposta ao relatório. Quando ficou claro que havia um suprimento inesgotável de fundos, os preços caíram e os investimentos remanescentes de Soros foram pegos na baixa temporária. Ele continuou e até aumentou suas posições. Depois de mais ou menos um ano, vendeu seus investimentos com bons lucros. Perdeu contato com o mercado por alguns anos enquanto se dedicava a outros projetos.

Depois de reler seu relatório, ele vendeu o grupo mais ou menos indiscriminadamente. Depois, com a queda das ações, continuou vendendo a descoberto, seguindo a queda do mercado. A

> *A maioria das REITs quebrou, e Soros conseguiu lucros de mais de 100% por causa das suas vendas a descoberto.*

maioria das REITs quebrou, e Soros conseguiu lucros de mais 100% por causa das suas vendas a descoberto. Ganhou dinheiro tanto no estágio de autorreforço quanto no de autodepressão da sequência de rápida expansão/retração.

Estudo de caso 3:
A crise bancária internacional dos anos 1980

Os dois primeiros estudos de caso são exemplos do uso da alavancagem de capital próprio. A crise bancária internacional, porém, foi causada pela alavancagem de dívidas. A história começa com a crise do petróleo de 1973, depois que os principais bancos internacionais experimentaram grandes influxos de depósitos vindos dos países produtores de petróleo. Eles emprestaram esse dinheiro a países importadores de petróleo – a reciclagem dos petrodólares. Ao julgar o tamanho do empréstimo (e a taxa de juros a ser cobrada), os bancos estimavam a capacidade de pagar dos clientes. Muitas pessoas viam a avaliação de garantias como independente do ato de emprestar. Isso pode ser uma falsa hipótese em muitos casos – é possível que o ato de emprestar aumente o valor da garantia.

Os emprestadores soberanos nem sempre davam como garantia colaterais no sentido normal, por exemplo, uma cobrança sobre a propriedade, então, os bancos internacionais tinham uma visão mais ampla de "colateral". Eles se baseavam em índices de dívida para julgar o valor do crédito. Índices típicos incluíam:

- dívida externa como porcentagem das exportações;
- serviço da dívida como porcentagem das exportações;
- déficits atuais como porcentagem das exportações.

O ato de tomar empréstimos permitia a esses países que mantivessem esses índices a um alto nível porque as baixas taxas de juros e o volume de empréstimos estimulavam a economia mundial e os países em desenvolvimento gozavam de forte demanda para os produtos que exportavam. Assim, o índice de garantia colateral e os empréstimos eram reflexivos. Essa interação reflexiva levou Soros a postular que haveria uma expansão creditícia acelerando vagarosamente, seguida de uma contração do crédito.

Os países do Leste Europeu pediam emprestado, esperando pagar com os produtos feitos em fábricas construídas com esse dinheiro; os países sul-americanos esperavam pagar seus empréstimos com a exportação de *commodities*.

Nos primeiros anos, os empréstimos internacionais eram muito lucrativos, e os bancos tinham uma atitude disposta e acomodada, fazendo poucas perguntas aos tomadores. Geralmente, os bancos não sabiam quanto um país tinha pedido emprestado de outros bancos antes de fazer seus próprios empréstimos. Soros notou que há grandes incentivos pessoais para os banqueiros participarem de bolhas mesmo se suspeitam que ela está sendo criada. Se o banqueiro se recusa a emprestar no que parece ser um negócio lucrativo (pelo menos os lucros estão sendo publicados em base anual por muitos bancos antes que os maus empréstimos comecem a aparecer), ele ou ela acaba sendo deixado de lado. Há muitos outros bancos ansiosos para assumir seu lugar. Para os bancários, como para a maioria do setor financeiro, é normal para as perspectivas de sua carreira tomar más decisões a longo prazo para a instituição, desde que o resto do setor esteja fazendo o mesmo. Como notou Keynes, é mais inteligente perder por ser convencional do que arriscar ser não convencional.

Assim, mesmo aqueles conscientes de que a rápida expansão de empréstimos internacionais estava ficando fora de controle, eram obrigados a participar ou perder seus lugares. Há uma importante observação aqui: em várias situações, até participantes totalmente informados que são inteligentes o suficiente para prever uma retração não estão em uma posição de evitar o desenvolvimento de uma rápida expansão. Até Soros participou no *boom* dos fundos de investimentos imobiliários, apesar de prever uma quebra. Ele sugere que precisamos aprender como ser participantes no momento certo em vez de abandonar o setor.

Os empréstimos poderiam parecer lucrativos, mas, como a maior parte estava no mercado de eurodólar, que não é regulado e, portanto, não são necessárias reservas mínimas, não sabemos se realmente foi tão lucrativo nem mesmo nos primeiros anos.

Os países que pedem emprestado frequentemente gastam o dinheiro de forma irrefletida, comprando elefantes brancos ou armamentos. O consumo permaneceu em níveis altos, enquanto a poupança minguava diante de taxas de juros baixas ou negativas. As economias que cresciam criavam mais demanda por petróleo. Os exportadores de petróleo ficavam ainda mais ricos e forneciam ainda mais dinheiro para emprestar.

Preços e salários cresceram a taxas ainda maiores. Para conter a inflação acelerada, as taxas de juros pularam a níveis muito altos (ajudadas pela filosofia monetarista). Economias ao redor do mundo entraram em recessão.

Os países devedores foram atingidos por vários movimentos adversos simultâneos:

- aumento do custo de energia;
- queda dos preços de *commodities*;
- aumento das taxas de juros;
- aumento do dólar;
- recessão mundial resultante.

Como resultado, os índices que mediam o valor dos créditos se deterioraram rapidamente. Os bancos relutaram em emprestar. Quando retomaram a coragem, emprestavam com vencimentos menores. Em 1982, o México vivia uma crise financeira, o Brasil estava se segurando usando o mercado interbancário para financiar sua balança de pagamentos deficitária.

Estudo de caso 4:
A bolha imobiliária e a superbolha

No rescaldo da crise financeira de 2007-08, Soros forneceu explicações para a quebra imobiliária. Mais do que isso, no entanto, ele apontou que o problema imobiliário era somente uma parte de uma superbolha maior e mais ampla que começou no início dos anos 1980.

Bolha imobiliária

A bolha imobiliária norte-americana seguiu o curso descrito por Soros em seu modelo de rápida expansão/retração. Padrões de empréstimos relaxados foram apoiados por um conceito equivocado prevalecente de que o valor das garantias para os empréstimos não era afetado pela disposição para emprestar. Os empréstimos eram agrupados como títulos financeiros e vendidos para investidores inocentes ao redor do mundo. Esses títulos de dívida securitizados criados nos primeiros estágios do *boom* mostravam baixa taxa de inadimplência sobre as hipotecas subjacentes. As agências de avaliação de crédito baseavam suas estimativas de taxas de inadimplências futuras sobre o recente passado benigno – outro erro de conceito. Com os preços das casas subindo, as agências de avaliação se tornaram ainda mais displicentes quando avaliavam as *collateralised debt obligation* (CDO, ou obrigação de dívida colaterizada) – instrumentos que reagrupavam títulos de dívida securitizados. Ao tentar avaliar riscos futuros e retornos, todos os participantes fracassaram em reconhecer o impacto que eles mesmos tiveram.

Enquanto Wall Street estava criando todos esses instrumentos financeiros estranhos e obscuros – e conseguindo taxas gordas por criá-los –, os originadores das hipotecas ficavam cada vez mais agressivos no encorajamento das pessoas comuns a assumir as responsabilidades

> *Pessoas desempregadas e sem nada para usar como depósito em uma casa estavam recebendo hipotecas.*

de uma hipoteca. O valor de um empréstimo como uma proporção do valor de uma casa foi ficando cada vez maior. No final da expansão, pessoas desempregadas e sem nada para usar como depósito em uma casa estavam obtendo hipotecas. A atração da renda dos títulos está no coração disso. Os vendedores de hipotecas ganhavam por organizar hipotecas independentemente do que acontecesse com o dono da casa depois; os bancos ganhavam por organizar os títulos securitizados, e ainda mais pelos CDOs, e mais por instrumentos ainda mais complexos.

Tudo isso estaria bem se você acreditasse que o valor das casas e, portanto, das garantias dos empréstimos estava crescendo e continuaria a crescer. Essa crença, por um tempo, se autoalimentou: a fé no mercado imobiliário levava a mais empréstimos; a demanda adicional por novas casas, estimulada pela disponibilidade de hipotecas baratas, levava ao aumento dos preços das casas, fornecendo mais garantias; a confiança no mercado imobiliário crescia devido à garantia adicional; mais empréstimos eram feitos; e assim por diante.

As pessoas se tornaram dependentes de aumentos de dois dígitos nos preços das casas para financiar seu estilo de vida. Quando retiraram o "patrimônio" da casa por novas hipotecas, as taxas de poupança caíram abaixo de zero. Quando os donos das casas chegaram ao limite e os preços das casas pararam de aumentar, tiveram de reduzir novas hipotecas. Houve uma redução na demanda tanto de pessoas entrando quanto de pessoas permanecendo e fazendo novas hipotecas. O momento da verdade chegou no primeiro semestre de 2007, quando a New Century Financial Corp. entrou em falência. As pessoas começaram a perguntar:

Será que o valor das garantias para as hipotecas não estava destinado a subir para sempre e estava artificialmente apoiado pela disposição do credores em fazer novos empréstimos? Se eles parassem para olhar, talvez uma boa parte do "valor" das casas não terminaria sendo uma ilusão?

Um período de crepúsculo se seguiu quando os preços das casas estavam caindo, mas os participantes continuavam a jogar – novas hipotecas eram assinadas e securitizações criadas. Em agosto de 2007, havia uma significativa aceleração no movimento de queda de preços. No ano seguinte, o contágio se espalhou de um segmento do mercado financeiro para o outro, até que o colapso da Lehman acelerou a queda.

A superbolha

A superbolha também chegou a seu ponto máximo em 2007-08. Esse processo reflexivo se desenrolou por um período de um quarto de século. A principal tendência prevalecente eram métodos ainda mais sofisticados de expansão de crédito, apoiados pela tendência à globalização e à tendência de remoção das regulamentações com aumento da inovação financeira.

O erro de concepção prevalecente era "fundamentalismo de mercado", que promove a noção de que os mercados devem ser livres para encontrar seu próprio nível com muito pouca intervenção pelos reguladores. O fundamentalismo de mercado tornou-se um princípio orientador no sistema financeiro do começo dos anos 1980.

A expansão de longo prazo combinava três grandes tendências, sendo que cada uma delas continha pelo menos um defeito.

Tendência 1 – Expansão de crédito cada vez maior

A expansão de crédito a longo prazo se manifestava no aumento do índice de empréstimo em relação ao valor dos ativos (quer dizer, casas) do consumidor e na expansão do crédito como uma porcentagem do PIB. Essa tendência foi ajudada pela resposta das autoridades a qualquer sinal de depressão econômica ou ameaça ao sistema bancário. Aprendidas as lições da Grande Depressão, eles foram rápidos em estimular a economia pelas medidas contracíclicas de juros mais baixos ou política fiscal mais frouxa, e se algo ameaçasse os bancos, haveria operações de resgate.

Depois de alguns anos de intervenção, os participantes começaram a pensar que havia uma assimetria para a expansão do crédito de risco. Se eles expandissem o crédito (padrões de empréstimos menos rígidos) e se as coisas fossem bem, então os credores sairiam ganhando. Se eles expandissem e se as coisas dessem errado, então seriam salvos pelas autoridades. Isso é um exemplo de um problema moral, no qual a presença de uma rede de segurança encoraja o comportamento adverso.

Altos níveis de alavancagem se tornaram algo normal. Na verdade, os fundos *hedge* e as empresas de capital privado prosperaram com isso. Os termos de crédito para empréstimos para compra de carros, dívida de cartão de crédito, empréstimos comerciais além de hipotecas alcançaram níveis absurdamente fáceis. O Japão era outra fonte de expansão de crédito. Durante sua demolidora e longa recessão, o país manteve a taxa de juros perto do zero. Isso encorajou o *carry trade*: instituições financeiras internacionais pediam emprestado em iene e investiam em fundos de outras partes do mundo com taxas mais altas.

Os Estados Unidos não estavam sozinhos. O amor pela alavancagem infectou outras economias, do Reino Unido à Austrália.

Tendência 2 – Globalização dos mercados financeiros

O processo de globalização dos mercados financeiros acelerou com a reciclagem dos petrodólares dos anos 1970, mas teve um aumento significativo com o Thatcherismo e o Reaganismo nos anos 1980. Thatcher e Reagan viam a globalização dos mercados financeiros como um desenvolvimento útil porque liberar capital financeiro para que ele pudesse viajar pelo mundo tornaria difícil que qualquer Estado interviesse, taxasse capitais ou criasse regulamentos, pois isso poderia ser evitado transferindo-se para outro lugar. O capital financeiro era promovido a uma posição privilegiada. Os governos geralmente precisavam colocar as aspirações de seu povo em segundo lugar, atrás das exigências do capital internacional – vimos isso em 2010 com a crise financeira da zona do euro quando os governos, desesperados para impressionar os mercados financeiros, eram rápidos em realizar cortes nos orçamentos. Os fundamentalistas do mercado, que dominavam o pensamento político e financeiro nos últimos 25 anos até a crise de 2007, acharam que tirar nosso comando dos mercados era algo bom.

De acordo com os fundamentalistas do mercado, a globalização iria nivelar a situação. Na realidade, o sistema financeiro internacional terminou nas mãos de um consórcio de autoridades financeiras que respondem aos países desenvolvidos. Todo o sistema favoreceu os Estados Unidos e os outros países desenvolvidos no centro do sistema financeiro, enquanto penalizava as economias em desenvolvimento da periferia. O "Consenso de Washington" (FMI, Banco Mundial etc.) procurava impor uma disciplina de mercado estrita aos países menos desenvolvidos que estivessem em dificuldades. Mas, quando o sistema financeiro ocidental é ameaçado, as regras são distorcidas.

Além do mais, os Estados Unidos têm o benefício de o dólar ser a principal moeda de reserva, aceita por bancos centrais de todo o mundo – eles geralmente investem os superávits em conta-corrente nos títulos de dívida do governo e de agências norte-americanas. Isso permitiu que os Estados Unidos interviessem nos mercados para contrapor suas baixas e crises financeiras – inflando o crédito –, enquanto outros países eram forçados a viver dentro de seus próprios meios. Também era mais seguro manter os ativos no centro, e assim os Estados Unidos sugavam as poupanças do mundo quando os consumidores dos Estados Unidos entravam em uma febre de gastos. Perversamente, o capital fluía do mundo menos desenvolvido para os Estados Unidos.

Tendência 3 – Remoção progressiva das regulações financeiras e aceleração da inovação financeira

Entre o final da Segunda Guerra Mundial e o começo dos anos 1980, os bancos e os mercados eram bastante regulados. O presidente Reagan, no entanto, se referia à "mágica do mercado", especialmente depois que o fundamentalismo de mercado recebeu um estímulo significativo vindo dos evidentes fracassos do comunismo e de outras formas de intervenção estatal. Um incrível conjunto de novos instrumentos financeiros foi inventado, e muitos foram amplamente adotados. Quanto mais complicado se tornava o sistema financeiro, menos os participantes e os reguladores conseguiam entender o que estava acontecendo.

Crises financeiras periódicas nos últimos 25 anos (como a de Long Term Capital Asset Management, a quebra da bolha das ponto com, o ataque terrorista de 2001) serviram como testes da tendência e dos conceitos equivocados prevalecentes. Quando esses testes foram

> *Crises financeiras periódicas nos últimos 25 anos serviram como testes da tendência e dos conceitos equivocados prevalecentes.*

superados, a tendência e os conceitos equivocados foram reforçados. Progressivamente, em uma atmosfera de *laissez-faire*, as autoridades perderam controle do sistema financeiro, e a superbolha se desenvolveu.

A bolha imobiliária dos Estados Unidos trouxe a superbolha até um ponto de insustentabilidade – tanto as tendências quanto os conceitos equivocados se tornaram insustentáveis, com a crise *subprime* agindo meramente como um disparador que estourou a superbolha.

A falha na visão fundamentalista de mercado é que só porque a intervenção estatal está sujeita a erros não significa que os mercados sejam perfeitos.

A alegação central da teoria da reflexividade é que todas as construções humanas são falhas. Os mercados financeiros não necessariamente tendem ao equilíbrio; deixados por conta de seus próprios instrumentos, estão propensos a ir aos extremos da euforia e do desespero. Por essa razão, eles não são deixados só com seus próprios instrumentos; são controlados por autoridades financeiras cujo emprego é supervisionar e regular. A crença de que os mercados tendem ao equilíbrio é diretamente responsável pelo tumulto atual; isso encorajava os reguladores a abandonar sua responsabilidade e a confiar nos mecanismos do mercado para corrigir seus próprios excessos.[9]

Filantropia

Não podemos encerrar um relato do trabalho de George Soros sem notar sua enorme contribuição para a melhoria social em todo o mundo. Até chegar à meia-idade, Soros abertamente desprezava a filantropia, mas, quando chegou aos 60 anos, ele realmente se lançou nisso, doando mais de US$ 500 milhões.

Soros chamou sua primeira fundação de Open Society Fund em honra a Karl Popper e suas ideias. Focava na ajuda à formação de sociedades abertas onde elas ainda não existiam e contribuía para que as sociedades abertas atuais lutassem contra seus inimigos.

Em minha filosofia, a sociedade aberta está baseada no reconhecimento de que todos nós agimos com base em uma compreensão imperfeita. Ninguém possui a verdade superior. Portanto, precisamos de um modo crítico de pensar; precisamos de instituições e interesses para vivermos juntos em paz; precisamos de uma forma de governo democrática que garanta a transferência ordeira do poder; precisamos de uma economia de mercado que forneça *feedback* e permita que os erros sejam corrigidos; precisamos proteger as minorias e fazer com que suas opiniões

---

[9] SOROS, G. *The crash of 2008 and what it means*, p. 94-104.

sejam respeitadas. Acima de tudo, precisamos do império da lei. Ideo-
logias como fascismo ou comunismo criam uma sociedade fechada na
qual o indivíduo é subjugado ao coletivo, a sociedade é dominada pelo
Estado, e o Estado está a serviço de um dogma que afirma incorporar
a verdade superior. Em tal sociedade não há liberdade.[10]

Alguns dos projetos que ele apoiou incluíam:
- um esquema de garantia de empréstimos para milhares de sul-afri-
canos negros durante a era do *apartheid*;
- bolsas de estudos para dissidentes e organizações do Leste Europeu,
por exemplo, o Solidariedade na Polônia;
- promover democracia e sociedade aberta na União Soviética antes
do seu colapso;
- construção de escolas, construção de comunidades e sociedade civil
na Albânia;
- apoio à ONG Human Rights Watch;
- impressão de milhões de livros escolares em russo;
- apoio a escritores e líderes juvenis na Hungria;
- reforma da educação infantil em mais de 30 países;
- retreinamento de milhares de oficiais militares comunistas para a
vida civil;
- conexão das universidades do bloco soviético com a internet;
- apoio a iniciativas internacionais de paz nos Bálcãs;
- financiamento da Universidade Centro-Europeia;
- ajuda aos ucranianos para desenvolver seu programa de reforma
econômica;
- assistência financeira à Macedônia.

---

[10] SOROS, G. *Soros on Soros*, p. 112-13.

Dificuldades e contratempos da posição de Soros

É muito difícil identificar uma situação de patente desequilíbrio que provavelmente continuará a se expandir e permitirá que você se beneficie da exploração do crescimento irracional. É igualmente difícil estabelecer, antes do evento, o ponto no qual os participantes se tornam desiludidos e no qual o processo vai na direção inversa. Até Soros julgou mal uma quantidade de direções do preço de ativos em 2008 (descrita em seu livro de 2009). Muitas tendências embrionárias de desequilíbrio simplesmente se atenuam antes que possam ser exploradas de forma apropriada. Outras, apesar de bem estabelecidas, são atingidas por grandes eventos exteriores que interferem com o padrão idealizado de expansão e retração, o que significa que a tendência que você achava ser previsível acaba sendo bem imprevisível.

Em vários momentos de sua carreira, Soros ficou infeliz com as preocupações e a quantidade de trabalho; houve momentos em que ele estava perto de um colapso nervoso. Com essas jogadas macro você precisa estar junto do mercado, espreitando o momento de agir, colher seus lucros, mudar para vendas a descoberto ou simplesmente fechar posições antes de perder muito. Esse tipo de investimento "de roer as unhas" está em contraste com os outros investidores deste livro, que, apesar de trabalharem duro para analisar uma empresa antes de comprá-la, podem, em grande parte, relaxar durante alguns anos enquanto o resto do mercado entende o que estão fazendo e reavalia as ações. Claro, todas as ações no portfólio precisam ser monitoradas para garantir que ainda respondam aos critérios de investimento, mas isso não exige a mesma intensidade e dependência do fator momento de que uma posição tipo Soros poderia precisar.

Soros usa muitos instrumentos financeiros – levantando empréstimos assim como comprando instrumentos como futuros com margem. Isso não é algo que o resto de nós poderia ou deveria tentar. Para a maioria de nós, as facilidades de financiamento simplesmente não estão disponíveis e também é necessário realmente saber o que estamos fazendo se a ideia é alavancar nossas posições. Isso exige tanta habilidade para evitar a perda de tudo em poucos dias de negócios que a maioria de nós deveria ficar longe deles.

> *Soros usa muitos instrumentos financeiros – não é algo que o resto de nós poderia ou deveria tentar.*

Tendo dito todas essas coisas negativas, podemos ainda aproveitar uma boa quantidade de ideias de Soros:

- Existem situações longe de equilíbrio e faz sentido aprender como reconhecê-las e nos posicionar de forma a não sofrer muito – e poder às vezes até explorar a situação. Por exemplo, com a bolha imobiliária de 2004-07, é fácil ver em retrospectiva. Aquelas pessoas que entenderam a mensagem de Soros antecipadamente poderiam ter sido capazes de se salvar de uma tolice – ou até lucrar com as loucuras dos outros. Um desastre similar poderia ter sido evitado/explorado no mercado de capitais em 1997-2000.

- Ter uma perspectiva global: há muitos tipos de ativos em que você pode investir, e há muitas economias no mundo. Ser menos provinciano e mais em sintonia com oportunidades mundiais que poderiam pagar dividendos. Se uma situação de desequilíbrio explorável não está crescendo na Europa este ano, talvez esteja nos Estados Unidos. Se *commodities* não estão passando por um *feedback* de reforço de duas mãos, então talvez as ações chinesas estejam.

- Deveríamos todos ser mais cuidadosos na aceitação das conclusões desses economistas que pensam em termos de equilíbrios convencionais.

Para concluir

O filósofo fracassado se tornou um dos homens mais bem-sucedidos de sua geração; não só um filósofo e economista estimado, mas uma figura importante no mundo das finanças, respeitado tanto por sua riqueza (muitos bilhões) quanto por sua liderança intelectual. Como se não fosse suficiente, usou seu dinheiro e posição para melhorar a vida de milhões. Ele é tão respeitado e está no mesmo nível de tantas figuras líderes no palco mundial que foi chamado de a única pessoa que possui sua própria política exterior e pode implementá-la.

Quando perguntaram como ele gostaria que seu trabalho fosse resumido, apontou três aspectos do trabalho de sua vida: como especulador em questões financeiras, filantrópicas e filosóficas. Ele foi incrivelmente bem-sucedido, não só como especulador, mas como força criativa em todas as três áreas.

CAPÍTULO 6

Peter LINCH

Até sua aposentadoria em 1990, Peter Lynch foi reconhecido como o gestor de fundo com o melhor desempenho do mundo. Ele conseguiu esse *status* enquanto trabalhava como gestor do portfólio do Fidelity Magellan Fund. Durante os anos de 1977 a 1990, ele conseguiu uma taxa anual de retorno de 29,2%, transformando um investimento de US$ 1.000, 13 anos depois em US$ 28 mil. Seu fundo teve um desempenho consistente, ganhando do mercado de ações em todos os seus 13 anos, exceto dois. A base de ativos cresceu de US$ 18 milhões para US$ 14 bilhões, tornando-o o maior do mundo e atraindo mais de 1 milhão de acionistas quando ele decidiu sair. Aos 46 anos, ele preferiu passar mais tempo com sua esposa e filhas, fazendo trabalho de caridade. (Essa foi a mesma idade na qual seu próprio pai, um professor de matemática que depois foi auditor sênior, tinha morrido. A lembrança pode ter motivado sua decisão para acabar com seus hábitos de *workaholic*.)

Quando olha para um investimento, Lynch procura uma combinação particular de características. Algumas dessas características são comuns para alguns dos outros investidores deste livro, por exemplo, um negócio forte e competitivo com força financeira; outras são peculiares a Lynch. Ele gostava de favorecer a empresa com o melhor desempenho em uma indústria impopular. Era da opinião que investidores pequenos e privados podem ter consideráveis vantagens sobre gestores de fundos profissionais, e podem superá-los, desde que pesquisem e se atenham ao que sabem. Para Lynch, investir não é complicado. Se a análise da empresa que você está investindo começa a ficar muito complicada, esqueça essa empresa e passe para a ação seguinte.

Há muito que se pode aprender de Lynch:

- O valor das experiências diárias pode levá-lo a alguns grandes investimentos – se você mantiver seus olhos abertos.
- Ter fé no investidor amador dedicado que pode frequentemente superar o chamado profissional.
- Procurar empresas-nicho – pequenas e dirigidas com agressividade oferecendo lucros crescentes e rápidos, mas não tão rápidos.
- Colocar dinheiro em ações com o potencial para crescer pelo menos dez vezes (1.000%).

O começo

Lynch cresceu em uma era em que todo o mundo se lembrava da depressão e desconfiava do mercado de ações, dizendo: "Nunca se envolva com compra de ações, é muito arriscado. Você vai perder todo o seu dinheiro". No entanto, depois da morte de seu pai, Lynch trabalhou meio período como *caddie* (carregando os tacos de golfe) em um campo de golfe exclusivo. Ouvindo os golfistas, ele conseguiu alguma noção do mundo dos investimentos e começou a perceber que o mercado de ações poderia ser um lugar para ganhar dinheiro. Fez seu primeiro investimento em 1963 aos 19 anos na Flying Tigers Airlines, uma empresa de transporte aéreo sobre a qual tinha feito alguma pesquisa. Comprou ações por US$ 7 cada, e, dois anos depois, o preço tinha subido para US$ 32,75. Essa foi sua primeira ação com grande lucro, o que permitiu que pagasse seu curso de MBA em Wharton e criou um apetite duradouro por ações desse estilo. Tinha provado que ações assim existiam e queria procurar mais.

Educação versus *experiência*

Lynch estudou primeiro no Boston College, evitando ciência, matemática e contabilidade, preferindo história, psicologia e ciências políticas.

Ele mais tarde viu a escolha de ações como uma arte como mais do que uma ciência, sentindo que a postura lógica comum, em vez da precisão matemática, era a chave. Ele achava que as pessoas que gostam de quantificar rigidamente tudo sofrem de uma grande desvantagem. Investir simplesmente não exige matemática complexa. Todos já aprendemos aos 16 anos a matemática necessária para saber que a General Electric possui alguns bilhões de dólares em dívidas e produziu X lucro no ano passado. Em vez da matemática, Lynch vê a lógica como o assunto que é mais útil na hora de escolher ações. A lógica ajuda a ver a ilógica de muito do que acontece no mercado de títulos.

> Na verdade, Wall Street pensa igual aos gregos. Os primeiros gregos costumavam se sentar por dias e debater quantos dentes têm um cavalo. Eles achavam que podiam descobrir só sentados ali, em vez de olhar direto no cavalo. Muitos investidores se sentam e debatem se [uma ação] vai subir, como se a musa financeira fosse lhes dar a resposta, em vez de olhar a empresa.[1]

Enquanto estava na faculdade, ele continuou a trabalhar meio período como *caddie*. Um dos golfistas para quem trabalhava era D. George Sullivan, o presidente do Fidelity, e essa conexão deu certo quando ele pediu a Sullivan um emprego no verão. Ele ganhou o emprego, contra uma concorrência pesada e começou a trabalhar pesquisando empresas e escrevendo relatórios. Aprendeu a examinar uma empresa em profundidade. Essa experiência no mundo real fez questionar o valor de seu curso de MBA em Wharton.

> Parecia que a maioria das coisas que aprendia em Wharton, que deveria ajudá-lo a ser bem-sucedido nos investimentos, só conseguia ajudá-lo a fracassar. A análise quantitativa me ensinou que as coisas que via acontecendo no Fidelity não poderiam realmente estar acontecendo.

---

[1] LYNCH, P.; ROTHCHILD, R. *One Up On Wall Street*, p. 32. [Ed. bras.: *O jeito Peter Lynch de investir.*]

Também achei difícil integrar a hipótese do mercado eficiente. Também era óbvio que os professores de Wharton, que acreditavam na análise numérica minuciosa *quantum* e na *random walk*, não estavam se dando tão bem quanto meus novos colegas no Fidelity, então, entre teoria e prática, eu apostei na prática. Minha desconfiança dos teóricos e prognosticadores continua até hoje.[2]

Entretanto, Lynch ganhou algum conhecimento útil em Wharton e também conheceu sua futura esposa ali. Durante seu tempo no exército, 1967-69, ele seguiu boas dicas de amigos enquanto estava em casa de folga, só para descobrir que não eram tão boas como prometiam. Ele então aprendeu, da forma mais difícil, que as ações podem cair da mesma forma que subiram.

Fidelity

Lynch então voltou ao Fidelity de forma permanente como analista de pesquisa. Em 1974, ele era diretor de pesquisa e, em 1977, precisou tomar a decisão de assumir o controle do recém-aumentado Magellan Fund. Iniciado em 1963, em 1966 esse fundo valia US$ 20 milhões, mas a crise do começo dos anos 1970 e resgates de clientes fizeram o fundo se reduzir a US$ 6 milhões em 1976. A fusão com outro fundo dava um tamanho viável e foi desse Magellan Fund de US$ 18 milhões que Lynch inicialmente assumiu a responsabilidade. De modo perspicaz, os diretores do Fidelity deram a Lynch rédeas livres em sua seleção de ações, e a confiança nele foi amplamente recompensada, com o Magellan Fund se tornando o fundo com melhor desempenho no mundo.

---

[2] LYNCH, P.; ROTHCHILD, R. *One Up On Wall Street*, p. 34-5.

Problemas para os profissionais

Para um gestor de fundo, Lynch é incrivelmente contundente sobre sua profissão. Sua primeira regra é parar de ouvir os profissionais! Ele está convencido de que as pessoas comuns, "usando os normais 3% do cérebro", podem ter tão bom desempenho, se não melhor, do que o "especialista" médio. Ele realmente acredita que há muitas decisões de investimento estúpidas feitas por aqueles que recebem altos salários e bônus para cuidar do dinheiro das outras pessoas. No entanto, o amador possui muitas vantagens intrínsecas que podem superar o desempenho do mercado – e superar os profissionais.

> *Os profissionais enfrentam várias restrições que o amador pode evitar.*

Os profissionais enfrentam várias restrições que o amador pode evitar. Há obstáculos sociais e políticos impedindo que os gestores de fundos sejam diferentes da multidão. Se aproveitam uma chance que acaba sendo ruim, então eles serão culpados – é melhor para eles seguir a multidão. Então, há todas as regras institucionais e regulamentações que impedem o investimento racional:

- Estão restritos a investir somente em alguns tipos de ações. Comitês podem criar listas de empresas para o gestor escolher. Se a lista contém empresas dinâmicas e excitantes, então, tudo bem, mas é muito frequente que somente aquelas que satisfazem a todos os 30 membros do comitê estejam incluídas. Assim, eles normalmente excluem as excelentes empresas novas que encontraram um nicho muito lucrativo. Assim como nenhuma grande sinfonia já foi escrita por um comitê, nenhum grande portfólio já foi criado por um. Os membros do comitê mal conhecem as empresas que estão excluindo ou incluindo. Eles certamente não visitaram as empresas ou investigaram seu futuro potencial.

- Eles não podem investir com uma fração significativa do fundo em um punhado de incríveis barganhas, mas precisam dispersar o fundo por todo o mercado investindo somente uma pequena porcentagem em qualquer ação.

- Estão limitados a comprar somente empresas altamente capitalizadas. Por causa da quantia que estão investindo, precisam comprar ações em empresas razoavelmente grandes. Eles gostam de comprar somente ações com alta liquidez.

Apesar de admitir que há alguns excepcionais gestores de fundos, a maioria é descrita como "gestores de fundos comuns, chatos, comatosos, bajuladores, tímidos, mais outros variados seguidores, ultrapassados e copiadores encurralados pelas regras".[3]

Os oxímoros

Lynch e Warren Buffett usam esse termo para descrever gestores de fundos profissionais, pois para eles não se classificam como investidores, no sentido em que eles entendem a palavra. O que essas pessoas fazem de errado? Por que desempenham mal em comparação com o mercado de ações ou investidores amadores capazes e engenhosos? Lynch observa que a profissão tem uma lei não escrita que afirma que está bem fracassar da forma convencional aceita comumente, mas que você perderá seu emprego se tentar ser não convencional para ter um melhor desempenho e depois fracassar. Aqueles que se preocupam com a segurança do emprego gravitam em direção ao "aceitável", investimentos seguros, não ousando comprar nenhuma ação fora do comum. Se eles se mantêm dentro da forma convencional de fazer as coisas, por exemplo, só investirem em ações sólidas *blue chips* que avançaram bem no passado recente, então, se sofrem uma reversão, não serão culpados porque: (a) outros pensadores convencionais (por exemplo, um chefe) não irão condenar a compra de tais empresas "boas" e sólidas, assim como a IBM ou a Procter & Gamble; e (b) porque são apenas um entre os centenas de gerentes a sofrer no movimento de baixa. Sua má decisão está perdida no meio da má decisão do rebanho.

---

[3] LYNCH, P.; ROTHCHILD, R. *One Up On Wall Street*, p. 40.

Assim, para a maioria dos gestores de fundos, é importante não parecer mal se fracassar. Então, quando precisam encarar a escolha de comprar uma empresa desconhecida com uma boa chance de fazer um lucro excepcionalmente grande e a garantia virtual de um pequeno mau desempenho ao comprar uma empresa estabelecida, os incentivos dentro da indústria de gerenciamento de fundos são de tal forma que a maioria dos gestores selecionaria o segundo:

> Eles não compram o Walmart quando as ações são vendidas a US$ 4 e é uma lojinha insignificante em uma cidadezinha insignificante no Arkansas, mas que logo vai se expandir. Eles compram Walmart quando existe uma loja em toda grande cidade, 50 analistas seguem a empresa e o presidente do Walmart aparece na revista *People*. Nesse momento, as ações são vendidas a US$ 40.[4]

A ação não convencional é possível para investidores privados, mas não acontece naturalmente para gestores de fundos que sabem que um mau resultado pode arruinar uma carreira – a mediocridade está na ordem do dia.

O próprio Lynch era afortunado o suficiente para estar em uma posição mais próxima à do investidor amador do que a de um gestor de fundos profissional, no sentido de que tinha liberdade para comprar qualquer tipo de ação e não estava forçado a aderir a nenhuma posição especial de investimento ou uma lista restrita de empresas. Mesmo quando o fundo Magellan cresceu, Lynch continuou a investir em suas empresas "nicho", formando com elas uma grande proporção das 1.400 ações no fundo.

Vantagens para os amadores

O investidor amador está livre de qualquer lista de regras que fazem a vida tão difícil para os profissionais e é capaz de comprar empresas pequenas e médias oferecendo a maior porcentagem de ganhos, em vez de

---

[4] LYNCH, P.; ROTHCHILD, R. *One Up On Wall Street*, p. 44.

diversificar em ações pouco entendidas. Ele só precisa ter umas poucas ações; pode usar o tempo necessário para entender uma indústria e procurar novos desenvolvimentos emocionantes; não precisa explicar a um comitê por que ou o que está comprando ou vendendo; ele não precisa competir com outros investidores ou publicar seus resultados trimestralmente. No julgamento de Lynch, o amador que se concentra no estudo das empresas em uma indústria que ele entende pode superar 95% dos gestores de fundos profissionais.

A vantagem dos investidores privados vem do conhecimento que são capazes de acumular em relação a empresas e setores específicos. São capazes de observar grandes perspectivas de crescimento muito antes de os profissionais chegarem a ouvir falar deles. Investidores podem encontrar empresas que terão seus ganhos multiplicados por dez muito perto de casa. A pessoa comum encontra uma perspectiva de bom investimento duas ou três vezes por ano só por estar caminhando atento por aí. Lynch acredita muito na possibilidade de conseguir ideias para investimentos diretamente da experiência, e uma de suas fontes favoritas é o Burlington Mall, um enorme shopping center perto de sua cidade. É onde Lynch – e qualquer investidor amador poderia facilmente fazer o mesmo em sua região – perambula em busca de coisas interessantes por entre de mais de 160 empresas de varejo. Ele acha que passear pelo shopping é uma grande forma de análise fundamental em que o investidor pode ver uma longa fila de potenciais investimentos todos organizados lado a lado para a conveniência dos compradores de ações. Essa é uma forma muito mais valiosa de passar o tempo do que assistindo a conferências de investimentos.

A informação central que é realmente útil saber sobre uma empresa está disponível para o investidor privado, especialmente na era da internet. Os relatórios das empresas estão normalmente disponíveis on-line com uma massa de outras informações sobre a empresa. Há relatórios de corretores, salas de bate-papo on-line além de oportunidades para encontrar diretores e gerentes em reuniões gerais de empresas.

Lynch diz que seus melhores investimentos não vieram de conversas com CEOs, analistas financeiros ou colegas, mas foram encontrados quase ao acaso na vida diária. Uma das suas maiores vitórias foi a Taco Bell, quando era uma pequena empresa – ficou impressionado com seus burritos. Outra foi La Quinta Motor Inns, que conheceu por meio de alguém trabalhando para a rival Holiday Inn. A Apple foi outro triunfo – seus filhos tinham um em casa. E na Dunkin' Donuts, o que o levou a pensar foi seu café grande. Esses encontros iniciais não são obviamente suficientes para comprar as ações, mas fornecem uma primeira indicação a ser desenvolvida.

Categorias de ações

Lynch reconhece seis categorias de empresas, as que crescem lentamente, vigorosas, cíclicas, *asset plays* (muito valor não reconhecido no balanço), reviravoltas e as que crescem rapidamente (ou ações de nicho). Embora seu portfólio abrangesse todas as categorias, sua categoria favorita são as empresas nicho.

Crescimento lento

Essas são empresas que, apesar de poderem ter começado como de crescimento rápido, perderam o fôlego, perderam o impulso, chegaram à saturação de mercado ou só ficaram complacentes e cansadas. A maioria das indústrias, se não todas, diminui o ritmo com o tempo, mas essas empresas têm uma vantagem; pagam dividendos. Isso pode ser atraente ao investidor amador, quando ele recebe alguma renda, mas não está correndo muitos riscos. Os pagamentos de dividendos geralmente atraem investidores e aumentam as reservas da empresa, permitindo a expansão financeira quando necessário ou que dividendos extras sejam pagos se a empresa fica sem ideias para o crescimento futuro.

Vigorosas

São empresas normalmente bem estabelecidas, multibilionárias, nomes conhecidos cujos dias de crescimento rápido já ficaram para trás, mas estão ainda com bom desempenho e crescimento. Oferecem ao investidor uma zona de proteção em tempos de recessão, porque vendem o tipo de ativos que continua a vender em recessões, por exemplo, cereais (Kellogg's), comida canina (Ralston Purina) e bebidas (Coca-Cola). De acordo com Lynch, as vigorosas deveriam lhe dar um crescimento de 10-12%, mas é improvável que você duplique ou triplique seu dinheiro a menos que as mantenha por muito tempo – dez anos no mínimo.

Lynch mantinha algumas dessas ações de crescimento lento em seu portfólio para proteção em momentos difíceis, mas seu foco principal estava nas ações que poderiam oferecer retornos bons e às vezes até espetaculares.

Cíclicas

Essas são empresas cujas vendas e lucros flutuam regularmente, mas não inteiramente de forma previsível. Nos setores em crescimento, as empresas continuam se expandindo, mas, em setores cíclicos, as empresas se expandem e se contraem repetidamente. O setor de suprimentos aos governos pode ser cíclico, já que seu sucesso depende do capricho dos políticos passageiros. Os fabricantes de carros, as companhias aéreas, os fabricantes de pneus, de aço e de produtos químicos são todos cíclicos. Em tempos de recessão, os cíclicos sofrem e, consequentemente, também seus acionistas. Com o fim da recessão e o crescimento da economia, os cíclicos prosperam: quando a economia está prosperando, as pessoas têm dinheiro e incentivos para comprar carros novos ou sair em férias. No entanto, Lynch acha que as cíclicas são as ações menos compreendidas. O momento é tudo e, se você erra e segura as ações por muito tempo ou compra muito tarde, vai perder dinheiro.

Reviravoltas

Essas são as empresas que tiveram um desempenho desastroso, mas, de alguma forma, contra todas as expectativas, tentam retornar. Lynch conseguiu grandes ganhos financeiros em algumas delas, mas também perdeu dinheiro em muitas outras que ele desejaria não ter comprado. As reviravoltas, se funcionam, recuperam o terreno perdido bem rápido. Também seus desempenhos não estão ligados ao mercado geral como no caso de outros tipos. Assim, você pode ganhar dinheiro mesmo em mercados laterais ou em baixa. As reviravoltas aparecem em variedades diferentes: General Motors e Royal Bank of Scotland são exemplos em que as reviravoltas são dependentes da assistência do governo; a BP é vítima do derrame acidental de petróleo no Golfo do México; e a Toys "R" Us era uma boa empresa presa dentro de outra muito menos bem-sucedida, que prosperou quando começou a funcionar sozinha. As reviravoltas são, então, empresas com grande potencial, mas por razões não necessariamente próprias acabam com desempenhos ruins.

As empresas nicho

Esses eram os investimentos preferidos de Lynch, pequenas empresas dirigidas agressivamente com crescimento de pelo menos 20% ao ano. É onde você encontra as empresas que valorizam entre 10 e 40 vezes, e até chegam a 200 vezes. Se você acertar as coisas nessa área, uma ou duas delas podem valer toda uma carreira. Lynch procura empresas que são fortes em seu balanço e lucros, ao mesmo tempo que estão crescendo. A coisa difícil de avaliar é quando o crescimento vai chegar a níveis mais normais. Isso é onde o amador pode ter uma vantagem distinta sobre o profissional, que não ousa tomar a iniciativa e fazer o primeiro movimento – eles esperam que outra pessoa entre de cabeça. Os analistas e gestores de Wall Street ficam olhando o que o outro está fazendo, assim sempre se lançam na onda muito tarde. A Dunkin' Donuts era uma empresa com crescimento de 25 vezes entre 1977 e 1986, mas só em 1984 algum analista profissional começou a prestar atenção. Quando Stop and Shop estava a ponto de passar suas ações de US$ 5 para US$ 50, só havia um analista interessado nela, enquanto a IBM tinha 56 analistas seguindo seu progresso.

Um dos locais favoritos de Lynch para procurar empresas com grande potencial de crescimento está nos setores chatos ou desagradáveis; esses tipos de setores atraíam pouca atenção e poderiam estar com preços muito baixos como resultado. Se tudo na empresa parece chato – seu nome, suas atividades e sua gerência –, então ela pode estar sendo ignorada. Os paradoxos simplesmente não serão vistos até que finalmente o fluxo de boas notícias a faça começar a ganhar atenção. Quando a multidão começa a fazer isso, então se transforma em uma tendência e o preço sobe. Aí você pode vender suas ações aos seguidores de tendências.

Lynch foca em certos elementos que são essenciais para compor sua empresa de nicho ideal. Eles estão na Figura 6.1. São normalmente empresas de crescimento rápido, pequenas ou médias, operando em um setor de nicho com alto potencial e perspectivas favoráveis. Quanto mais simples a empresa, mais ele gosta. Uma empresa ideal é a que "qualquer idiota poderia dirigir", porque ela tem força suficiente no seu mercado para resistir à possibilidade de que um dia algum idiota possa dirigi-la.

> *Um dos locais favoritos de Lynch para procurar empresas com grande potencial de crescimento está nos setores chatos ou desagradáveis.*

Figura 6.1   Empresa de nicho de Lynch

Empresa nicho			
Preço baixo	**Força financeira**	**Diretoria com atitude de dono**	**Forte marca econômica**
• Baixo índice preço/lucro • Pouco interesse de analistas e gestores de fundos institucionais	• Forte balanço • Crescimento em vendas e lucros por ação, com consistência • Alto fluxo de caixa disponível • Baixo crescimento do inventário	• Bastante cuidado na sala do presidente para não desperdiçar o dinheiro • Boas relações de trabalho • Fluxo de caixa excedente direcionado aos acionistas • Diretores que compram e são donos de ações	• Setor de crescimento baixo, empresa de crescimento rápido • Concorrência limitada • Fortes barreiras para entrar • Muito espaço para crescer • Negócio simples

Forte marca econômica

Lynch acreditava firmemente que uma empresa é mais capaz de explorar sua posição competitiva superior de forma sustentável em um setor de crescimento lento, idealmente um setor sem crescimento, como o de serviços funerários. Setores de forte crescimento têm a tendência de derrubá-lo. Por exemplo, nos últimos dez anos a demanda por computador pessoal e celulares cresceu muito, mas as ações nesses setores estão lutando para se manter. Sempre que uma empresa surge com uma inovação, os rivais, seja na China, nos Estados Unidos ou na Finlândia, colocam milhares de engenheiros com a tarefa de descobrir como fazer o mesmo produto mais barato e melhor, e um novo produto está no mercado em seis meses. Isso não acontece em setores com crescimento mais mundano, digamos tampinhas de garrafa, recuperação de barris ou cadeias de motéis. Se o setor não está crescendo nada (especialmente se for chato) é muito difícil encontrar algum problema com novos concorrentes, deixando que a melhor empresa no setor conquiste a maior parte do mercado.

As empresas nicho são geralmente bem-sucedidas em uma área geográfica, e assim conseguem duplicar sua estratégia vencedora várias vezes, expandindo para outros mercados. Isso pode levar a uma expansão extremamente rápida e a lucros bastante ignorados por analistas profissionais e jornais, que estão muito ocupados seguindo a luta pela superioridade entre as bem conhecidas "empresas do amanhã" (por exemplo, biotecnologia, telecomunicações, internet). Enquanto isso, as altamente competentes empresas de nicho continuam no seu caminho e conseguem dominar seu setor particular. O imaginário pote de ouro no final do arco-íris do excitante setor de crescimento rápido é um ímã para muitos rivais *wannabe* (que desejam ser), mas, nos setores monótonos, os concorrentes desistem, deixando que as empresas competentes dominem o mercado. Lynch acha que é preferível manter ações em empresas que são capazes de capturar uma parte cada vez maior de um mercado estagnado do que ter ações em empresas que estão lutando para proteger uma porção minguante de um mercado aparentemente excitante. O domínio total nos negócios é sempre mais saudável para os acionistas do que a concorrência.

É aparente que alguns investidores confundem dois conceitos de crescimento. O primeiro é o crescimento nas vendas para o setor. Isso vai levar ao crescimento na forma mais importante – crescimento dos lucros e em valor dos acionistas para uma empresa em especial naquele setor – somente se certas condições estão presentes, a mais importante delas é que lucros altos não sofrem concorrência. Na verdade, na maior parte dos setores com alto crescimento, há muita incerteza quanto ao potencial para traduzir o crescimento das vendas em crescimento de ganhos. Só essa incerteza deve afastar os investidores, especialmente quando consideram que há setores mais simples e mais previsíveis em que as ameaças competitivas são mais fáceis de analisar.

Há uma boa quantidade de dicas para a força da marca econômica, por exemplo, se a empresa é capaz de subir os preços a cada ano sem perder clientes; os lucros por ações subiram de forma regular; a empresa duplicou seu sucesso em várias cidades; não está vendendo um alto volume de sua produção para um cliente; a empresa tem um evidente monopólio local.

É difícil exagerar a importância de empresas de um produto exclusivo ou marca exclusiva. A posse dessa exclusividade coloca uma forte posição econômica, permitindo que aumente os preços a cada ano e ainda reter seus clientes. Geralmente, o custo para potenciais rivais que deseja entrar nesse mercado exclusivo é proibitivo, como no caso das minas. Lynch é fã das minas: ele diz que gostaria muito mais de ter uma mina do que uma joalheria. A indústria de joias é vulnerável aos concorrentes, tanto os que já estão montados quanto potenciais novos ingressantes. Nesses dias os joalheiros mais chiques precisam competir até com os operadores de internet. O resultado de toda essa competição é que o cliente é livre para comprar em dezenas de lugares alternativos. Uma mina perto de uma grande cidade, porém, pode ser a única, em centenas de quilômetros e ter um virtual monopólio. Além do quê, é muito pouco provável que encontre novos concorrentes no futuro próximo porque minas são tão impopulares com os moradores locais, e conseguir uma permissão para o projeto é complicado. Os jornais locais, as empresas farmacêuticas e as empresas químicas são bons exemplos de empresas de nicho óbvias que estão protegidas de rivais por altos custos de entrada da concorrência, mas possuem muito espaço para expansão.

A empresa de nicho ideal estaria ligada a um negócio simples. É muito mais fácil entender a "história" da empresa simples e tirar conclusões sobre os pontos fortes das empresas. Também é muito menos provável que a direção cometa erros.

Diretoria com atitude de dono

Para investidores, é vitalmente importante que a direção esteja interessada no progresso da empresa para benefício dos acionistas, e não unicamente para seu próprio engrandecimento pessoal. Lynch favorece empresas que não desperdiçam recursos em escritórios suntuosos, encontrando uma relação inversa entre recompensas aos acionistas e a extravagância mostrada nas sedes. Ele ficava bem impressionado quando visitava as sedes de empresas que mostravam sinais de bastante uso e pouco imponentes, como as da Taco Bell ou da Crown, Cork & Seal (que cresceu 280 vezes em 30 anos). A sede da Taco Bell era um "*bunker* meio cinza" no fundo de um beco. Na Crown, Cork and Seal, o escritório do presidente tinha móveis usados e de linóleos velhos. O escritório não tinha janelas para gramados, mas em vez disso para as linhas de produção.

Como investidor, procure a combinação de bons rendimentos e sedes baratas. Muito mais importante do que um escritório executivo imponente é a capacidade da direção de administrar seu negócio de forma eficiente e ter boas relações trabalhistas, aumentando, assim, a lucratividade. A equipe deve ser tratada com respeito e integridade; nenhum sistema de classe corporativo com brâmanes de colarinho branco e operários intocáveis. Os trabalhadores devem ser bem pagos e apostar na prosperidade futura da empresa.

Lynch desaprova empresas que usam o fluxo de caixa excedente para diversificar desnecessariamente (e em geral desastrosamente). Ele chama isso de processo "pior-ização" e dá o exemplo da Gillette, uma empresa que tinha um negócio de lâminas de barbear espetacularmente lucrativo, mas "pior-izou" em cosméticos, canetas, isqueiros, enroladores de cabelo, liquidificadores, produtos de escritório, escovas de dentes e relógios digitais – para nomear só alguns! – antes de perceber seu erro e voltar a enfatizar o nicho da sua empresa, o setor de barba. É a única vez na minha memória que uma grande empresa explicou como saiu de um negócio fracassado antes que alguém percebesse que tinha entrado nesse negócio em primeiro lugar.[5] Quando visitou a Apple, ele fez à direção todo tipo de pergunta, mas sempre voltava à questão que parecia estar dominando seu pensamento: como uma empresa que tem muito dinheiro vai, como muitas outras fazem, deixar de fazer o que sabe e começar a gastar em algo que a direção da empresa não entende?

---

[5] LYNCH, P.; ROTHCHILD, R. *One Up On Wall Street*, p. 147.

Um claro sinal de que uma empresa é saudável é quando os de dentro estão comprando suas próprias ações. Se os colaboradores estão colocando seu próprio dinheiro nela, então você deve ver isso como uma dica útil do provável sucesso da ação. Essa compra interna é reconfortante, especialmente quando os gerentes de escalões mais baixos usam seus salários para aumentar seu controle da empresa. Se as pessoas que ganham um salário executivo normal estão gastando uma parte importante dele nas ações da empresa, isso é um voto de confiança significativo. Assim, se os gerentes de fábrica e os vice-presidentes estão comprando mil ações isso deve ser visto como algo bastante significativo – mais do que quando o CEO compra. Ter ações encoraja os gerentes a recompensar os acionistas (eles mesmos), em vez de dar aumentos de salários ou usar o dinheiro economizado em expansões sem sentido ou ineficientes. No entanto, funcionários vendendo ações não deveriam necessariamente ser vistos como um sinal negativo. Poderiam existir muitas razões – comprar uma casa, anuidades escolares etc. – que não têm nada a ver com o desempenho da empresa.

> *Ter ações encoraja os gerentes a recompensar os acionistas (eles mesmos).*

Preço baixo

Lynch é cauteloso com empresas com alto índice preço/lucro, P/Ls, e defende a rejeição dessas empresas a menos que você tenha certeza de que o crescimento futuro dos lucros será muito alto. Um índice P/L alto age como uma desvantagem para as ações, assim como o peso extra na sela de um cavalo de corrida age como uma desvantagem: a empresa precisa trabalhar muito mais duro só para cumprir as expectativas. Sua regra prática sobre o assunto era que o P/L não deve exceder o índice de crescimento esperado da empresa nos lucros. Se o P/L é menor do que o índice de crescimento, você pode ter encontrado uma barganha e se tem metade do índice de crescimento então é muito positivo. Essas regras são talvez menos aplicáveis na era moderna de baixa inflação. Em um ambiente no qual a inflação está na região de 2-3%, não podemos esperar um crescimento de lucros nominais para a média da ação no longo prazo que seja maior do que o crescimento nominal do PIB, quer dizer, 2-3% do crescimento real mais 2-3% da inflação. Se o crescimento do lucro da média da ação está ao redor de 4-6% então você pode ter um problema para encontrar ações com projeções de crescimento (realistas) muito maiores do que essas que estão também em P/Ls de um único dígito. O que podemos aceitar é o princípio geral de mirar nas que possuem P/Ls relativamente baixos.

Altos índices P/Ls podem se basear em uma expectativa irrealista e pouco razoável de lucros futuros e resultaram, no passado, em uma queda impressionante nos preços das ações de empresas como Avon e Polaroid. Em 1972, o índice não oficial de P/Ls da Avon de 64 levou a uma queda de US$ 140 por ação para US$ 18,625 somente dois anos depois. Em 1973, as ações da Polaroid eram de US$ 143 e seu P/L 50. Não é preciso dizer que essa situação não poderia durar, e suas ações flutuaram muito antes de cair a US$ 19 em 1981. A Polaroid produziu uma nova câmera, e os investidores estavam esperando resultados incríveis dela, mas, no final, a câmera era muito cara e sofria de problemas operacionais, e assim não conseguiu nada do lucro antecipado. Esses lucros, porém, eram totalmente impossíveis, pois seria preciso que a Polaroid vendesse várias câmeras para cada família dos Estados Unidos para consegui-lo. Para ser significativo, o P/L deve estar baseado em um fato sólido e em uma perspectiva de crescimento genuína.

Força financeira

Um componente importante de saúde financeira é um forte balanço, quer dizer, baixas dívidas relativas ao capital líquido da empresa e uma mistura adequada de empréstimos. Balanços errados estão geralmente na base das maiores perdas em ações. Assim como garantir que os ativos sejam significativamente maiores do que as dívidas, Lynch também pensa no tipo de dívida. Empréstimos de curto prazo e dívidas, com as datas de pagamento agrupadas juntas era um mau sinal, assim como o aumento da dívida em relação ao caixa. Entretanto, dívidas estáticas ou em queda, ou mais caixa do que dívidas eram sinais de força financeira.

O que também importa é a quantidade de investimento necessário para o desenvolvimento futuro. Empresas que precisam de muito investimento de capital para continuar com seu próximo projeto, como empresas de papel, são menos prováveis de produzir dinheiro para seus acionistas do que as empresas que não se baseiam nos gastos de capital. Um olho cuidadoso deve ser mantido na quantidade de inventário das empresas, que poderia aumentar até um nível inaceitável ou pode valer muito menos do que o valor contábil. Quando os inventários crescem mais do que as vendas, é um mau sinal.

A disciplina do monólogo de dois minutos

Lynch esperava que sua equipe fosse capaz de ser tão disciplinada quanto ele e ser capaz de expor os méritos de uma empresa em um "monólogo de dois minutos". Os fatos salientes sobre qualquer empresa devem ser extraídos da confusão de informações, depois, a decisão poderia ser tomada. Era muito importante que a essência de uma empresa pudesse ser entendida e explicada concisamente. Assim, os detalhes da força da marca ou patente, qualidade de gerenciamento, estrutura financeira e baixo preço precisam ser resumidos aos fatores centrais decisivos. Se mais de dois minutos são necessários, então isso é um indicador de que o investimento é muito complicado e traz muitas incertezas a serem consideradas.

Conselho para o investidor

Assim, que conselhos Lynch dá aos investidores para a lucratividade contínua de sua estratégia de investimento?

Conheça os fatos

Entre os critérios que Lynch monta para investir, o primeiro e principal é compreender as empresas escolhidas e monitorá-las continuamente. Uma política de "compre e esqueça" é procurar problemas; a atenção constante é necessária para conquistar uma estratégia lucrativa. Ao aprender o suficiente sobre as ações adquiridas, o erro de vender muito cedo pode ser evitado. Pode ser tentador vender quando o valor das ações duplicou ou triplicou, mas se a empresa está em uma forte posição competitiva, e a diretoria é de alta qualidade, há muitas possibilidades de que ela possa chegar a valer 10 ou 20 vezes mais.

Para manter a efetividade do portfólio e da lucratividade, tire algum tempo, pelo menos a cada duas ou três semanas, para se atualizar sobre cada empresa e verificar seu progresso. Há duas questões básicas para se perguntar sobre uma ação que você possui: (1) ainda tem um preço atrativo em relação a seus lucros?, e (2) os desenvolvimentos na empresa vão resultar em um aumento suficiente nos lucros? As respostas a essas questões dependem da evolução da posição competitiva da empresa e da qualidade de sua diretoria – continue a monitorá-las para garantir que a história não se altere e a empresa ainda seja robusta.

Ele gostava de comparar ter ações a ter crianças – não se envolva com mais do que possa lidar. Empresas progridem por meio de três estágios na vida. Elas são lançadas, desenvolvem seus negócios e tentam encontrar o caminho para o sucesso. Essa é uma fase incerta para o investidor – poderia dar tudo errado. Em seguida, vem a fase de expansão quando o sucesso estratégico da empresa é capaz de passar a um novo território. É onde o investidor pode ter maior lucro – a empresa encontrou seu nicho e está capitalizando sobre seu sucesso. Finalmente, está a fase estabilizada, em que o mercado pode ter chegado ao ponto de saturação e a empresa precisa encontrar uma nova forma de seguir em frente. O investidor corre um risco aqui, já que não há garantia de que a empresa será capaz de progredir. Cada uma das fases pode durar anos e é imperativo que o investidor conheça qual estágio a empresa escolhida alcançou e esteja preparado para agir em conformidade com isso. O ponto crucial é adquirir e manter o conhecimento sobre as empresas e analisar seu desempenho, assim, o investidor está realmente investindo, e não especulando.

> *Sempre se lembre de que a melhor ação para comprar agora pode ser a que você já possui.*

Continuando a desenvolver sua compreensão da empresa e o setor em que ela atua vai permitir, com o tempo, que aprenda mais sobre as influências principais sobre os lucros; o que pode levar a um enfraquecimento permanente e o que é meramente um contratempo. Recessões vão e vêm; modas de investimentos vão e vêm. Se você realmente entende as empresas do seu portfólio, vai começar a reconhecer quando o mercado exagerou em algum fator temporário. Talvez um declínio geral tenha arrastado para baixo indiscriminadamente até as melhores ações. Talvez um evento específico para sua ação tenha levado ao abandono pela massa volúvel de investidores. Qualquer que for a causa da queda temporária de preços é uma maravilhosa oportunidade para o investidor informado acrescentar mais ações ao seu portfólio a preços de barganha. E sempre se lembre de que a melhor ação para comprar agora pode ser a que você já possui.

Diversificar com cuidado

Quando Lynch assumiu o Magellan, havia somente 40 ações no portfólio. Indo contra o conselho do chefe do Fidelity, Lynch, incapaz de resistir a uma barganha, aumentou para 150 ações e continuou com sua abordagem durante todo o tempo em que dirigiu o Magellan, terminando com um portfólio de mais de 1.400 ações. Muito dessa diversificação extrema foi obrigatório para ele, pois o fundo cresceu e o regulador insistia que um fundo dessa natureza não tivesse mais de 10% de cada empresa e não mais do que 5% dos ativos do fundo podiam ser investidos em uma única empresa. Também era capaz de lidar com tantas ações diferentes porque ele e os vários funcionários trabalhavam em tempo integral para conseguir as informações necessárias:

> Sempre acreditei que procurar empresas é como procurar um inseto embaixo das pedras: se você virar 10 pedras, é possível encontrar um; se virar mais 20 pedras, vai encontrar dois. Eu tive de virar milhares de pedras por ano para encontrar novos insetos e acrescentar à enorme coleção do Magellan.[6]

Em outras palavras, só compre ações se tiver tempo suficiente e for aplicado para acompanhar e fazer uma avaliação completa da situação da empresa.

A maioria dos investidores não está em posição de seguir o volume completo de empresas que Lynch e sua equipe eram capazes de acompanhar. Investidores comuns devem se limitar a pesquisar a quantidade de empresas nas quais possuem aplicações e têm tempo e conhecimento para garantir que cada empresa passe por todos os testes para investimento prudente de valor, e na opinião de Lynch isso poderia chegar a ser apenas cinco empresas. Ele dizia que, se você escolher somente ações em cinco empresas de crescimento potencial, então três terão o desempenho esperado, uma vai encontrar problemas imprevistos e desapontá-lo, enquanto a quinta vai se sair melhor do que você teria imaginado. Lynch não recomenda colocar todos os ovos em uma cesta, mas diz que para os pequenos investidores 8-12 empresas é provavelmente o máximo que um investidor de meio período poderia acompanhar.

A consideração crucial é permitir tempo suficiente para ser capaz de desenvolver e manter um alto nível de conhecimento sobre cada uma das empresas. Todas as ações do portfólio precisam passar por alguns testes rigorosos e você não saberá se elas passam pelos testes a menos que passe algum tempo analisando-as. O investidor privado não terá o conhecimento analítico maior do que o dos profissionais se ele ou ela aplicarem seus recursos intelectuais muito superficialmente.

---

[6] LYNCH, P. *Beating the street*, p. 141.

Aceitar a flutuação

O investidor deve aceitar que o mercado de ações flutua e admitir que, apesar de "aprender na faculdade que o mercado sobe 9% ao ano", ele achava impossível prever isso, nem poderia encontrar uma fonte confiável que dissesse para onde o mercado estava indo:

> Há 60 mil economistas nos Estados Unidos, muitos deles voltados o tempo todo para prever recessões e taxas de juros, e se pudessem fazer isso bem duas vezes seguidas, seriam todos milionários agora. Como alguma pessoa perceptiva disse uma vez, se nos livrássemos de todos os economistas do mundo, isso não seria nada mal.[7]

Então, se os especialistas não entendem direito, qual a chance de um investidor amador?

As recessões vêm e vão, e as modas de investimentos vêm e vão, mas se o investidor amador fez seu trabalho de forma apropriada, e se concentrou na compreensão do negócio essencial de uma empresa, ele vai apreciar que talvez um fator negativo imprevisível, como as condições estranhas do clima, um embargo comercial ou recessão, pode causar uma súbita, mesmo que temporária, queda no preço das ações. Ele deve ter confiança em sua pesquisa, reconhecer que as ações flutuam por uma enorme variedade de razões e não entrar em pânico, o que pode levar a uma ação prematura. Ele não deve deixar as emoções superarem o conhecimento. Se o mercado está em queda, não deve seguir cegamente a onda do mês com os investidores profissionais, mas confiar em sua própria escolha de ações, que são o resultado do tempo bem gasto em investigações apropriadas. Se uma ação sobe ou desce em seguida à sua compra, isso só quer dizer que havia alguém que estava disposto a pagar mais ou menos por uma mercadoria idêntica; não diz nada sobre o valor da ação.

---

[7] LYNCH, P.; ROTHCHILD, R. *One Up On Wall Street*, p. 74-5.

Evite as modas passageiras

O investidor não deve ser arrastado a investir nas últimas ações "quentes", as chamadas ações "sussurradas" no mercado. Elas frequentemente acabam não sendo nada mais do que esperança e vazio. Essas ações sobem de valor incrivelmente rápido, mas não há nada mais incrível do que a sua posterior queda espetacular de preço. Há constantes sussurros circulando sobre a última loucura, sejam de remédios que curam todas as doenças, lançamento de empresas de alta tecnologia ou milagres de biotecnologia, e pode ser muito tentador entrar nessa. Aparentemente, essas novas empresas estão à beira de resolver os maiores problemas do mundo. Geralmente, não existe substância por trás desses rumores, e o investidor pode deixar o cérebro na porta de entrada, porque ele não precisa passar tempo verificando os rendimentos e outras coisas porque normalmente eles não existem. Descobrir se o P/L é aceitável não é problema porque não existe índice de P/L. Mas não faltam microscópios e altas esperanças.

O exemplo favorito de Lynch é uma empresa chamada KMS Industries, que, entre 1980 e 1986, participou de vários "milagres" tecnológicos, como "fotovoltaicos silício amorfo", "vídeo *multiplexer*", "alfinetes ópticos", "material processado usando implosões esféricas impulsionadas quimicamente", "programa de fusão com confinamento inercial", "compressão de choque iniciada por *laser*" e "análise de imunodiagnóstico visual". Não é preciso dizer que durante esse tempo suas ações caíram de US$ 40 para US$ 2,5. A solução de Lynch para isso é simples: ele diz que se as atuais ações "quentes" possuem perspectivas tão maravilhosas, então será um bom investimento no ano seguinte. Você sempre pode adiar a compra de uma empresa até mais tarde. Se há empresas já provadas que vão crescer ao redor de dez vezes, por que arriscar com uma que não se provou? Em resumo: quando tiver dúvidas, adie.

Consistência

O investidor amador deve desenvolver seu próprio método de investir, uma estratégia de investimento provada e testada que esteja de acordo com o que pensa, e deve continuar com ela, ignorando tendências transitórias, mas provavelmente insubstanciais no mercado de ações. Haverá ocasiões em que a tentação para agir precipitadamente é insuportável, mas força de caráter é necessária aqui. Perdas dentro da estratégia escolhida precisam ser toleradas; elas certamente acontecerão e devem ser aceitas, e tampouco deveriam fazer o investidor entrar em pânico fazendo-o comprar ou vender desnecessariamente. Permanecer consistente e fiel a uma estratégia vai minimizar perdas e maximizar a lucratividade a longo prazo. Como Lynch dizia, em alguns anos você terá um retorno de 30%, mas haverá outros anos nos quais conseguirá somente 2%, ou até vai perder 20%. É assim que funcionam as coisas no mercado de ações e você precisa aprender a aceitá-las. Se aumenta suas expectativas como se estivesse esperando ganhar 30% todo ano, o final seria frustração com as ações por desapontá-lo. A impaciência virá em seguida, o que pode fazer você abandonar seus investimentos no momento errado. Você pode também começar a assumir riscos maiores atrás de compensações ilusórias. Se quer maximizar seu retorno de longo prazo, então continue com sua estratégia por meio dos anos bons e ruins.

Investir no mercado de ações não é científico. Investidores bem-sucedidos aceitam perdas periódicas e ocorrências inesperadas. O investidor inteligente aceita as consequências e continua procurando a próxima grande ação. Se somente seis de cada dez das suas ações têm um bom desempenho, então você deve agradecer; você está melhor do que a média, e uma taxa de erro de 40% vai permitir que tenha um excelente desempenho.

Resistir à tendência

A óbvia resposta à questão "Quando devo comprar?" é: quando toda a minuciosa pesquisa se acumula, e a empresa parece uma boa aposta.

No entanto, há investidores que vão contra a tendência e agem seguindo o oposto ao consenso geral. Essas pessoas vão no zigue enquanto todos estão indo em zague, mas não assumem uma visão oposta só para serem diferentes. Eles estão na verdade agindo de forma inteligente ao escolher um lado quando entendem que o mercado de ações está errado. Podem ser bem-sucedidos ao esperar que toda a excitação morra, e depois investir em empresas em que ninguém está interessado, especialmente essas empresas que começaram a entediar os analistas.

Lynch não acha que os investidores devem se basear em sensações viscerais; eles devem ignorá-los e continuar tentando entender os fundamentos da empresa sob investigação. Para ele, investir sem pesquisar é como jogar pôquer e nunca olhar as cartas.

> *Para ele, investir sem pesquisar é como jogar pôquer e nunca olhar as cartas.*

Lynch avisa que as ações não devem ser compradas porque são a próxima alguma coisa, como a próxima Microsoft ou a próxima Disney: elas quase nunca são o que prometem. Nem os investidores devem ser influenciados por empresas com nomes excitantes: nomes bobos para uma boa empresa ajudam a manter os primeiros compradores afastados, enquanto um nome ostensivo em uma empresa medíocre aparenta atrair investidores e dar um falso sentido de segurança.

Não preste atenção na ciência da oscilação

Ele rejeitava a análise técnica (tabelismo). Dizia: "Não presto muita atenção àquela ciência da oscilação".

Não tente prever subidas e descidas de curto prazo no mercado

Lynch concorda com Benjamin Graham de que os movimentos de curto prazo (de uns poucos meses) são irrelevantes para bons investimentos, exceto que eles poderiam oferecer a oportunidade para comprar a uma barganha se outros investidores estão sendo tolos. O investidor deve se concentrar no negócio subjacente da empresa em questão e não perder tempo tentando conseguir o impossível. Comprar e vender pela previsão dos movimentos do mercado tem grandes chances de acabar em um desempenho muito pobre, já que o investidor provavelmente estará otimista e pessimista precisamente nos momentos equivocados. Acima disso, estão os custos adicionais de negócios frequentes – custos e impostos:

> Todo ano converso com os executivos de mil empresas e não posso evitar ouvir as opiniões de vários especuladores do ouro, discípulos da taxa de juros, observadores do Federal Reserve e místicos fiscais citados nos jornais. Milhares de especialistas estudam indicadores de mais vendidos e mais comprados, padrões forçados, razão *put-call* (*no mercado de opções*), a política do Fed sobre as reservas de dinheiro, investimentos estrangeiros, o movimento das constelações por meio dos céus e o musgo dos carvalhos, e não conseguem prever os mercados com qualquer consistência útil, não mais do que os feiticeiros poderiam contar aos imperadores romanos quando o hunos iriam atacar. Todos os grandes avanços e declínios foram surpresas para mim.[8]

Arrancar as flores e regar as ervas daninhas

Não venda automaticamente as ações que subiram de preço, enquanto mantém aquelas que caíram, esperando que consiga recuperar as perdas. Igualmente tolo seria automaticamente vender as perdedoras e manter as ganhadoras. Essas duas estratégias não fazem sentido porque usam o atual movimento de preço de ações como indicador do valor fundamental da empresa. Claro, sabemos que o recente movimento de ações geralmente tem pouco a ver com as futuras perspectivas de uma empresa. Um preço em queda só é uma tragédia se você vender a um preço mais baixo. Se as perspectivas da empresa permanecem boas, então uma queda apresenta uma excelente oportunidade para comprar a

---

[8] LYNCH, P.; ROTHCHILD, R. *One Up On Wall Street*, p. 74.

preços de barganha. Para ter lucros decentes como investidor, você precisa treinar sua mente para aceitar que, quando uma boa ação cai 30% depois da sua compra, é bom comprar mais porque é uma barganha ainda maior do que você originalmente havia pensado. Só porque todo mundo está abandonando a empresa, isso não significa que você deve fazer o mesmo. Se sua análise é sólida, compre mais. Por isso, as ordens de "parar a perda" são ilógicas – ter uma regra de que qualquer ação que caia 10% será vendida significa perder algumas excelentes empresas nicho e desperdiçar muito esforço analítico.

Nada de derivativos

Em toda a sua carreira, Lynch nunca comprou contratos futuros ou opções. Ele acha que esses instrumentos deveriam ser banidos. Podem ser caros e arriscados. Os prêmios sobre as opções são muito caros para a proteção que poderiam garantir, e os futuros podem conduzi-lo a retornos e perdas – você pode perder múltiplos de seu investimento inicial se o mercado for para o caminho errado por um período curto.

Vender

Conselho que qualquer investidor adoraria seguir seria "vender antes que a taxa de juros aumente" e "vender antes da próxima recessão". Se fosse tão simples assim! A visão de Lynch sobre vender pode ser resumida de forma simples: o investidor faz sua pesquisa, compra seu investimento e o mantém enquanto a história permanecer boa. Se as provas que você juntou dizem que as ações estão muito mais altas e que tudo está trabalhando a seu favor, então é uma vergonha que você venda. Isso, no entanto, é muito mais fácil dizer do que fazer.

Duas dificuldades ocorrem, as duas psicológicas: primeira, o preço da ação sobe; segunda, o preço da ação fica estático ou cai! Se o preço da ação sobe, então pode ser tentador ganhar dinheiro com as ações antes que seja muito tarde. Pode ser mais difícil continuar com uma ação vencedora depois que o preço subiu do que acreditar nisso depois que o preço caiu. Mas, se você vender na primeira subida decente, nunca terá uma ação que cresce dez vezes. Só porque uma ação subiu, não significa que ela inevitavelmente vai cair.

Um bom conselho é evitar seguir o que Lynch chama "efeito do rufar dos tambores" quando a influência indevida é dada a opiniões no mundo financeiro. Assim, um investidor pode ser movido pelo pânico para vender:

> Se você fica mudando as estações do rádio e acaba ouvindo o comentário informal de que a economia superaquecida japonesa vai destruir o mundo, vai se lembrar disso da próxima vez que o mercado cair 10%, e talvez isso o assuste a ponto de vender suas ações da Sony e da Honda, e até as da Colgate-Palmolive, que não são cíclicas nem japonesas.[9]

Rumores incompreensíveis (para o homem comum) sobre reservas de dinheiro ou sobre o Fed (Federal Reserve) levaram William Miller, que já foi presidente do Fed, a dizer "que 23% da população dos Estados Unidos achava que o Federal Reserve fosse uma reserva indígena, 26% achava que fosse reserva ecológica e 51% achavam que fosse uma marca de uísque".[10]

Em outras palavras, não seja agitado por eventos e assuntos de que você não entende. A paciência é a chave e até Lynch tinha frequentemente de cerrar os dentes e esperar que o resto do mundo começasse a apreciar essa empresa. Ele se acostumou a manter uma ação quando os preços não fossem a lugar nenhum. Ele dizia que ganhava seus retornos, na maior parte das vezes, no terceiro ou no quarto ano. É preciso

---

[9] LYNCH, P.; ROTHCHILD, R. *One Up On Wall Street*, p. 254.
[10] LYNCH, P.; ROTHCHILD, R. *One Up On Wall Street*, p. 255.

muita paciência para manter uma empresa que você considera muito animadora, mas que todo mundo parece ignorar. Haverá momentos em que se começa a pensar que todo mundo está certo e você está errado. Mas, se os fundamentos são promissores, siga em frente; sua paciência será recompensada – pelo menos, em muitos casos, valerá a pena. Há muitos conselhos e razões para vender, mas no fundo tudo se resume a uma coisa: a determinação do investidor para se manter *em dia* com a evolução da empresa escolhida – só então ele pode tomar decisões ponderadas.

No entanto, se os dados fundamentais de uma empresa pioraram e o preço aumentou, então poderia ser o momento de considerar a mudança para outra proposta melhor, contanto que a pesquisa apropriada tenha sido feita sobre esse novo prospecto, claro. Outra dica que pode indicar o momento de vender é quando os preços aumentam muito, mas os dados fundamentais estão vacilantes e Wall Street ficou animada com a ação muito tarde. "Se 40 analistas de Wall Street estão dando as mais altas recomendações para essas ações, 60% das ações estão sendo mantidas por instituições, e três revistas nacionais estão bajulando o CEO, então é definitivamente hora de pensar em vender."[11]

Dificuldades e contratempos da política de Lynch

Na superfície, a política de Lynch para investigar parece simples, e ele não vê nenhuma razão para que o investidor privado não possa ser tão bem-sucedido quanto qualquer profissional. Entretanto, essa política não é tão fácil de implementar quanto parece. É suficientemente difícil desenvolver as habilidades necessárias para entender a diretoria

---

[11] LYNCH, P.; ROTHCHILD, R. *One Up On Wall Street*, p. 259.

e a posição estratégica de uma empresa. Além disso, está o fato de que o investidor amador não tem acesso aos fragmentos de informação que Lynch e sua equipe tinham a possibilidade de acumular, nem é tão fácil para o investidor amador ligar para o CEO de uma empresa e fazer perguntas sobre seu progresso.

Lynch sempre encoraja muito o investidor privado.

Lynch e sua equipe tinham a vantagem de trabalhar para uma instituição financeira com renome no mundo. As ligações telefônicas deles eram atendidas e tratadas com respeito, e as pessoas estavam dispostas a dar-lhes informações. O investidor amador tem a vantagem, porém, no conhecimento de empresas que são familiares, seja pelo emprego ou pela observação. Talvez você tenha ligações com a profissão médica e possua muito conhecimento de empresas de suprimentos farmacêuticos, ou talvez você conheça engenharia e assim pode analisar algumas empresas desse setor. Lynch encoraja o investidor privado e, apesar de que ele pode não conseguir o mesmo retorno incrível que ele, é possível de qualquer forma fazer melhor do que colocar suas economias em um fundo mútuo ou com alguém que fica acompanhando os índices do mercado de ações.

Ao escrever sobre as qualidades pessoais que um investidor precisa para ser bem-sucedido, Lynch dá uma completa, mas bastante desencorajadora, lista:

Parece que a lista de qualidades necessárias deve incluir paciência, autoconfiança, bom senso, tolerância à dor, mente aberta, desapego, persistência, humildade, flexibilidade, disposição a fazer pesquisa independente, uma disposição igual para admitir erros e a capacidade de ignorar o pânico geral. Em termos de Q.I., provavelmente os melhores investidores estão em algum ponto acima dos 10% mais baixos, mas também abaixo dos 3% mais altos. Os verdadeiros gênios, parece, ficam muito enamorados das cogitações teóricas e são sempre enganados pelo comportamento real das ações, que é algo mais simples do que eles podem imaginar. Também é importante ser capaz de tomar decisões sem informações completas ou perfeitas. As coisas nunca são muito claras em Wall Street ou, quando são, é muito tarde para ter algum lucro com elas. A mente científica que precisa conhecer todos os dados ficará impedida de agir aqui. E, finalmente, é crucial ser capaz de resistir à sua natureza humana e suas "sensações viscerais". É raro o investidor que secretamente não possui a convicção de que ele tem uma dica de uma ação com preços divinos ou o preço do ouro ou as taxas de juros, apesar de que a maioria já provou estar errada muitas vezes.[12]

Então, se você puder preencher essas qualidades, seria um investidor muito bem-sucedido: se puder preencher algumas delas, poderia ter algum sucesso razoável com seu portfólio de investimento. Até Lynch reconheceu que frequentemente não conseguiu estar à altura do ideal que colocou para nós. Sua mensagem para si mesmo e para nós é que, mesmo se fracassarmos – normalmente – precisamos continuar, aprender com os erros e tentar fazer melhor da próxima vez.

Finalmente

Peter Lynch diz que investimento é simplesmente um risco no qual você consegue equilibrar as possibilidades a seu favor. E ele nos deu algumas ferramentas úteis para trabalhar:

- O investidor privado deve jogar com seus pontos fortes:
  - não ser convencional (comparado com os seguidores de rebanho profissionais) na escolha de ações;
  - evitar seguir regras e regulamentações institucionais;

---

[12] LYNCH, P.; ROTHCHILD, R. *One Up On Wall Street*, p. 69.

- evitar responder às animações de curto prazo do mercado;

- comprar de empresas pequenas e médias, onde estão as que crescem muitas vezes;

- despender tempo para entender toda ação no portfólio;

- encontrar empresas com grandes perspectivas de crescimento antes de os profissionais ouvirem falar dela, por exemplo, no shopping center;

- estar preparado para comprar empresas que são maçantes e fazem tarefas desagradáveis a preços de barganha.

- Procure empresas que possuem uma excelente marca ou patente, uma direção que atua em favor dos donos, força financeira e ações com preço baixo.

- Não diversifique até o ponto em que você não conseguirá mais manter um alto nível de conhecimento sobre toda empresa no portfólio.

- Não pense em tentar prever movimentos de mercado de curto prazo ou usar previsões macroeconômicas para investir.

- O seguinte é uma perda de tempo: ações que estão na moda, acompanhamento de análise/tabela técnica, ordens de parar perdas a partir de um nível determinado, derivativos.

- Arrancar as flores e regar a erva daninha é uma política ruim. Assim como vender as perdedoras e manter as vencedoras automaticamente e ser sempre alguém "do contra".

- Mantenha-se informado da história (os elementos fundamentais) de toda ação no seu portfólio e só venda se ela mudar de forte para fraca.

CAPÍTULO 7

John NEFF

John Neff, um investidor com ênfase em valor, desenvolveu uma filosofia de investimento que enfatiza a importância de uma ação com preço baixo em relação aos lucros. Mas ele não parou por aí; exige que a ação passe por uma série de testes além do critério preço/lucro e é pelo uso dessas ferramentas de pesquisa que ele conseguiu avançar com sua política de investimentos simples com baixo preço/lucro para outros mais sofisticados.

Neff empregou sua política de investimentos ao gerenciar o Windsor Fund por 31 anos entre 1964 e 1995. Ele retornou US$ 56 para cada dólar investido em 1964, comparado com US$ 22 dos S&P 500. O total de retorno do Windsor Fund, 5.546,5%, superou a S&P 500 por mais de dois por um. Considerando que o retorno médio dos fundos depois dos custos é menor do que o S&P 500, é um retorno muito bom.

Há muitas coisas que você pode aprender de Neff:

- Como tirar vantagem do conhecimento do comportamento do mercado de ações.
- Ir além do simples índice preço/lucro baixo (P/L), investir em sofisticados P/L baixos.
- Procurar os fatores centrais fundamentais quando examina uma empresa.
- Desenvolver os traços pessoais de independência de pensamento, coragem e perseverança necessários para investimentos de longo prazo bem-sucedidos.

Ir contra a maré da opinião convencional

A capacidade de Neff de ir contra a maré do mercado e decidir sozinho sobre a base da empresa vem de suas primeiras experiências, bem como de sua capacidade de trabalhar duro. Mesmo jovem, Neff era visto como alguém com ideias próprias (essa é uma forma caridosa de falar – sua professora de primeiro grau usou a palavra "beligerante"):

> Nunca estive inclinado para fugir de uma discussão, mesmo quando confrontado com o manto da autoridade. Minha mãe, na verdade, costumava afirmar que eu devia ser advogado porque discutia até com uma placa de sinalização.[1]

Ele conseguiu usar as primeiras experiências a seu favor para permitir que seguissem a rota menos viajada por investidores mais convencionais, favorecendo a oportunidade para decidir sozinho sobre as ações.

Quando era jovem, o pequeno comércio de comida da família faliu quando seu tio começou a beber muito. Disso ele tirou três lições valiosas: (1) não desenvolva uma ligação emocional com uma empresa em particular, porque isso pode fazer de você um tolo; (2) só porque uma empresa está em baixa nem sempre é um investimento inteligente; e (3) beber em excesso não é uma virtude nem pessoal nem empresarial. As duas primeiras, em especial, tornaram-se elementos centrais em seu sucesso posterior na área de investimentos.

Neff começou a aprender como se separar do rebanho quando trocava figurinhas de beisebol durante a quinta série, observando como a disputa pelas figurinhas que os entusiastas achavam ser mais desejáveis poderia subir o preço quando as pessoas ficavam mais excitadas. Ele observava o impulso emocional e achava peculiar que o foco principal das crianças era vender as figurinhas a um preço maior do que o preço de compra, em vez

---

[1] NEFF, J.; MINTZ, S. L. *John Neff on investing*, p. 14.

de avaliá-las por algum valor intrínseco. Também percebeu como as figuri-nhas que mais aumentam de preço acabavam caindo mais – cedo ou tarde.

Em 1950, quando tinha 18 anos, Neff se juntou à pequena empre-sa de seu pai que vendia equipamentos mecânicos para concessionárias de automóveis, postos de gasolina e fazendeiros. Dessa experiência ele aprendeu uma lição que aplicou por toda a sua carreira: dá para ganhar um bom dinheiro sem um produto glamouroso. Na verdade, ele desen-volveu um forte interesse por empresas sem glamour – elas ganham di-nheiro porque há menos probabilidade de atrair concorrentes.

Durante seu tempo na Marinha (1951-53), ele aprendeu com o jogo de pôquer que os vencedores consistentes eram os que tinham melhor conhecimento das chances e vontade de ferro, suficiente para não serem tentados a tentar ganhar muito dinheiro a menos que as probabilidades estivessem firmemente a seu lado.

Na faculdade (1953-55), Neff cursou dois cursos dados pelo Dr. Sidney Robbins, um seguidor de Benjamin Graham. Continuou sua educação conseguindo um diploma em estudos bancários e finanças da Western Reserve University no final dos anos 1960 enquanto trabalhava para o National City Bank, Cleveland, como analista financeiro. Apren-dia rápido, apesar de que, ele mesmo admitia, seu conhecimento na área de investimentos estava apenas começando. Mas conseguiu ser promo-vido rapidamente dentro do banco. No entanto, seu desejo de ser mais independente acabou levando a uma posição de analista financeiro no Windsor Fund em 1963, onde se sentia menos restrito e tinha a permis-são de seguir sua postura mais criativa na escolha de ações.

O Windsor Fund

Neff assumiu o controle do Windsor Fund em 1964 (quando tinha 33) e por 25 dos 31 anos seguintes conseguiu superar o mercado. Antes da chegada de Neff, o fundo seguia com um ritmo lento e estava atrás da S&P 500 por mais de 10 pontos porcentuais devido a uma paixão por ações de suposto pequeno crescimento no começo dos anos 1960 e uma falta de atenção na durabilidade do crescimento dos lucros da empresa. O fundo, então, continuava assim por muito tempo antes de cortar as perdas, multiplicando seus problemas ao colocar o resto do dinheiro nas chamadas ações "seguras" só para ver o mercado mudar, deixando-os para trás.

Ao chegar, Neff examinou todo o portfólio do Windsor Fund e rapidamente descobriu os erros do passado. Disse que o fundo estava mantendo todo tipo de ações equivocadas porque os gestores seguiam as ondas e modas mais recentes. Das 41 ações industriais mantidas pelo fundo somente oito poderiam ser chamadas bem-sucedidas, e seu sucesso era irrisório, para dizer o melhor.

Ele começou a fazer mudanças. Conseguiu melhores posições dentro de algumas empresas já mantidas pelo Fundo, determinado a não cometer o pecado de diversificar na mediocrida-

> *Das 41 ações industriais mantidas pelo fundo somente oito poderiam ser chamadas bem-sucedidas.*

de. Essas ações subvalorizadas eram as julgadas como empresas previsíveis, com a perspectiva de lucros regulares, crescimento potencial e preço baixo de ações.

Traços de caráter dos bons investidores

Aqui é onde começamos a olhar para as diferenças essenciais entre as crenças da maioria dos investidores do mercado e os princípios seguidos por Neff.

Coragem, julgamento e fortaleza

Sucesso em investimentos sofisticados com baixo P/L demanda coragem. Você precisa ser corajoso para comprar as ações desprezadas, as rejeitadas por seus parceiros. Pode conseguir expressões em branco quando eles tentam entender seu comportamento incomum e deve estar preparado para aceitar o risco do embaraço que acontece quando se é diferente.

Neff estava sempre procurando por ações desfavorecidas, ignoradas ou incompreendidas que tivessem potencial de crescimento que o resto do mercado não viu. Ele acreditava que você poderia comprar ações onde todas as coisas negativas eram bastante conhecidas e, portanto, o preço da ação está deprimido, então, qualquer boa notícia teria um efeito incrivelmente positivo.

De acordo com Neff, um erro central feito por investidores é investir em ações em que os investidores geralmente tinham altas expectativas de crescimento, e qualquer notícia negativa poderia ter um efeito devastador sobre as ações. Ele observou como o mercado tendia a ser levado de acordo com a mais recente moda ou onda. Isso resultou na sobrevalorização das ações em voga e na subvalorização das menos glamourosas, mas geralmente boas ações. Os investidores eram pegos no frenesi e ignoravam as empresas sólidas. Ele afirma que, para uma carreira de investidor bem-sucedido, é possível viver sem ações glamourosas ou mercados em alta (*Bull Markets*). As exigências centrais para conseguir isso são julgamento e fortaleza: "Julgamento distingue oportunidades, fortaleza permite que você viva com elas enquanto o resto do mundo se engalfinha em outra direção. Para nós, as ações feias eram geralmente lindas".[2]

Claro que o fracasso decorrente de assumir uma política convencional de investir – indo com o resto da multidão – é comum e normalmente produz poucos problemas. Mas fracassar enquanto se investe de forma não convencional e "não se dar bem" deixa o investidor aberto a críticas e acusações de estupidez. A maioria das pessoas não arriscaria

---

[2] NEFF, J.; MINTZ, S. L. *John Neff on investing*, p. 4.

essa zombaria e assim fica com o rebanho. Se você sai perguntando aos investidores se eles teriam a coragem de escolher as ações que são impopulares, vai descobrir que a maioria vai dizer, "Bom, claro". É somente a natureza humana – quem quer reconhecer que está seguindo a multidão? Infelizmente é muito frequente que as afirmações de que são pessoas independentes não resistam ao teste. São todos muito bons em reconhecer uma barganha em retrospectiva e depois assumem o crédito mais tarde por tê-la visto. Então, se uma ação sobe a um preço que corresponde a 30 vezes o lucro, eles apontam que acharam que seria uma barganha quando estava sendo negociada a 8 vezes. Mas havia um grande volume de compradores na época? Claro que não – de outra forma o preço não estaria tão baixo –; a maioria deles estava com medo de um anúncio da empresa ou sobre a economia, enquanto corria para as ações glamourosas.

Consistência, persistência e paciência

Neff continuava por longos períodos de tempo contra a sabedoria das massas e tinha de superar o atraso psicologicamente corrosivo antes de se beneficiar de sua análise superior. Ele mostrava perseverança, às vezes esperando anos até que outros investidores percebessem o erro e apreciassem as virtudes de uma empresa sólida com crescimentos de lucros regulares.

Sua abordagem não se baseia em algumas poucas ações que possuem um bom desempenho. Para terminarem como vencedores, os investidores precisam ser consistentes e não se basear demais em qualquer ação individual. Para explicar a exigência de consistência, persistência e paciência, Neff usava uma analogia de tênis. Alguns jogadores são extremamente talentosos e capazes de adotar um estilo de jogo para ganhar a partida. Eles possuem uma forte rebatida ou um serviço vencedor, digamos. A maioria dos jogadores não é assim. O resto de nós deve se concentrar em nossos pontos fortes, para vender sem perder; manter a bola em jogo o máximo possível permitindo que nosso oponente cometa um erro.

Neff tinha um sentido histórico do comportamento do mercado de ações e acreditava que isso era essencial para os investidores, dando a oportunidade de assumir riscos inteligentes. Sem esse conhecimento, você está à mercê das ondas e modas. Neff sentia que com o tempo era possível sentir a personalidade do mercado: poderia ser irracional e antissentimental; poderia também ser intratável e hostil; mas há ocasiões quando é clemente e amigável. Como um investidor a longo prazo você vai experimentar bons e maus dias, bons e maus anos simplesmente porque o mercado está passando por fases ruins. O próprio Neff passou por um momento ruim no começo dos anos 1970, mas manteve a coragem e persistiu com a mesma postura.

Os principais fatores que Neff procurava

Baixo P/L

O Windsor Fund normalmente comprava ações com P/Ls entre 40% e 60% abaixo daqueles de ações típicas. Neff acreditava que se essas ações tinham também a promessa de ganhos regulares, então havia o potencial para a apreciação ser "turbinada". As ações com P/L baixo podem conseguir dois estímulos. Uma quando o mercado reconhece que o setor industrial (ou a empresa) desfavorecido não é tão ruim afinal e que o mercado reagiu mal às dificuldades. O segundo impulso é por causa de um maior lucro informado por ação.

Por exemplo, imagine duas empresas: Famoso S.A. e Ignorado S.A. As duas empresas possuem lucros de US$ 1 por ação. No entanto, Famoso S.A. é uma empresa bem conhecida que foi profundamente analisada e consequentemente está com um P/L de 25. Ignorado S.A., porém, é ignorada e opera em um setor atualmente desfavorecido. Possui um P/L de 12. Não só as duas empresas têm o mesmo lucro atual, mas uma análise cuidadosa mostra que o crescimento de lucros anual futuro será o mesmo, a 8%. Assim, depois de um ano os lucros das duas empresas estão a US$ 1,08. O mercado continua a avaliar Famoso S.A. a um índice P/L de 25 e, consequentemente, o aumento do preço das ações para US$ 27, uma apreciação de 8%.

Durante o ano, o mercado lentamente chegou a perceber que havia reagido forte demais às dificuldades no setor da Ignorado S.A. e uma reavaliação é feita. Agora o mercado está preparado para pagar um múltiplo de 20 sobre os lucros recentes. Assim, se os lucros estão agora em US$ 1,08, as ações sobem para US$ 21,6. Isso significa uma valorização de 80% em um ano!

Neff dizia que, como os investidores forçaram o preço da ação com baixo P/L para absorver todas as más notícias, há pouca expectativa positiva construída no preço. É improvável que o desempenho

> *Se você consegue vender com esta nova taxa, deveria conseguir um retorno incrível.*

financeiro moderadamente baixo leve a mais problemas – então há um grau de proteção na baixa. No entanto, qualquer indicação de melhoria pode levar a uma nova taxa de juros. Se você consegue vender com essa nova taxa, quando outros investidores estão reconhecendo totalmente os pontos fortes subjacentes, deveria conseguir um retorno impressionante.

Obviamente nem todos os investimentos em um portfólio de baixo P/L acabarão se tornando tão bem-sucedidos quanto as ações Ignorado S.A. (o desempenho operacional da empresa cai, digamos, ou o mercado continua a ignorar a empresa), mas, evidentemente, é possível ser bem-sucedido em um número suficiente de casos para essa postura ser útil.

Crescimento modesto de lucros

Não é suficiente simplesmente investir em todas as ações com baixa P/L. Uma análise profunda além do P/L ainda é necessária. A chave para o sucesso desse tipo de investimento está em ser capaz de distinguir entre ações vendendo a um índice baixo de P/L porque estão desfavorecidas, ignoradas ou incompreendidas, e aquelas que já tiveram a sua oportunidade e continuam com baixas perspectivas. A Figura 7.1 mostra os principais fatores que Neff examinava para encontrar boas empresas.

Figura 7.1   Investimentos sofisticados em baixo preço/lucro

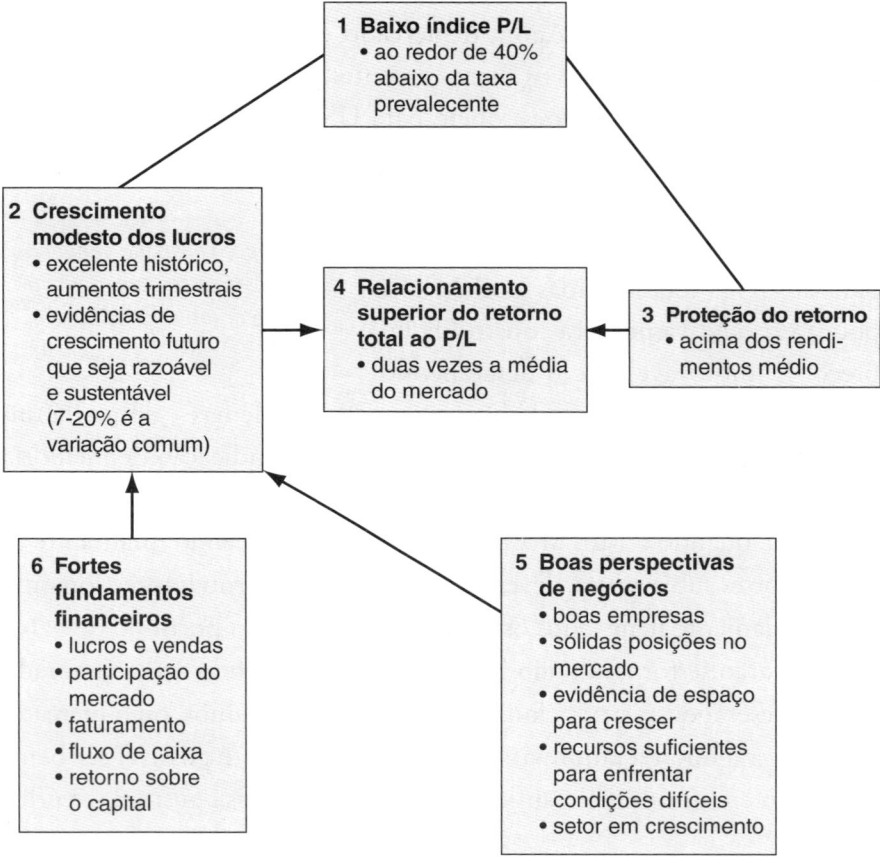

Números de lucros históricos por ação são facilmente obtidos assim como as projeções dos analistas. Apesar de isso ser um bom ponto inicial, você deve aplicar seu próprio julgamento, assim como os melhores analistas devem admitir que sua projeção futura não é nada mais do

que um palpite educado (e muitas projeções futuras são muito otimistas – lembre-se de que os analistas geralmente trabalham em corretoras e bancos de investimentos que recebem taxas ou favores da empresa). Você deve procurar evidências de históricos de lucros sólidos, e a garantia de que há boa razão para esperar um crescimento sustentável a um ritmo razoável. Essa taxa de crescimento precisa ser rápida o suficiente para no final chamar a atenção do grupo de investidores, mas não rápida o suficiente para colocar a ação na categoria de ações com crescimento arriscado. (Muita propaganda vai rapidamente levar a uma queda.)

Como regra, Neff normalmente gostava de encontrar empresas com crescimento de lucros de pelo menos 7% ao ano, mas evitava empresas com crescimento superior a 20%. Havia muitos riscos quando uma empresa crescia a mais de 20%. Ele normalmente fazia previsões do crescimento de lucro por cinco anos porque isso constituía uma escala de tempo que forçava o analista a pensar na posição competitiva a longo prazo da empresa dentro de seu setor.

Rendimento dos dividendos

O rendimento do dividendo fornece um retorno de curto prazo em dinheiro sobre investimentos que oferecem um lucro satisfatório enquanto o investidor está esperando pelo mercado para reconhecer o potencial de crescimento dos lucros. É também mais seguro procurar um retorno por meio dos dividendos do que esperar pelo retorno incerto do crescimento nos lucros. Dividendos são raramente reduzidos, e boas empresas provavelmente aumentarão os lucros.

O desempenho superior conseguido pelo Windsor Fund de 3,15% ao ano sobre a média do mercado podia ser atribuído em grande extensão a sua produção superior de dividendos. Neff acreditava que muitos investidores superenfatizavam o maior potencial de crescimento de lucros sobre a maior produção de dividendos. Dizia que os analistas tendem a avaliar ações somente com base nas expectativas de crescimento dos lucros e, portanto, em muitos exemplos, os investidores poderiam "juntar o lucro dos dividendos grátis".

Ele achou incompreensível que investidores normalmente pagassem preços maiores por ações com um crescimento de lucro de 15% mais um rendimento de 1% do que por uma ação que oferecesse 11% de crescimento, mas 5% de rendimento. Neff não entra em grande detalhe sobre o que ele queria dizer com "rendimento superior", mas geralmente acredita-se que ele favorecia um rendimento de, pelo menos, 2% acima da média.

Relações superiores de retorno total ao P/L

O sucesso de Neff estava parcialmente baseado em uma fórmula, que ele usava para calcular o retorno total de uma ação como um múltiplo de seu índice preço/lucro ofertado no mercado – uma forma de medir "o que ganhamos a cada dólar investido". Ele calculava isso ao combinar o crescimento nos lucros com o rendimento dos dividendos e colocava isso sobre o P/L.

$$\frac{\text{Retorno total}}{\text{P/L}} = \frac{\text{crescimento do lucro} + \text{rendimento}}{\text{preço} \div \text{lucros informados mais recentemente}}$$

Os investidores procuram perspectivas de crescimento de altos lucros, mas também precisam de ações com o menor preço relativo em relação aos lucros e dividendos atuais. Neff, depois de muita experiência e experimentação, determinou que sua regra prática para definição do limite era dobrar o índice médio do mercado. Quer dizer, o retorno total para o dividendo de uma ação por seu índice preço/lucro em uma empresa em especial deve exceder o índice médio do mercado em dois por um.

Um exemplo seria se o crescimento de lucros para as ações geralmente fosse de 4%, e o rendimento de dividendos do mercado fosse 5%, levando em conta um índice P/L histórico do mercado de 14, então o índice limite para essa ação especial em consideração igualaria a:

$$\frac{\text{Retorno total}}{\text{P/L}} = \frac{4 + 5}{14} \times 2 = 1,29$$

O índice-limite vai aumentar para 1,8 se o P/L do mercado cair para 10.

O período de tempo usado para calcular o crescimento de lucros do passado é crítico para estimar o crescimento futuro. Como mínimo, Neff usava cinco anos porque essa escala de tempo permite que flutuações econômicas, como períodos extraordinariamente bons gerando lucros médios, aumentassem as porcentagens em dois dígitos. O sentido comum é exigido; evite, por exemplo, extrapolar os números verdadeiros de crescimento de dois dígitos de períodos de mercado ascendente (*Bull Market*) até o horizonte infinito. Um limite superior razoável para a estimativa de crescimento de lucro futuro seria seguir a taxa de crescimento real do PIB (digamos 2,5%) mais inflação (digamos, que foi de 2%) no longo prazo. Assumir taxas de crescimento mais altas é arriscado, levando as perspectivas futuras ao abandono de uma postura conservadora.

Perspectivas de bons negócios

Infelizmente, não há nenhum conjunto de ferramentas puramente matemáticas ou mecânicas que permitirão que o investidor escolha ações que ganhariam do mercado. Neff nos mostra que exigimos tanto uma postura quantitativa quanto qualitativa para nossa análise. Isso inclui encontrar como funciona um setor. Estude a empresa e seus rivais, os produtos e o posicionamento estratégico. Ele estava interessado em boas empresas com força competitiva que estavam subvalorizadas e ignoradas devido à obsessão do mercado com ações cheias de glamour.

Neff nos aconselha a visitar fábricas, lojas e testar os produtos vendidos pelas empresas nas quais você está interessado – chute os pneus. Ler revistas especializadas do setor de interesse é uma boa forma de descobrir desenvolvimentos em um setor antes de a notícia chegar à comunidade de investimentos.

Estude a empresa e seus rivais, os produtos e o posicionamento estratégico.

Procure opiniões sobre a empresa, seus funcionários, seus produtos e seus concorrentes. Uma indicação útil da posição estratégica de uma empresa é se ela é líder no seu setor. Ouça as opiniões em relação à empresa para descobrir sua reputação como um todo, a previsão do crescimento do setor e sua capacidade de dominar mercados, produtos e serviços levando a preços mais elevados (quer dizer, use a política do *scuttlebutt* que já é conhecida por causa de outro de nossos grandes investidores, Philip Fisher). É importante considerar a facilidade da entrada de novos concorrentes, ou o desenvolvimento de produtos substitutos. Neff procurava empresas com o potencial para crescimento; o setor industrial não deve estar estagnado. Também exigia que a empresa tivesse recursos suficientes para aguentar as condições difíceis.

Neff sugere colocar uma série de perguntas centrais para o CEO ou as relações com os investidores. Por exemplo, os preços cobrados pelas empresas do setor subirão ou cairão no futuro próximo? Os custos estão subindo ou descendo? Quais empresas lideram o setor? Qual é a reputação de cada uma das principais empresas no setor? A capacidade do setor atende à demanda? Há muito investimento de capital acontecendo no setor? Esse investimento extra leva a uma diminuição da lucratividade?

Analisar o grau de vantagem competitiva sustentável de uma empresa e da economia de um setor não é coisa fácil, e talvez, devido a sua familiaridade com o mundo dos negócios, Neff desenvolveu um sexto sentido sobre os pontos fortes relativos de uma empresa. Apesar de Neff só nos dar umas poucas dicas do processo de pensamento e dos critérios necessários para analisar o grau de vantagem competitiva sustentável de uma empresa, a única coisa na qual ele insistia era que os investidores só devem investir em ações em que houvesse uma compreensão total do setor e da empresa. Por causa das dificuldades de analisar setores e a vantagem competitiva de empresas em especial dentro desses setores, Neff se concentrava em empresas e setores razoavelmente previsíveis. Seu lema permanecia "Mantenha tudo simples" – isso significava que muitas empresas em áreas tecnológicas com muitas mudanças, por exemplo, Microsoft ou Cisco, não poderiam ser analisadas e incluídas no fundo.

Neff estava interessado em "boas" empresas, aquelas com fortes posições no mercado. Parece estranho que empresas com pontos fortes competitivos deveriam estar subvalorizadas, ignoradas e negligenciadas, mas o Windsor Fund parecia encontrar uma torrente contínua de empresas cujo capricho do mercado tinha confinado às sombras, enquanto todo o foco estava na ação ou setor mais encantadores.

Fortes fundamentos financeiros

Neff começaria a análise juntando tudo o que pudesse sobre números e fatos. Ele ficaria familiarizado com o desempenho e o poder financeiro da empresa sob vários ângulos diferentes, procurando uma confirmação ou contradição dos números. Os números e os índices para a empresa eram comparados com os do setor e as referências do mercado para fornecer uma perspectiva sobre o desempenho.

As vendas devem crescer para fornecer um aumento saudável dos lucros no longo prazo. Melhorar as margens de lucro pode indicar uma melhora do poder de precificação como resultado de uma melhora na posição competitiva no mercado. Ele também verificava se a empresa tinha capacidade de entregar os ativos exigidos pelos clientes. Se isso não tem um histórico recente impecável, poderia ser porque ela é ineficiente em suas operações ou porque a demanda está superando a oferta. Se a demanda é boa, então ele verificava se havia a probabilidade de que a empresa logo voltasse ao normal e acompanhasse a demanda para produzir um crescimento lucrativo.

O fluxo de caixa (definido por Neff como lucro mais depreciação) deve ser saudável porque é importante para o investidor que os planos de investimentos da empresa possam ser financiados internamente em vez de ser forçada a aumentar os empréstimos ou aumentar o capital líquido. Os investidores devem evitar empresas que precisam de injeções regulares de dinheiro de seus acionistas; afinal, há outras empresas que possuem fluxo de caixa suficiente e baixas necessidades de gastos com imobilizado ou com capital de giro a ponto de terem superávits, permitindo que aumentassem os dividendos ou a recompra de ações.

> *Retorno sobre o patrimônio líquido é a melhor medida de desempenho gerencial na visão de Neff.*

Retorno sobre o patrimônio líquido é a melhor medida de desempenho gerencial na visão de Neff porque revela até onde os diretores geraram bons níveis de lucro do patrimônio que lhes foi confiado.

Onde ações de alta qualidade com baixo P/L podem ser encontradas

Um bom ponto de início é olhar para a lista de ações que alcançam novos pontos baixos – quer dizer, aquelas que diminuíram de preço significativamente nos últimos meses. A maioria dessas empresas terá mais perspectivas e não deveria nem ser considerada. No entanto, pode valer a pena investigar um pouco uma ou duas. Também pode valer a pena consultar a lista dos 20 piores desempenhos do dia anterior.

Mudança significativa

Uma empresa que está passando por um período de mudança em seus produtos, gerência ou mercado pode estar sujeita a pressões inesperadas sobre suas ações. A incerteza associada a empresas passando por esses períodos transitórios desencoraja a maioria dos investidores, e a reação exagerada que se desenvolve pode empurrar os preços das ações abaixo de níveis razoáveis. Isso pode fornecer uma excelente oportunidade para o investidor mais analítico e paciente. Todavia, deve haver um raciocínio forte e uma racionalidade clara de que a empresa irá sair mais forte dessa transformação. Se a ação tem como base um P/L baixo, você tem todo o direito de assumir o crescimento razoável e se ele responder a outro critério neffiano, então tome coragem e vá contra a multidão.

Tempos difíceis

Neff procuraria boas empresas que tivessem passado por maus momentos, pois os investidores se tornaram excessivamente desconfiados, empurrando o preço da ação muito para baixo. Por exemplo, o Windsor Fund, sob orientação de Neff no final dos anos 1980, comprou corretoras de seguro de propriedades e de acidentes quando passivos ambientais estavam atacando o setor de seguros, arrastando-o para baixo. O cenário de fim do mundo não aconteceu, e as reservas das empresas de seguro eram mais do que suficiente para que elas seguissem em frente. Depois, quando os lucros da Home Depot caíram em 1985, devido a custos de pré-abertura e expansão das despesas fixas, o P/L em seguida caiu para um mero 10 (o Windsor Fund ganhou 63% de retorno em nove meses).

Empresas pequenas e rachadas

São geralmente empresas que não possuem tamanho e visibilidade para chamar a atenção do analista convencional e são ignoradas. Podem ser empresas "rachadas", chamadas assim porque ficam entre as rachaduras da cobertura institucional aceita. Essas empresas estão geralmente ligadas a uma combinação de atividades comerciais e industriais, sendo difíceis de classificar. O analista de varejo pode ignorar uma empresa porque somente 30% dos lucros vêm do varejo, da mesma forma que um analista de empresas petroleiras não está interessado porque a empresa só possui uma pequena subsidiária petrolífera e assim por diante. Consequentemente, essas empresas rachadas podem ser valorizadas de forma incompetente pelo mercado.

Setores em mudança

Similares a essas empresas rachadas são as empresas que fazem uma mudança gradual de um setor com fraca situação financeira para outro com melhores qualidades estratégicas. Isso é normalmente um processo gradual e não o resultado de uma reestruturação dramática devido a uma fusão ou aquisição. Envolve o lento movimento da área principal da atividade e dos lucros da empresa. Há um atraso no reconhecimento enquanto o mercado ainda pensa que a empresa pertence ao velho setor de baixo valor, e isso cria uma oportunidade para o investidor com ênfase no valor.

Use seu conhecimento de especialista

Comece com o que você sabe e construa a partir disso. Neff aconselha os investidores a dar ênfase a seus pontos fortes e usarem o conhecimento de uma empresa em particular, setor industrial ou produto. Se você trabalha ou trabalhou em um setor, então pode ter uma visão excepcional sobre qual empresa é líder do mercado, qual está crescendo mais rapidamente e quem tem a melhor equipe de direção e estratégia. Você pode aprimorar esse conhecimento mantendo seus olhos abertos e seus ouvidos afiados. Novamente, ler revistas especializadas em setores de negócios dá uma visão sobre os desenvolvimentos dentro de um setor. Descubra sobre quais produtos os adolescentes estão conversando e quais são as linhas "obrigatórias" para um varejista. Use sua própria experiência. Quais empresas você usa e por quê? Quem está prestando o melhor serviço recentemente? A comida era boa na rede de restaurantes aonde você foi? A empresa de suprimento para escritório era eficiente e amigável, estava vendendo ativos a preços competitivos que derrotavam a concorrência que você já conhece?

Conselho sobre os "nãos"

Já discutimos bastante os critérios usados por Neff para ser um investidor com ênfase em valor bem-sucedido, no entanto, há muitas áreas importantes que ele evita.

Não invista em ações glamourosas

Neff evita ações que mostram forte crescimento rápido, já que elas são geralmente bem reconhecidas e com fortes expectativas, o que leva o preço a alturas irrealistas arrastando os investidores. Há evidências disso mostradas pelas ações de internet no final dos anos 1990 na combinação de superexcitação e a obrigação dos seguidores de índices (mesmo os não assumidos) de comprar essas ações que subiram (com pequenas flutuações), empurrando os preços a níveis extremos. As empresas tinham modelos de negócios não testados e nenhum lucro. Além do mais, os investidores não tinham considerado a possibilidade de novas entradas no mercado, concorrência e a introdução de produtos substitutos.

Mesmo empresas bem estabelecidas podem ser maus investimentos. Empresas como a Coca-Cola, a Microsoft e a Procter & Gamble são boas empresas, com excelente desempenho financeiro e

> *Mesmo empresas bem estabelecidas podem ser péssimos investimentos.*

estão em uma forte posição competitiva com boa direção por trás delas. O negócio também tem uma base ampla, mundial e forte. São seguras e quase inevitavelmente durarão mais de 20 anos. Mas elas não vão produzir bons retornos para quem compra ações se são compradas em um momento em que todo mundo sabe que essas são grandes empresas. O preço da ação normalmente sobe para refletir a crença difundida de que a empresa vai ter um bom desempenho. Mas qualquer indicação de problema vai mandar o preço para baixo quando a multidão perceber que o preço foi estabelecido com vistas à perfeição. Como Neff diz, não é possível apostar para sempre – no final, até grandes ações ficam sem gás. Até boas empresas têm um teto. Acreditar que a Apple é uma boa compra em um P/L de 50, porque poderia subir até 70 vezes é lutar contra as chances. Como investidor com ênfase no valor, você sempre deve manter as chances a seu favor.

Não tente ler bolas de cristal usando tabelas

Neff aconselha um investidor a estudar uma empresa por dentro e por fora, analisar os números e investigar o desempenho do passado, mas ele nunca aconselharia a previsão de movimentos de mercado nos próximos meses. Sugeria que a melhor política envolveria:

> Correr atrás da bola em vez de antecipar o clímax do mercado entre 6 a 18 meses diante da multidão de investimento. Um mau desempenho geralmente ocorria como consequência de uma orientação técnica que tentava prever picos e quedas a partir dos gráficos de ações. Isso assumia que onde uma ação esteve, implica onde estará.[3]

Não siga a febre do mercado em alta (Bull Market)

Com o tempo, os mercados passam por ciclos e o rebanho de investidores vai passar por períodos em que investem em qualidade e usam uma política mais seletiva e avessa a riscos na escolha das ações. Quando sua confiança cresce em um mercado em ascensão, esses investidores podem ser arrastados. Quando o mercado continua a crescer além das expectativas, o mesmo acontece com o frenesi do investidor inexperiente para seguir a última moda. Esses investidores são pegos na perspectiva de ganhar uma grana fácil, por isso eles fracassam em seguir uma estratégia de investimento racional empreendendo uma avaliação fundamental da ação.

---

[3] NEFF, J.; MINTZ, S. L. *John Neff on investing*, p. 44.

As ações são compradas e vendidas com base em dicas e conhecimento superficial, investindo sem uma clara compreensão. Investidores parecem ter uma quase infinita capacidade em momentos para acreditar em algo que é bom demais para ser verdade.

Vai começar, em algum ponto, a ficar claro para a multidão que alguns jogadores recuperaram suas perdas e que as coisas foram longe demais. Como ovelhas, o pânico coletivo começa quando todos procuram a saída. Infelizmente, o final dessas subidas de mercado não é uma visão bonita, e a maioria dos seguidores vai para casa de mãos vazias. O conselho de Neff seria ficar longe dos mercados que perderam contato com os fundamentos. Não tente jogar esse jogo – comprar mesmo não estando convencido do valor fundamental na esperança de vender as ações para outra pessoa antes de chegar a queda do mercado –, você poderia terminar sendo o maior dos tolos.

Não se esqueça das lições da história

Neff acredita que um grande investidor requer um conhecimento da história do mercado para ser bem-sucedido. Só então você pode realmente conseguir a perspectiva exigida para tomar decisões claras e racionais. Neff se refere à maioria dos participantes do mercado como amnésicos, porque a memória deles é notoriamente curta. Exemplos de lições podem ser facilmente encontrados em todos os erros feitos por gerações anteriores de corretores, desde as "ações go-go" dos anos 1960, as Nifty Fifty dos 1970, as petrolíferas dos 1980 e as ponto com dos anos 1990. Muito antes de tudo isso, estavam as ações da "nova era" dos anos 1920 (por exemplo, empresas de rádio).

Cada geração acredita que está observando uma reescritura das regras da situação econômica de tal modo que umas poucas empresas incríveis terão uma capacidade de crescer quase infinita. Investidores então pulam a bordo da nova moda antes que seja muito tarde, acreditando que "dessa vez será diferente": "Pelo menos uma porção da vantagem crítica do Windsor era nada mais misterioso do que lembrar das lições do passado e de como elas tendem a se repetir".[4]

Neff ilustra o ponto maravilhosamente com a história de dois caçadores de alce que alugaram um avião para levá-los a uma reserva de caça no Canadá. O piloto concordou em voltar para pegá-los dois dias depois. Ele disse que só poderiam levar um alce por caçador para manter o peso do avião a um nível seguro. Quando o piloto voltou, os caçadores tinham preparado dois alces cada para voar de volta. O piloto disse que tinha dito para levar só um. "Mas você disse isso no ano passado", reclamou um caçador, "aí nós pagamos US$ 1.000 extra e você concordou em levar quatro alces." O piloto concordou. Uma hora depois, os tanques de combustível ficaram vazios, o motor começou a falhar, e o piloto precisou fazer um pouso forçado. Os três conseguiram sobreviver. "Você sabe onde estamos?", perguntou um dos caçadores. "Não tenho certeza", disse o outro, "mas parece muito com o lugar em que caímos no ano passado."

Não invista onde você não tem um conhecimento visível

Outra das crenças de Neff é investir somente em setores em que você tem um conhecimento superior do negócio. Por exemplo, ele evitava as ações de tecnologia por três razões principais: (1) elas eram muito arriscadas; (2) elas fracassaram em passar no teste do índice preço/lucro; e (3) ele admitia que não tinha um "conhecimento visível" comparado a outros investidores no mercado. Neff sentia que era essencial ter uma vantagem analítica assim como um conhecimento profundo da empresa.

Não exagere na diversificação

Algum grau de diversificação é necessário para diminuir os riscos e reforçar o desempenho, mas diversificar muito poderia levar a um desempenho problemático. Neff dizia: "Ao jogar com segurança, você

---

[4] NEFF, J.; MINTZ, S. L. *John Neff on investing*, p. 127.

pode criar um portfólio tão insípido que nada pode atrapalhar. Dá para diversificar na mediocridade".[5] Enquanto isso, no fundo Windsor, Neff geralmente ignorava o peso do mercado,[6] favorecendo áreas em que havia evidências de subvalorização. Havia alguns setores do mercado que estavam completamente sub-representados no portfólio, mas outros que estavam sobrerrepresentados. Ele raciocinava que era estúpido ter, por exemplo, empresas de produtos florestais se o mercado estava todo animado com o setor e dava para conseguir resultados excepcionais vendendo. Era normalmente o caso de que a vasta maioria das S&P 500 não fosse mantida pelo fundo porquanto só umas meras quatro ou cinco dessas empresas bem conhecidas satisfazia suas exigências de inclusão. Em um estágio em que o fundo estava avaliado em US$ 11 bilhões, 40% eram formados por somente dez ações (geralmente somavam somente 60 no total). O Windsor geralmente comprava 8% ou 9% das ações comercializadas em uma empresa.

Não tenha despesas desnecessárias

O Windsor Fund sob Neff tinha despesas excepcionalmente baixas, chegando a meros 0,35% ao ano. Ele era capaz de manter esses níveis de custo baixo principalmente evitando alta rotatividade de ações mantidas no portfólio economizando em custos de transação e impostos, mas também por não usar equipamentos sofisticados caros e/ou pessoas para determinar o valor das ações, já que sentia que isso poderia ser encontrado sem elas. Mantenha as coisas simples.

Não vá automaticamente contra a multidão

Como discutido no começo deste capítulo, Neff é um indivíduo que toma suas próprias decisões sobre empresas e ações. Sua capacidade de ir contra as modas do mercado fez dele um grande investidor. No entanto,

---

[5] NEFF, J.; MINTZ, S. L. *John Neff on investing*, p. 49.
[6] Investir porções do fundo em proporção ao tamanho do setor no mercado de ações.

ele nunca se tornou um egocêntrico ou um obstinado e estava preparado para ouvir os outros. Não assumia que o mercado estava sempre errado e usava suas técnicas testadas para analisar empresas bastante de perto antes de tomar uma decisão. Ele não tomava uma linha contrária sem pensar ou de forma automática; era sempre algo sofisticado. Ele nos avisa para não nos deleitarmos com o prazer de simplesmente ser diferente:

> Há uma fina linha entre contrariar e ser cabeça-dura. Eu adoro encontrar oportunidades para comprar ações, mas também preciso concordar que às vezes a multidão está certa. No final, você precisa estar certo dos fundamentos para ser recompensado. Ser cabeça-dura, instintivamente do contra, é seguir uma receita para a catástrofe. Contrariar, mas de forma inteligente mantém a mente aberta, atenuada por um sentido de história e de humor. Quase tudo no campo dos investimentos pode ir longe demais, inclusive ser do contra.[7]

Quando vender

Decidir quando vender é a decisão mais difícil. Infelizmente, é muito mais fácil se apaixonar pelas ações no seu portfólio. Você deve se lembrar de que suas ações representam uma empresa e se o negócio subjacente não está tendo um bom desempenho agora, e você não vê nenhuma curva ascendente no horizonte, deve se separar delas.

Cada ação no portfólio deve ter um potencial bastante de crescimento evidente.

Todas as ações do Windsor Fund estavam à venda, ainda que Neff não fosse contra segurar algumas por entre três a cinco anos. Entretanto, às vezes, se uma ação não estivesse de acordo com as expectativas, poderia ser mantida por um mês somente. Assim,

---

[7] NEFF, J.; MINTZ, S. L. *John Neff on investing*, p. 100-1.

uma ação pode ser vendida se os fundamentos da empresa mudaram (por exemplo, posição estratégica ou gerência) desde a compra ou se um erro na análise original for revelado. Cada ação no portfólio deve ter um potencial de crescimento bastante evidente.

Há dois grandes obstáculos que um investidor deve esclarecer quando tomar a decisão para vender.

1. Deixar uma ação e admitir que cometeu um erro ao comprá-la, já que ela não cumpriu com suas expectativas. Você deve engolir seu orgulho e sair o mais rápido possível. Isso exige que o investidor seja extremamente autocrítico e analise a empresa regularmente. Se você está simplesmente mantendo-a por causa do seu entusiasmo anterior ou por seu amor por ela, deve colocar esses sentimentos de lado e considerar somente o potencial de crescimento dos lucros da ação.

2. Mais difícil ainda é estabelecer o momento de venda de seus sucessos. O jeito é vender no momento em que a ação está com um valor justo e não mantê-la por muito tempo e perder o barco. Neff afirmava que muitos investidores seguram uma ação por muito tempo, pois odeiam perder o que acham será "a melhor parte". O medo de vender uma ação só para ver como ela continua a aumentar de preço é o motivo pelo qual muitos mantêm as ações por tempo demais; para evitar esse remorso. Neff admitia até que era incapaz de vender as ações em seus picos e ganhar toda a recompensa. Estava preparado para vender enquanto subia e deixar um pouco na mesa para o comprador. Sente que o risco de ser pego em uma queda súbita é muito grande. A coisa importante a se lembrar é que o lucro conquistado pode ser usado para comprar mais ações subvalorizadas e assim recomeçar o ciclo. "Uma grande quantidade de pessoas mantém uma ação por muito tempo porque isso é bom para o ego — principalmente quando uma postura oposta à do mercado foi premiada. Se eles vendem, perdem o direito de se gabar."[8]

---

[8] NEFF, J.; MINTZ, S. L. *John Neff on investing*, p. 115.

As dificuldades com essa postura

Uma postura estilo neffiano exige muito trabalho de base assim como autoexame crítico. Você deve ter um bom conhecimento de economia, finanças, contabilidade e estratégia. Sua análise deve ser de alta qualidade, enquanto você vasculha nas empresas, investigando o potencial de crescimento dos lucros. Não pode se esforçar um pouco e aplicar um pouco de conhecimento; precisa ser uma análise sólida ou não conseguirá superar o mercado. Um investidor que usa a postura de Neff deve ser capaz de investir não só o seu dinheiro, mas também tempo e energia mental.

Esse método é psicologicamente exigente devido à imensa quantidade de coragem e perseverança exigida antes de você colher as recompensas. É necessário conhecer a história do mercado, bem como desenvolver um sólido julgamento. Aperfeiçoar as habilidades exigidas pode levar anos e infelizmente muitas dessas qualidades não são conquistadas por todos nós. Neff sugere que as pessoas incapazes de investir o tempo necessário podem ter melhor resultado colocando seu dinheiro em veículos de investimento coletivos (por exemplo, fundos mútuos) em vez de fazer tentativas hesitantes de investimento em sofisticadas ações com baixo P/L.

Um grande problema com seu foco é que a maioria das empresas não superaria o primeiro obstáculo porque Neff exigiria que tivessem um índice P/L 40-60% abaixo da média, para produzir um alto rendimento e ter um bom retorno em relação ao índice P/L. Um grande número de ações com potencial de alto crescimento seria excluído baseando-se em suas ferramentas de análise. Tais empresas, sob a visão de Neff, seriam consideradas muito arriscadas, por causa dos problemas de distinguir entre ações com potencial de crescimento realmente valioso e as que simplesmente estão sendo momentaneamente trazidas à tona pelo entusiasmo do mercado.

Outro problema é que poderia haver ocasionais longos períodos de baixo desempenho. Por exemplo, o Windsor Fund sofreu no começo dos anos 1970 por causa da corrida dos investidores para entrar na onda das Nifty Fifty e o abandono das ações de valor. Você deve participar durante todo o tempo e estar preparado para continuar por pelo menos cinco anos. Se estiver preparado para manter esse longo esforço e tiver a capacidade de aguentar as pressões, então, essa postura pode ser recompensadora. É necessário aguentar as pauladas. Não precisa ser muito inteligente, mas alguma capacidade para pensar de forma independente, racional e informada certamente será exigida.

Comentários conclusivos

A postura de Neff é acessível para a maioria dos investidores se eles puderem encontrar o tempo e puderem desenvolver os traços de caráter necessários. Isso não exige nenhuma genialidade ou sexto sentido, mas é preciso imaginação, trabalho duro e capacidade de aprender com os erros cometidos por você e pelos outros.

Quando Neff se aposentou em 1995, tirou um tempo para refletir sobre o comentário que sua mãe havia feito de que discutia até com uma placa de sinalização. Afirmou que tinha brigado com o mercado de ações por toda a sua carreira – mas felizmente mais ganhara discussões com o mercado do que perdera.

Pontos centrais para aprender da postura de Neff:

- Procure ações desfavorecidas, ignoradas e incompreendidas vendendo sobre baixas P/Ls, com bons dividendos e crescimento de ganhos modestos. Nisso, jogue com seus pontos fortes, por exemplo, na indústria na qual você trabalha, em que faz compras, come etc.

- O retorno total do índice P/L por uma ação deve ser o dobro do mercado no geral.

- Analise a qualidade da posição estratégica da empresa, a qualidade de sua diretoria e a solidez de suas finanças – use o método *scuttlebutt* para fazer isso.

- Desenvolva traços de caráter como perseverança, fortaleza, paciência e reflexão sóbria.

- Tenha um sentido histórico e desenvolva seu julgamento sobre os humores do mercado e o valor subjacente com o tempo.

- Não tenha muita rotatividade ou muita diversidade em seu portfólio. Não tente investir no curto prazo para alcançar os movimentos de mercado ou investir em indústrias de desenvolvimento muito rápido que são difíceis de entender.

- Mantenha-se firme contra a febre do mercado em alta (*Bull Market*) e quando precisar tomar direções opostas à generalidade dos investidores.

- Venda quando os fundamentos deteriorarem ou as ações estiverem totalmente valorizadas.

CAPÍTULO 8

Anthony
BOLTON

Anthony Bolton é bastante conhecido como o maior investidor britânico de sua geração. Peter Lynch o descreve como um dos melhores investidores sobre a Terra. É um investidor de valor que vai contra a corrente, procura ações desfavorecidas, pouco pesquisadas e com potencial que outros deixaram passar. Encontra a maioria delas nos setores que possuem pequenas e médias companhias em valor de mercado. Essas ações subvalorizadas e pouco amadas são geralmente encontradas nas coisas que deram errado (mas onde a recuperação é provável) ou onde a empresa está passando por um período de mudança. Ele procura situações em que acredita que é provavel que o sentimento do investidor sobre uma empresa melhore no médio prazo.

Bolton dirige seus fundos com um perfil de risco acima da média. Seus investidores são solicitados a conviver com um grau maior de volatilidade do que o existente na média dos fundos. O tipo de empresa de tamanho médio na qual ele investe frequentemente, em uma recessão, cai mais do que as grandes empresas. Assim, embora sua abordagem seja bem-sucedida no médio e no longo prazos, um seguidor de sua filosofia precisa aceitar que haverá períodos desconfortáveis.

Bolton possui um histórico incrível. O fundo que ele dirigiu no Fidelity (Fidelity Worldwide Investments), Special Situations, durante 28 anos, entre 1980 e 2007, produziu um retorno com média de 19,5%. Isso ganha do Índice FTSE All-Share por 6% ao ano. Um investimento de US$ 10 mil no início do fundo valeria US$ 1.480.200 no final de 2007.

É difícil, se não for impossível, encontrar alguém que tenha algo de ruim a falar sobre Anthony Bolton como pessoa. Cortês, ele é descrito invariavelmente como modesto, genial, responsável e ótimo ouvinte. Tem um ar de quieta eficiência, de deliberação em suas ações, uma manifestação de uma mente muito organizada; lembra a muitas pessoas um professor com uma mente profunda e ágil. Lynch diz que ele é *cool* no melhor sentido britânico – apaixonadamente imperturbável e intensamente calmo. Ele aceita que é uma pessoa pouco emotiva, mas conta isso como uma virtude porque pessoas emotivas geralmente são péssimos gestores de fundos.

Há muito a aprender de Bolton:

- Como procurar bom valor entre as ações pouco amadas, ignoradas pelo mercado, tomando uma postura contrária ao mercado.
- O que faz uma empresa excelente.
- Quais métricas de avaliação usar.
- O conceito de tese do investimento.
- Como administrar um portfólio.
- Os atributos pessoais que um bom investidor precisa ter.

Depois de olhar as primeiras experiências de Bolton, rapidamente chegamos aos elementos centrais que ele examina quando avalia uma empresa. Exploraremos, então, a amplitude das medidas de avaliação que ele usa e a importância central de ter uma tese para justificar todo investimento que você faz. Algumas dicas sobre como gerenciar um portfólio são seguidas por orientações sobre quando vender suas ações. Finalmente, discuto os traços de caráter que fazem um bom investidor e algumas coisas que você não deve fazer, o que fará que você evite desperdiçar tempo e dinheiro.

A criação de um grande investidor britânico

Bolton ingressou na área de investimento por acaso. Ele teve uma criação de classe média bastante convencional: seu pai era advogado, ele era bom estudante e obteve um diploma de engenheiro na Cambridge em 1971. Depois de se formar, não tinha nenhuma ideia do que fazer em seguida. Um amigo sugeriu a City de Londres, e outro amigo lhe apresentou à corretora Keyser Ullmann, onde começou como *trainee* de gestor de investimentos. Naquele tempo, ser gestor de investimento era algo pouco reconhecido; as finanças corporativas eram a área cujo glamour atraía os melhores talentos.

Keyser Ullmann gerenciava dinheiro de uma forma especial que mais tarde influenciaria a filosofia de investimento de Bolton. Em primeiro lugar, concentrava-se nas empresas menores. Em segundo lugar, os analistas e os gestores saíam do escritório e visitavam as empresas – uma raridade entre o pessoal da City. Em terceiro lugar, um dos mentores de Bolton, um diretor da empresa, usava análises técnicas (tabelas, gráficos etc.) para suplementar a análise fundamental. Para progredir até gestor de investimentos em vez de permanecer como júnior, em 1976 ele mudou para a Schlesingers.

Fidelity

Ele não ficou na Schlesingers por muito tempo porque em dezembro de 1979 a Fidelity o recrutou como um dos primeiros gestores de investimentos de Londres. A empresa familiar tinha uma reputação estabelecida de fazer análises fundamentalistas profundas e ter um bom desempenho consistente, por isso, tinha crescido, tornando-se a maior corretora de investimentos independente dos Estados Unidos, porém o lado internacional do Fidelity estava apenas começando. No começo dos anos 1970, as operações do Fidelity no Reino Unido eram pequenas, consistindo em apenas 12 pessoas. Cresceu bastante – há mais de 3 mil hoje.

Bolton, com 29 anos, foi imediatamente colocado à frente do Fidelity Special Situations Trust, que foi lançado, com três outros fundos, assim que Bolton chegou à empresa. Era um fundo difícil de vender e ele lutou com apenas US$ 2-3 milhões investidos por algum tempo. (Ficou muito mais fácil quando o fundo alcançou o alto das tabelas de desempenho no final dos anos 1980.)

Bolton descreveu a *Special Situations* como:

Uma empresa atraentemente valorizada em relação a ativos líquidos, rendimentos de dividendos ou lucros futuros por ação, mas que tem alguma
outra atração específica que poderia
resultar em uma influência de curto

*Procurar as oportunidades
para aumentar o capital
de uma forma agressiva e
"contrária ao mercado".*

prazo sobre o preço da ação. Special Situations tende a se manter
nas seguintes categorias: ação de pequeno crescimento, ações em
recuperação, ativos problemáticos, novas emissões, empresas envol-
vidas em operações de aquisição, ações de energia e recursos natu-
rais, empresas reorganizando ou mudando seu negócio e situações
de nova tecnologia. (Bolton, escrevendo sobre o primeiro Relatório
do Gerente do Fidelity Special Situations Trust.)

Ele mais tarde encapsulou a ideia em uma única sentença: "Busca
de oportunidades para aumentar o capital de uma forma agressiva e contrária ao mercado".

Adotou uma postura "de baixo para cima", examinando os fatos
sobre empresas específicas em vez de dar mais peso às considerações
macroeconômicas. Ele se permitiu muito espaço para aumentar seu
território de busca além das categorias nas quais inicialmente achava
que as situações mais especiais seriam encontradas, acreditando que na
busca de altos retornos você não deve excluir oportunidades potenciais
para ganhar dinheiro por simplesmente ser muito restrito a que tipo
de ações pode comprar.

Uma das características mais inspiradoras da abordagem do Fidelity é que os gestores de fundos têm a permissão de dirigir seus fundos, com poucas alternativas responsabilidades impostas do alto, como
marketing e administração. Bolton tem uma ardente lealdade com a
empresa, sustentada pela forma decente e respeitosa pela qual foi tratado

sempre pela direção. Durante esses anos, ele foi abordado por uma série de empresas querendo contratá-lo, mas nunca chegou perto de sair. A seguinte citação dá alguma pista de quanta importância ele coloca no caráter das pessoas com quem trabalha e seu sentido de valor:

> Lembro-me de uma abordagem nos anos 1980 do que era então um dos fundos *hedge* mais bem-sucedidos da época. Conheci o chefe de investimentos internacional e devo dizer que eu achei que fosse uma pessoa particularmente desagradável. Ele terminou nossa reunião dizendo algo no estilo de que não entendia por que os britânicos não achavam que ser rico era o objetivo mais importante da vida e estavam motivados por outras coisas além de dinheiro.[1]

Outro indicador de integridade: quando Bolton começava a dirigir um fundo, ele sentia como algo natural que deveria parar de comprar ações pessoalmente e em vez disso colocava todo o seu dinheiro no fundo de investimento, dizendo que essa deveria ser uma política-padrão para todos os gestores de fundos. Fico curioso em saber por que tão poucos gestores de fundos investem quantidade significativa de seu próprio dinheiro nos fundos que eles dirigem?

Por que ações desfavorecidas?

Bolton acredita que as ações recuperadas e outras que estão atualmente desfavorecidas vão produzir os melhores retornos porque são o oposto de seguir com o rebanho. O mercado de ações leva as coisas ao extremo. Seu trabalho como investidor é tirar vantagem desses excessos. Ao passar tempo procurando ações desfavorecidas, você é forçado a ir contra o rebanho. Isso é algo desconfortável a fazer para a maior

---

[1] Escrito por Anthony Bolton em: DAVIES, J. *Investing with Anthony Bolton*, p. 52.

parte das pessoas que se sentem muito mais confiantes fazendo o mesmo que o rebanho. Se a imprensa, os corretores e todo o resto está dizendo que a GlaxoSmithKline é uma boa empresa, então eles querem acreditar que a GSK é uma boa empresa.

Um indicador de que o rebanho foi em uma direção particular é quando um grande número de corretores liga para ele e recomenda a compra de certa ação. O espírito do contra dele e o bom senso dizem que isso seria um péssimo movimento porque, se o mercado em geral está otimista, a ação provavelmente já está razoavelmente cara ou muito cara. Entretanto, há ocasiões em que o mercado fica muito pessimista com as coisas, focando no curto prazo e perdendo a dinâmica de longo prazo de uma empresa.

Seu ideal é uma empresa em que as coisas deram errado, mas ainda existe uma razão para acreditar que elas poderiam estar mudando – há algo que vai recapturar a atenção dos investidores em pouco tempo.

No meio dos anos 1980, Bolton era tão respeitado a ponto de ser chamado para gerenciar um fundo da Fidelity European focado em ações, além do Special Situations – em um momento ele foi responsável pelo gerenciamento de US$ 10 bilhões do dinheiro de outras pessoas. Gostava de investir nas ações europeias nos anos 1980 porque eram pouco pesquisadas e porque o mercado de ações tendia a não ter muita sofisticação em sua reação às notícias, dando muita oportunidade para descobrir pedras preciosas escondidas.

No final de 2007, com 57 anos, Bolton se aposentou (temporariamente) da gerência em tempo integral, já que o ritmo exigido para cuidar de um fundo tão grande se tornou demasiado, e ele queria ter mais tempo para seus outros interesses. No entanto, concordou em continuar como mentor dos analistas e dos gestores de fundos mais jovens do Fidelity. Também escreveu vários artigos para o *Financial Times* e devotou mais tempo a sua paixão de compor música clássica.

Os elementos centrais que Bolton investiga

Os elementos centrais que Bolton investiga estão mostrados na Figura 8.1 e explorados a seguir.

Figura 8.1   Os elementos centrais

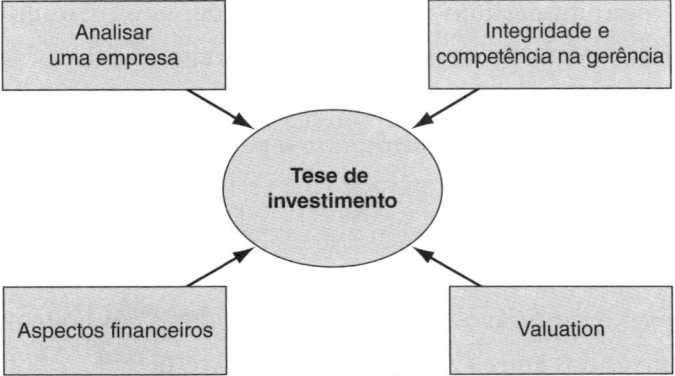

Analisar uma empresa

Bolton concorda com Warren Buffett e Benjamin Graham: pense em ações como pequenos pedaços de uma empresa. É essencial entender os fatores centrais que impulsionam o desempenho de uma empresa. Uma postura útil é imaginar que você está comprando toda a empresa quando avalia as ações e fazer perguntas como: quão boa é essa empresa? Ela tem vantagens competitivas significativas e sustentáveis? Como está posicionada para fazer diante das mudanças da economia ou da sociedade?

Bolton acredita firmemente que as empresas não são todas iguais. Somente umas poucas delas possuem marcas fortes ou patentes que podem sustentar a empresa por um longo período. Uma marca de valor (econômico) é o grau de poder de precificação fluindo de suas vantagens competitivas, especialmente suas barreiras à entrada de concorrentes. O ponto forte e a durabilidade da marca são determinados pela estrutura do setor (por exemplo, o grau de rivalidade entre os concorrentes no setor) e a capacidade de a empresa se destacar nesse setor e gerar taxas de retorno excepcionais no longo prazo sobre o capital empregado. Bolton gosta da metáfora do "fosso" para a força da marca: uma barreira que protege a empresa da incursão de rivais.

Uma forma simples de testar sua convicção sobre a força da franquia é perguntar se é provável que a empresa ainda esteja aqui daqui a dez anos – e se aquela marca (e, portanto a empresa) será mais valiosa do que é hoje. Ele disse que é surpreendente a quantidade de empresas que fracassam nesse teste. Muitas empresas são criadas sob modelos de negócios que funcionam em condições atuais econômicas/sociais/políticas, mas não é possível ser confiante de que ainda vão funcionar quando as circunstâncias mudarem. Algumas empresas parecem bem quando, digamos, fatores macroeconômicos, como taxas de juros ou de câmbio, são favoráveis, mas quando elas mudam você logo descobre que a empresa é incapaz de ficar em pé – estava se apoiando em fatores sobre os quais não tem controle. As melhores ações são as de empresas com controle sobre seu próprio destino por causa do grau de poder de mercado e que não são muito sensíveis a fatores macroeconômicos.

Dada as dificuldades de analisar a durabilidade a longo prazo de uma marca, é aconselhável evitar empresas complexas, com muitas variáveis mudando no dia a dia. Em outras palavras, prefira

> As melhores ações são as de empresas com controle sobre seu próprio destino.

empresas simples. Bolton se recusa a olhar para qualquer empresa em que o modelo de negócio é muito difícil de compreender. Afinal, há muitas outras que são mais fáceis de entender.

Na próxima seção, olhamos outro fator importante na avaliação de ações – integridade e competência da diretoria. Apesar de ser importante, e seria um grande erro investir em uma empresa se você tem qualquer dúvida sobre esses dois aspectos, Bolton afirma que a qualidade da marca ou patente é a prioridade número um. Ele concorda com Warren Buffett no fato de preferir ter uma boa empresa dirigida por uma diretoria média do que uma empresa média dirigida por bons diretores.

Integridade e competência da diretoria

Se você tem qualquer desconfiança sobre a confiabilidade ou competência da empresa, então evite-a. As pessoas que dirigem a empresa devem ter a máxima integridade e abertura. Devem ser francas e não ter inclinação a extravagâncias. Bolton deve sentir que os diretores estão lhe mostrando uma visão verdadeira e equilibrada da empresa. Devem contar o lado negativo assim como o positivo – porque todas as empresas têm os dois. Devem ser diretores que prometem menos, mas entregam mais do que indicam. Tenha cuidado com os que prometem grandes avanços porque é pouco provável que consigam entregar.

Se há manchas no caráter deles, então tenha cuidado porque as pessoas raramente mudam. Se os gerentes não têm ética e são desonestos, nenhum controle externo (por exemplo, diretores apontados por investidores) ou investigações contábeis vão revelar a verdade; há simplesmente muitas formas de enganar os investidores. Eles podem conseguir manter suas mentiras e falsidades por muitos anos. Ele percebeu que tipos suspeitos geralmente tendem a ser mais extrovertidos. Sente que toda a ostentação deles pode ser usada para cobrir outras falhas. Um teste: a pessoa admite que comete erros? Os que não fazem isso deveriam ser vistos como perigosos.

Procure equipes de direção que mostrem um conhecimento detalhado da empresa em termos estratégico, operacional e financeiro. Essas pessoas tendem a ser fanáticos pela empresa, esperando alto desempenho de si mesmos e dos membros de sua equipe; e trabalham muitas horas.

Os objetivos e incentivos da direção precisam estar alinhados com os dos acionistas. Um indicador disso é que eles possuam um número significativo das ações da empresa. Diretores que não arriscam seu próprio dinheiro na própria empresa podem estar mais focados em prestígio, *status* e benefícios do que nos retornos aos acionistas.

Conheça os diretores

Bolton se interessa muito em conhecer a direção das empresas em que investe ou que têm potencial para ser uma delas. Seu hábito era manter três ou quatro reuniões com empresas por dia. Eram normalmente com o principal executivo (CEOs) e/ou com o diretor financeiro, mas poderiam ser com o responsável por relações com investidores. Se as ações da Fidelity fossem substanciais, ele preferia vê-los a cada trimestre; e as reuniões normalmente duravam entre uma hora e hora e meia. Reuniões regulares por um período de tempo extenso permitem que se analise a competência da diretoria porque é possível verificar se o que eles dizem que vai acontecer no futuro acaba realmente acontecendo; você desenvolve um sexto sentido sobre quem tem as qualidades corretas e quem não tem. Ele gosta de dirigir a discussão, que normalmente foca em estratégia, desempenho recente e novos desenvolvimentos. Para Bolton, ler a linguagem corporal quando os diretores reagem às perguntas é uma parte importante do pacote, então o contato regular é essencial.

Dados-chave preparados para uma reunião

Na reunião inicial com uma empresa, ele foca seu questionamento nos pontos fracos e fortes das marcas ou patentes do negócio. Ele vai a essas reuniões armado com o seguinte:

• Uma tabela do preço da ação voltando três, cinco ou dez anos para ver como está sendo seu desempenho.

• Algumas medidas de avaliação, por exemplo, índice preço/lucro, índice preço/valor contábil, índice preço/valor da firma, índice preço/vendas.

Esses vão até 20 anos no passado. Se não existirem 20 anos disponíveis, então ele gosta de ver os dados por pelo menos um ciclo de negócios completo. Para ele, menos de dez anos de dados são inadequados e enganosos porque não cobrem variedade de condições de negócios suficiente. Ele quer ver se a avaliação atual é alta ou baixa em relação a sua história.

- As transações da diretoria com as ações da empresa, até alguns anos antes. Ele vê essas transações como um possível indicador de melhora ou piora da empresa. Transações de CEOs ou de diretores financeiros recebem mais peso do que as realizadas por diretores de divisão.

- A lista dos 20 maiores acionistas. Ele quer saber se a lista de acionistas é diversificada ou concentrada, com talvez uns poucos investidores controlando a empresa. (Ele também está procurando nomes de acionistas institucionais que respeita no registro de ações – se eles estão ali é um sinal positivo.)

- A proporção de ações controladas por funcionários da empresa. Ele gosta de ver os interesses da gerência alinhados com os dos acionistas.

- Relatório de potência financeira – veremos mais adiante esse critério.

- Uma tabela mostrando a posição líquida vendida e como ela mudou – quanto estão apostando contra essa empresa?

- Os *spreads* sobre as taxas de crédito em caso de falência da empresa (se disponíveis) que mostram o julgamento dos mercados financeiros sobre a possibilidade de um fracasso no pagamento de juros e capital das dívidas existentes.

- Um gráfico de gestores/analistas mostrando os *upgrades* ou *downgrades* dos lucros; assim ele podia ver rapidamente se as expectativas médias estão se deteriorando ou melhorando.

- Os últimos resultados da empresa, outros informes oficiais e da imprensa.

- Notas recentes dos *brokers* – tanto positivas quanto negativas, se possível.

- Notas e modelos financeiros dos analistas do Fidelity.

- Uma revisão das anotações manuscritas de reuniões anteriores. Esse é o elemento que ele considera mais importante. Sempre toma notas das reuniões em cadernos tamanho A4. Começou a fazer isso em 1987 e agora possui mais de 50 cadernos registrando mais de 5 mil reuniões com empresas do Reino Unido (para as empresas europeias, tem 37 livros). Esses apontamentos se tornaram um material suplementar útil para mais tarde avaliar a empresa e voltar a se reunir com sua gerência.

Com esses dados, Bolton é capaz de discutir cada divisão sobre volume de produção, preços cobrados, margem bruta, custos, margem operacional, gastos sobre capital, níveis de dívida etc.

Com a primeira reunião ele está tentando chegar ao fundo do modelo de negócio e das principais influências sobre o sucesso da empresa. Ele estuda os diretores para entender seu posicionamento estratégico, a qualidade da gerência e seus incentivos, além das recentes tendências do setor econômico. Quer saber quais áreas da empresa estão indo bem, mas também as áreas que não estão. Qual é a visão dos diretores seniores sobre a previsão das várias divisões e do mercado em geral? Todo esse questionamento e pensamento é arquitetado para permitir que Bolton construa um modelo mais sofisticado e preciso da empresa do que seus competidores.

Relacionamento contínuo

Bolton mantém um relacionamento contínuo com as empresas e espera ser consultado sobre grandes movimentos estratégicos, como fusões e venda de empresas. Também espera que suas visões sejam ouvidas sobre grandes mudanças na diretoria, em esquemas de incentivos e na remuneração. Como um acionista responsável, ele tem a política de usar seus votos se a empresa vai passar por uma grande mudança. Os diretores geralmente pedem *feedback*, e se ele tiver uma opinião, vai fornecê-la.

Bolton também acredita em conversas privadas com diretores para garantir que suas visões sejam levadas em conta. Se uma conversa privada é ignorada, ele não hesita em levantar a voz e explicar suas visões em público. Quando foi proposto que a ITV (a estação de televisão independente do Reino Unido) deveria ser formada por meio da fusão entre a Carlton, dirigida por Michael Green, e a Granada, dirigida por Charles Allen, Bolton achou errado que essas duas pessoas com caráter forte, que de nenhuma forma se davam bem, tivessem de compartilhar os dois cargos principais na entidade criada – um deles deveria sair.

> *Bolton foi chamado de "o assassino silencioso da City" pela imprensa.*

Bolton foi chamado de "o assassino silencioso da City" pela imprensa, porque o resultado foi a remoção de Michael Green da empresa.

Ele já interveio para mudar a forma como uma empresa com mau desempenho estava sendo dirigida. Normalmente faz isso em junção com outros grandes acionistas. Bolton sente que está obrigado a corrigir empresas que estão errando em vez de vender as ações no mercado e se afastar. Como ele normalmente investe em empresas pequenas e médias e possui um grande volume de dinheiro para investir, o Fidelity frequentemente está entre os maiores acionistas. Vender pode levar tempo e acabar em preços ruins, então faz sentido tentar mudar uma empresa com mau desempenho.

Estudo de caso: o poder das reuniões – Nokia

Em 1987, Bolton visitou um conglomerado finlandês que estava envolvido com produção de papel, TVs, pneus e várias outras coisas. Uma divisão, Mobira, estava crescendo 50% por ano, mas a empresa não era lucrativa. Na verdade, toda a empresa passou por um momento muito ruim nos anos seguintes – perdeu dinheiro e uma série de CEOs. Em 1992, o diretor financeiro, Jorma Ollila, foi indicado para ser CEO e visitou Bolton em Londres em 1993. Disse que todas as divisões, exceto a Mobira (mais tarde renomeada como Nokia), agora eram lucrativas e, provavelmente, seriam vendidas. As vendas dos celulares Mobira nos Estados Unidos tinham crescido e Ollilla estava muito otimista. Até aquele momento, os lucros por divisão não tinham sido informados, o que só servia para esconder os extraordinários lucros da Mobira atrás das perdas das outras divisões. O potencial dessa empresa, depois que as outras divisões tinham desaparecido, era algo que a maioria dos analistas tinha deixado passar. O hábito de Bolton de se encontrar com diretores lhe dera uma vantagem.

Situação financeira

Quando Bolton se uniu a City, ele conhecia muito pouco sobre contabilidade. Não tinha nenhum treinamento formal, então aprendeu sozinho a ler e analisar os números de uma empresa. A seguir estão os principais elementos que ele olha.

Empréstimos

Bolton diz que risco no balanço foi o fator mais comum por trás de seus piores investimentos. Uma lição dolorosa que aprendeu no começo de sua carreira é que empresas com balanço fraco – muitos empréstimos – são as que tendem a diminuir os retornos do portfólio quando a economia ou um setor passa por um momento duro. Mesmo se elas não entram em colapso financeiro, podem se encontrar com bancos, forçando-as a vender divisões para diminuir suas dívidas. Infelizmente, potenciais compradores geralmente saberão que elas estão sendo forçadas a vender e o preço recebido é reduzido a níveis abaixo do que a empresa e o investidor pensavam que valia.

Por isso, um investidor precisa prestar muita atenção a desastres assim, a fim de escolher as vencedoras; evitar empresas com muitas dívidas é uma forma de evitar as perdedoras. Assim como uma dívida regular, o analista deveria levar em conta os déficits em fundos de pensão e o valor das ações preferenciais conversíveis resgatáveis em que a probabilidade de uma conversão é pequena. Também considere o perfil de maturidade da dívida: o que precisa ser pago neste ano, no seguinte e assim por diante. O acordo sobre dívidas pode ser oneroso para os acionistas, então é preciso não contar com eles.

Algumas empresas selecionam datas no final do período quando seu fluxo de caixa sazonal está no ponto alto. Nesses casos, o analista deveria olhar além dos níveis de dívida absoluta no final do período e considerar a dívida por todo o ano. A quantia paga em juros para o ano pode ser de alguma ajuda aqui – se parece alta em relação à dívida do final do período e as taxas de juros, talvez o nível de endividamento da maior parte do ano era muito mais alto do que os informados no final do período.

Bolton produziu um mau desempenho para seus investidores em 1990-91 porque o tipo de empresa na qual ele investe é mais vulnerável a recessões do que a média das empresas. Ele pesquisou muito para descobrir se era possível reter as principais características de sua postura enquanto reduzia o risco de perdas. Como resultado, ele se esforçou muito pesquisando o "Altman Z-scores"[2] e outros métodos usados por analistas de crédito para identificar empresas vulneráveis com balanços fracos.

Ele não está dizendo que nunca vai comprar uma empresa com um balanço fraco, mas que vai fazer isso com os olhos bem abertos e depois prestar muita atenção ao seu progresso. É provável que o investimento seja também relativamente pequeno, e será vendido se existir uma indicação de que algo está indo mal com a empresa ou a economia.

Gerar dinheiro

A empresa vai gerar dinheiro no médio prazo? Por causa da preferência de Bolton por empresas que geram dinheiro em vez de consumi-lo, ele administra portfólios que possuem tendência a ser empresas de serviço,

---

[2] Um Altman Z-score baseia-se em vários índices financeiros, que, quando combinados, agem como uma referência para o risco de *default*/falência.

e não fábricas. Empresas que podem crescer usando somente pequenas quantidades de capital extra são especialmente atrativas porque a medida superior de atratividade em termos de avaliação precisa ser o retorno em termos de caixa investido sobre caixa gerado. Ele preferia que a empresa fosse geradora de caixa a ter um crescimento de vendas e lucros impressionante, mas pouco caixa disponível para os acionistas.

Leia as notas

Ele diz que informações vitais sobre a empresa são apresentadas nas notas aos balanços; os analistas devem se disciplinar a lê-los com muito cuidado. Geralmente, as empresas esperam que as informações negativas centrais sejam ignoradas se estiverem enterradas nas notas.

Comunicados

Leia os comunicados da empresa e outras informações fluindo da empresa no formato original. Diretores e seus assessores geralmente passam um bom tempo escolhendo as palavras certas e assim o original contém mais sutilezas do que os produzidos em um sumário dos corretores. Muita dessa informação está disponível gratuitamente em sites financeiros.

Valuation

Bolton não tem uma medida de valuation favorita porque gosta de usar várias, acreditando que é perigoso focar somente em uma. Note que para todas as formas de medição listadas abaixo ele as usa como uma base absoluta e relativa. Valores absolutos são especialmente úteis nos extremos do mercado para evitar que sejam sugados por uma ação em momentos de grande exuberância.

As medidas são:

- Índice preço/lucro. Ele normalmente olha para o índice de preço a fim de prever lucros para o ano atual e para os próximos dois anos. Está procurando especialmente empresas que estão com preços menores do que dez vezes os lucros nos dois anos a partir de agora.

- Rendimento do fluxo de caixa bem acima das atuais taxas de juros.

- Valor da Empresa[3] (EV, de *Enterprise Value*) em relação ao fluxo de caixa bruto ou EV/EBITDA.[4] EV é ajustado para baixo se houver participações de minoritários e déficits do fundo de pensão. É uma medida examinada por empresas quando avaliam uma aquisição perspectiva, sendo, portanto, útil se você estiver interessado em antecipar potenciais lances de aquisição, como faz Bolton.

- Perspectiva de fluxo de caixa livre por ação.

- Preço de ações em relação às vendas e EV em relação às vendas (especialmente útil para empresas deficitárias ou as com baixos lucros).

- Retorno do fluxo de caixa sobre investimento (CFROI, ou *Cash flow return on investment*). Essa métrica baseia-se em taxas internas de retorno. Se CFROI está acima da "taxa livre de risco", então Bolton espera que a empresa seja negociada com um prêmio sobre o capital investido.

Quando emprega essas métricas, Bolton gosta de voltar 20 anos (se possível) e ver como a avaliação de uma empresa variou com o tempo para ter ideia da variação de avaliações que são normais para o tipo de empresa ou setor. Essa prática é especialmente útil quando as avaliações atuais são anormalmente altas ou baixas. Você aumenta bastante suas chances de ter um investimento bem-sucedido se comprar quando as avaliações estão baixas em relação ao histórico; comprar quando elas estão altas aumenta seu risco de perda. Ele também olha como a empresa está avaliada em relação a seu grupo setorial em um país, região ou no globo.

---

[3] EV é o valor do mercado das ações da empresas mais sua dívida líquida.
[4] EBITDA – Earnings before deduction of interest, tax, depreciation and amortisation (lucros antes de juros, impostos, depreciação e amortização).

Outras medidas que usa em circunstâncias específicas incluem valor de desmantelamento (encerramento e venda forçada dos ativos). É preciso um cuidado com isso, pois, quando o mercado avança, os corretores tendem a ficar cada vez menos conservadores no cálculo do valor de desmantelamento.

É importante usar as medidas corretas para um setor em especial. Por exemplo, para ações de construtoras, o valor do balanço ajustado é apropriado,

> *É importante usar as medidas corretas para um setor em especial.*

enquanto o índice preço/lucro não é, porque os lucros podem subir bastante com vendas isoladas.

As medidas que ele não recomenda

Bolton não é admirador do índice PEG (o índice preço/lucro – P/L – dividido pela taxa de crescimento esperada) porque vê pouca lógica no argumento de que as seguintes três empresas são igualmente atrativas:

- Empresa A: P/L = 5, taxa de crescimento = 5% ao ano.
- Empresa B: P/L = 10, taxa de crescimento = 10% ao ano.
- Empresa C: P/L = 20, taxa de crescimento = 20% ao ano.

Eles têm o mesmo índice PEG, mas Bolton vê a Empresa A como bem mais atrativa porque é muito mais barata em relação a seu fluxo de lucros provado. Muito maior valor de esperança é colocado na taxa de crescimento futura da Empresa C.

A produção de dividendos fornece alguma proteção contra quedas, mas não há muita necessidade de avaliação porque é meramente derivada da medida mais fundamental de lucros.

Bolton tem algum, mas não muito tempo para modelos de desconto de dividendos ou fluxo de caixa descontado porque eles exigem a previsão de dividendos ou fluxos de caixa para pelo menos dez anos consecutivos, assim como uma estimativa do valor terminal. Eles são então todos descontados usando uma taxa de desconto adequada. Diz que é difícil prever os dividendos para os próximos dois ou três anos, muito menos para quatro ou cinco anos no futuro. Com esses modelos, se você fizer pequenas mudanças nas hipóteses, elas podem ter um efeito substancial na avaliação. Enquanto ele usa as técnicas como uma forma de verificação, faz isso conhecendo plenamente suas deficiências.

Tese de investimento

Bolton acredita que toda ação que você possui deve ter uma tese de investimento. Quer dizer, você deve ser capaz de resumir por que possui, ou quer possuir, uma ação em poucas sentenças de forma que seu filho ou filha adolescente pudesse entender.

A tese de investimento deve ser testada novamente em intervalos regulares. Quando testá-la, você deve pensar sobre o que pode levar a ação a se tornar "ruim"; o que pode empurrá-la para baixo? Você consegue apresentar contra-argumentação às pessoas que estão muito mais negativas em relação à ação? Bolton é uma daquelas raras pessoas que vão em busca de provas contrárias – as pessoas são naturalmente inclinadas a procurar evidências que confirmem suas visões atuais, então é preciso muito mais disciplina para encontrar fatos contrários e visões opostas. Por exemplo, ele gosta de ler relatórios de corretores que discordam de sua visão e depois discute com colegas para estabelecer firmemente na mente deles por que pensam que o corretor está errado. É muito importante montar sua convicção sobre uma ação, mas a convicção não deve se desenvolver em obstinação diante de novas informações (negativas) – mantenha a mente aberta.

Mesmo depois de coletar muitos fatos e testar suas visões contra as dos outros, não pense que terá certeza de que está fazendo o tempo todo; as empresas são formadas por uma incerteza inerente, e sua convicção vai crescer e diminuir, e em grande parte do tempo você estará incerto sobre tudo. No entanto, quando tem uma forte convicção então é importante sustentá-la veementemente.

As categorias de ações que ele favorece

Ações recuperadas

São empresas que tiveram desempenho pobre por algum tempo, mas há uma boa razão para acreditar que estão a ponto de melhorar. Os investidores, geralmente, gostam de estar associados a empresas que estão indo bem, o que pode fazer as ações com problemas receberem pouca atenção. Quando uma mudança para melhor ocorre, a maioria dos investidores perde a sua chance de investir quando a avaliação estava baixa.

A mudança pode acontecer por causa de uma nova diretoria, uma reestruturação ou um refinanciamento. Uma área na qual Bolton conseguiu bons resultados foi na compra de ações de empresas saindo de processos de falência, porque essas empresas tendem a ser completamente ignoradas pela maioria dos investidores institucionais.

Ações recuperadas devem ser divididas em dois grupos: as que têm uma marca ou patente forte e as que não têm. Só compre as boas – empresas com franquias fracas nunca vão se recuperar. Com as ações recuperadas, Bolton normalmente começa com pouco – é fácil entrar cedo demais – e, então, conforme sua convicção de que o pior já passou aumenta, ele compra mais ações.

Crescimento não reconhecido

Isso poderia estar em áreas pouco familiares para a maioria dos investidores, como um setor obscuro. Outra possibilidade é a empresa ter uma fabulosa divisão escondida dentro da empresa e obscurecida pelas outras divisões menos atrativas (por exemplo, a Nokia).

Anomalias na avaliação

Por exemplo, uma ação é a mais barata no seu setor mesmo não merecendo isso. Outra possibilidade é que essas ações com pouca negociação se tornem subvalorizadas porque o mercado tende a valorizar muito as ações altamente líquidas e penalizar a falta de liquidez. Bolton concorda com Lynch que as empresas que parecem maçantes, ridículas, em queda ou que estão fazendo algo desagradável são ignoradas pelas instituições, que não investem nelas:

> Sempre começo minha busca entre as ações que os investidores não veem como as mais bonitas, assim se elas mudam – uso minha habilidade para encontrar as que possuem os fatores que poderiam levar a uma mudança – haverá muitos novos compradores para as ações, já que elas se tornam mais atrativas.[5]

Potencial corporativo

Manter as ações em uma empresa que é alvo de compra por uma corporação pode resultar no aumento de preços entre 50% e 100% em uma questão de horas. Bolton tenta identificar essas ações que têm probabilidade de ser objeto de um lance de aquisição. Estar direcionado a trabalhar com empresas pequenas e médias ajuda porque há maior probabilidade de ser alvo do que grandes empresas. Ele olha setores onde futuras consolidações em poucos *players* fazem sentido econômico.

Empresas com só um ou dois grandes acionistas (mas não controladores) têm maior probabilidade de ser vendidas, assim como as controladas por um pequeno grupo de instituições porque quem comprar terá mais possibilidades de conversar com esses *players* centrais e chegar a um acordo. Empresas com muito dinheiro e nenhum acionista controlador também são vulneráveis.

Tome cuidado ao comprar ações porque você recebeu a dica de que a empresa logo será comprada. Prever alvos de Fusões e Aquisições (M&A, ou Mergers & Acquisitions) no curto prazo é muito difícil (se não impossível) sem informações internas e provavelmente levará a taxas maiores para corretores e perdas para o apostador.

---

[5] DAVIES, J. *Investing with Anthony Bolton*, p. 56.

Asset plays

Ele gosta de empresas que vendem com um grande desconto em relação a seus ativos. Um exemplo aqui é a Mersey Docks and Harbour Board, nos anos 1980, que era vista no geral como uma ação muito ruim por causa do forte poder do sindicato e os custos altos das demissões (*redundancy pay* – indenizações garantidas por lei ou contratos) inibiam muito a realização de lucros. Bolton via que a empresa estava em cima de um portfólio de propriedades valioso, já que era dona de quilômetros de terra na orla marinha perto do centro da cidade. Quando o governo Thatcher conseguiu acabar com os custos indenizatórios e enfraqueceu os sindicatos, as ações subiram dez vezes.

Um dos temas do investimento que ele evita é o crescimento das ações. Ele gosta de citar Jeremy Grantham (presidente da GMO – empresa global de gestão de investimentos) sobre o assunto:

> *Um dos temas do investimento que ele evita é o crescimento das ações.*

O crescimento de empresas parece impressionante assim como excitante. Parece ser tão razoável possuí-las, pois trazem pouco risco às carreiras (dos gestores de fundo profissionais). De acordo com isso, elas tiveram um baixo desempenho nos últimos 50 anos, ao redor de 1,5% ao ano. Ações de valor, em contraste, pertencem a empresas maçantes, que estão lutando para se manter ou estão abaixo da média. O desempenho pobre e contínuo parece, olhando para trás, bastante previsível e, portanto, quando isso acontece, traz um sério risco à carreira. Para compensar esse risco e mais baixa qualidade fundamental, as ações de valor tiveram um desempenho superior a 1,5% ao ano.[6]

---

[6] GRANTHAM, G. GMO *Special Topic Letter to the Investment Committee* VIII, jul.

Tabelas/Análise técnica

Quando Bolton está considerando uma ação, ele examina o gráfico de variação do preço mostrando os movimentos dos últimos três ou cinco anos. Gosta de colocar o preço atual no contexto de sua história recente. Uma empresa que chamou sua atenção por causa de seu valor fundamental já poderia ter um bom número de investidores atrás dela. Uma olhada na tabela vai mostrar se outras pessoas chegaram ali antes dele – está chegando muito tarde? Se a ação possui um bom histórico, digamos triplicou ou quadruplicou, muito do potencial já poderia estar no preço e assim poderia se tornar um investimento pobre no futuro. Saber que uma ação aumentou consideravelmente nos anos recentes nem sempre significa exclusão de mais considerações; pode ainda ser uma grande oportunidade, mas ele vai tratá-la como mais arriscada, especialmente se o mercado está no ponto alto e pode estar a ponto de ficar feio.

Bolton usa análise técnica como um exame adicional depois da análise fundamental. Se a análise técnica confirma suas visões fundamentais, ele poderia fazer uma aposta maior do que faria de outra forma. No entanto, se a análise técnica não confirma sua visão positiva fundamental, ele poderia revisar sua tese de investimento sobre uma empresa. Assim, verifica novamente para ver se há alguns fatores negativos que deixou passar. Vai ignorar a visão técnica quando entra em conflito com a visão fundamental se sua convicção é muito forte. Em outros casos, se as visões fundamentais e técnicas entram em conflito, vai fazer uma aposta menor ou reduzir sua posição.

Também usa gráficos para fornecer um sinal de perigo antecipado de que há problemas crescendo em uma empresa em que ele já investiu. Vê a tabela como um resumo de todas as visões fundamentais em uma ação naquele momento em particular que pode às vezes dar um sinal antecipado dos problemas à frente.

Em relação às ações com potencial de recuperação, a tabela de preço das ações pode fornecer uma indicação de uma mudança na tendência, de declínio a subida.

Gerenciar um portfólio

De baixo para cima, mas algum equilíbrio é necessário

Bolton é um investidor que olha para as ações individualmente e investe onde vê valores não reconhecidos (um investidor de baixo para cima), em vez de primeiro alocar fundos a setores ou países antes de selecionar ações ao portfólio. Ele certamente não concorda com a lógica de alocar dinheiro para um setor simplesmente porque outros investidores estão entusiasmados e subiram os preços, fazendo tomar uma alta proporção de todo o mercado. Por exemplo, ele se recusava a alocar muito dinheiro nas ponto com, telecomunicações e setores de mídia em 1999 quando outros gestores de fundos se sentiam obrigados a fazer parte.

Apesar disso, reconhece a necessidade de manter um equilíbrio geral dentro do portfólio, assim, ele não fica muito pesado em um tema, setor ou mercado. Suas regras para isso são: (a) um investimento individual não deveria exceder os 4% do fundo total, exceto em circunstâncias muito raras; (b) não deveria ter mais de 30% de peso em qualquer setor; e (c) não deveria ter mais do que 15% do capital de uma empresa.

Dentro dessas regras, o tamanho de sua aposta em uma ação individual depende de seu "nível de convicção", o tamanho do risco e como ela é comercializável. Para o Special Situations Fund, ele normalmente começava alocando 0,25% do fundo para uma empresa e depois aumentava a porcentagem quando sua convicção crescia (digamos, depois de uma reunião com os diretores). Note que ele dirigia um fundo muito grande, então precisava dividi-lo em 200 ou mais pedaços para alocar as empresas, de outra forma teria uma proporção excessiva das ações de uma empresa pequena. Nos primeiros dias, quando dirigia um fundo menor, ele alocava os recursos em somente 30-40 empresas, assim os investimentos individuais significavam uma proporção maior do fundo.

Bolton não faz grandes ajustes ao tamanho dos seus investimentos de uma vez. Ele tem uma abordagem incremental.

Começar um portfólio do zero

A cada mês, Bolton pega um pedaço de papel e divide em cinco colunas, marcando no alto: "importante comprar", "comprar", "manter", "reduzir" e "?". Então, ele lista toda empresa do fundo embaixo de um dos títulos. Essa técnica é uma forma de "começar um portfólio do zero" – se estivesse começando agora com dinheiro, como você o alocaria em ações? Isso o ajuda a questionar seu nível de convicção. Em alguns casos, vai ressaltar a necessidade de fazer mais um pouco de investigação para deixar claro que realmente entende os pontos positivos e negativos, e onde mais informações devem ser procuradas (de analistas e da direção da empresa).

Erros são inevitáveis

Ao dirigir um portfólio, Bolton diz que você precisa estar consciente de que uma proporção substancial das suas decisões de investimentos acabará sendo ruim por mais habilidoso que seja – não dá para esperar estar certo o tempo todo. Envolver-se na administração de um portfólio é cometer erros regularmente. Se você conseguir manter os erros a somente 40-45% das suas decisões, terá conseguido uma boa taxa; uma que é superior à da maioria dos investidores. Você só precisa de alguns poucos vencedores para ter um bom desempenho – tentar vencer sem perder muito. Mesmo com toda a sua experiência, Bolton avaliava que pelo menos duas em cada cinco de suas decisões de investimentos são erradas.

Lista de empresas sob observação

Bolton mantém uma lista com empresas que ele acha que poderiam ser candidatas a serem compradas um dia, mas para as quais ele ainda não desenvolveu convicção suficiente a ponto de agir. Ele possui pilhas de informações de empresas (relatórios anuais, relatório de analistas, notas de reuniões etc.) organizadas alfabeticamente em suas estantes. Uma vez por trimestre ele as revisa para ver se quer manter a empresa em sua lista de empresas sob observação.

Equilíbrio entre investimentos ofensivos e defensivos

Investimento ofensivo é o que procura novos investimentos potenciais, enquanto o investimento defensivo está monitorando e administrando seus investimentos existentes. Você precisa manter um equilíbrio entre os dois – pode ser muito fácil cair no hábito de lidar com o gerenciamento do dia a dia das ações existentes e diminuir o tempo disponível para examinar o horizonte procurando novidades: separe um pouco de tempo para os investimentos ofensivos.

Quando vender

Encontrar um preço anômalo é uma coisa; saber quando o mercado vai corrigi-lo é outra. Assim, Bolton concede a si mesmo bastante tempo: ele espera que seja entre um e dois anos, com 18 meses como média, mas está preparado para esperar muitos anos até que uma tese seja confirmada.

Outros analistas e gestores de fundos estão procurando um sinal de um "catalisador" de curto prazo que vai corrigir o preço anômalo, mas Bolton avisa que é muito incomum que observem uma anomalia significativa e ao mesmo tempo o catalisador que vai corrigi-la. Ele afirma que, se o catalisador fosse também óbvio, a anomalia não estaria ali, para começar.

> *Se a ação não está mais na lista de compras e está provavelmente na de venda, então uma ação rápida para cortar as perdas é necessária.*

As primeiras duas regras de venda são (1) evite ter uma ligação emocional com uma ação que iniba sua venda, e (2) esqueça o preço que você pagou por uma ação. Para ajudar a lutar contra essas duas tendências psicológicas regularmente, verifique a tese de investimento. Se a ação não está mais na lista de compras e está provavelmente na de venda, é necessária uma ação rápida para cortar as perdas.

As razões para vender:

- Se a tese de investimento não é mais válida devido a algumas mudanças nas circunstâncias. Ele não estabelece alvos de preços para cada ação, mas verifica regularmente a tese de investimento para analisar seu nível de convicção. Os alvos de preço são simplesmente muito precisos em um processo – mudar os valores de investimentos – que deve ser exato. Ele concede que intervalos de preços podem fazer algum sentido.

- Se encontra algo melhor. Ele está constantemente olhando empresas parecidas às que estão no fundo e comparando as duas.

Atributos pessoais

Bolton acredita que há certos atributos centrais exigidos para ser um bom investidor.

Bom senso

É vital ser capaz de pensar de maneira lógica e objetiva. Ser capaz de voltar aos princípios e reduzir uma história complexa de modo que seus elementos essenciais fiquem mais evidentes na sua mente; ver a floresta e não as árvores.

Bom senso é exigido quando algo parece muito bom para ser verdade. Se o suposto "bom" vem de estruturas complexas que você não consegue compreender, fique longe delas. Por exemplo, quando todo o resto está entrando, Bolton olhava para as *constant proportion debt obligations* (CPDOs) e não conseguia entender como elas funcionavam, por isso, as evitava.

Seja inteligente em relação a ganhar um senso contido de suas próprias habilidades – não seja exageradamente confiante. Por exemplo, não tenha uma opinião superinflada de seu gênio quando passou por um bom período – algumas das suas ações com melhor desempenho poderiam ter sido escolhidas por acaso da mesma forma! Todavia, não subestime suas capacidades ao focar em um desempenho ruim de curto prazo. Por curtos períodos de tempo é muito difícil diferenciar entre sorte e julgamento. Resumidamente, Bolton está falando de três anos seguidos. Esse ponto de vista ajuda a colocar em perspectiva a prática comum de julgar gestores de fundo sobre um período de três meses, que é absurdamente curto. Até investidores muito habilidosos precisam de tempo para que as probabilidades trabalhem a seu favor. Eles também precisam se acostumar a ter anos de mau desempenho. O próprio Bolton teve três seguidos: 1989, 1990 e 1991.

Temperamento

Da mesma forma que Warren Buffett e Peter Lynch, Bolton vê o temperamento como mais importante do que o Q.I. quando se dirige um portfólio. Um nível alto de inteligência razoavelmente é necessário, claro, mas um Q.I. muito alto sem o temperamento certo é perigoso.

Um temperamento de humildade é uma qualidade central, assim, os erros podem ser feitos e aceitos como parte integral de ser um investidor; esteja preparado para desenvolver sua humildade, a partir dos erros e não ficar bravo por causa deles. Temperamento humilde, mente aberta e questionamento acabam revelando oportunidades.

Você precisa ser capaz de aceitar contratempos periodicamente. Não pode se posicionar de modo muito sentimental sobre as dificuldades. O investimento é um jogo de probabilidades. O investidor que acerta todo tempo simplesmente não existe; o melhor que podemos esperar é cometer menos erros do que nossos concorrentes. Se você tem medo de cometer erros, há perigo de adotar uma postura que é tão defensiva que você teria um desempenho lamentavelmente fraco.

Compromisso e organização

Investir pode (e deve) ser tão envolvente que você se torna quase fanático sobre isso:

> Investir é algo contínuo e intangível. Não há começo ou fim, sempre há algo novo que precisa ser encontrado. Acho que você precisa estar completamente envolvido para fazer isso bem. Se olhar para os gestores de investimento que admiro, nenhum deles trabalha meio período.[7]

As informações chegarão ao investidor de forma desestruturada e é importante que exista disciplina no processo de organizá-las para produzir um *insight* cristalino. Não deixe que os eventos impulsionem sua agenda. Distribua diferentes partes do dia para diferentes tarefas – só uma pequena parte será para responder a eventos. Não passe horas olhando o site da Reuters ou do Bloomberg; é normalmente desnecessário conhecer os últimos movimentos no mercado e pode-se perder muito tempo.

Independência de pensamento

Bons gestores de investimento pensam de forma independente, estando dispostos a desafiar a sabedoria convencional. É um desejo humano natural querer ser parte da multidão, então é necessário uma quantidade significativa de esforço para separar as evidências e chegar a uma conclusão própria; às vezes (na maioria das vezes) você vai concordar com a multidão,

---

[7] Anthony Bolton citado em: DAVIES, J. *Investing with Anthony Bolton*, p. 6.

mas em outras terá uma visão diferente. Bolton afirmava que sua postura do contra tinha sido especialmente útil nos momentos de mudança no mercado quando a tendência natural para ir com a multidão em seu pessimismo ou otimismo extremo é forte, mas a coisa mais errada a fazer. Independência de pensamento pode ser desenvolvida com maior experiência; você vai começar a reconhecer padrões similares àqueles que ocorreram no passado – padrões de comportamento de multidão, ondas e modas. Como Mark Twain dizia: "A história nunca se repete, mas às vezes rima".

Flexibilidade

Bolton defende uma "convicção flexível", quer dizer, a capacidade de mudar visões conforme os fatos mudam. Ter plena certeza baseando-se em conclusões anteriores é perder a mentalidade aberta necessária a um bom investidor. O mundo real está sujeito a mudanças constantes e assim há um desafio constante para se manter no alto. Por exemplo, a Apple pode ter muito sucesso com seu último aparelho esse ano, mas os competidores vão criar um produto melhor no ano que vem? Você deve manter-se em dia com a mudança do clima e não se apaixonar pelo que funcionou no ano passado ou no anterior.

O observador

Investimento, segundo Bolton, é como xadrez, já que é necessário ver alguns movimentos à frente dos concorrentes. Pense nos efeitos secundários da mudança atual. Por exemplo, todo mundo pode imediatamente ver que um dólar em ascensão contra a libra é boa notícia para os fabricantes baseados no Reino Unido exportando aos Estados Unidos. O que não é tão óbvio é o impacto sobre o setor de refinaria de petróleo pelo fato de que o preço do petróleo é negociado em dólares. E então existe o impacto sobre a inflação uns poucos meses depois, que tem um impacto sobre as taxas de juros, que podem afetar os lucros da empresa. O pensamento lateral é geralmente exigido para ver coisas de forma diferente, levando ao desenvolvimento de uma visão perceptiva que não pode ser compreendida por pensadores lineares.

Louco por análise

Você precisa ter uma mente curiosa, querendo saber como as coisas funcionam e qual é o processo subjacente ao resultado final de uma empresa. Assim, bons gestores de fundo tendem a ser aqueles que não vão simplesmente ligar o interruptor da luz e aceitar o resultado. Eles vão querer saber o que está por trás do processo: como a eletricidade flui? Como funciona uma lâmpada? Eles não querem ser apresentados só com as conclusões, mas gostam de conhecer o processo usado para chegar ali. São inquisidores, sempre questionadores e sempre pensativos.

O generalista detalhista

É necessário manter um conhecimento razoável de uma ampla variedade de setores e empresas. Isso ajuda a tomar decisões rápidas sobre uma empresa ou setor em poucas horas, permitindo uma construção rápida de conhecimento especializado quando surge a necessidade. Isso também ajuda a fornecer perspectiva sobre empresas e setores nos quais já existe um compromisso.

Conheça a si mesmo

Conheça seus pontos fortes e fracos, e compense-os. Dadas suas limitações e talentos, você deveria escolher um estilo de investimento conveniente:

> Há muitas abordagens para ganhar dinheiro no mercado de ações, e o gestor do portfólio precisa ser capaz de estabelecer o que funciona para eles pessoalmente e então apegar-se a isso. Não acredito que um gestor possa ser um coringa de todas as indústrias, trabalhando com diferentes abordagens ao longo do tempo.[8]

---

[8]   BOLTON, A. *Investing against the tide*, p. 156.

Integridade

Seja honesto com investidores, empresas e colegas – e seja honesto consigo mesmo.

O que não fazer

Não fique obcecado com o preço que você pagou pelas ações

O que você originalmente pagou pelas ações é totalmente irrelevante em sua decisão sobre o que fazer neste momento. Isso é especialmente verdadeiro se tiver de tomar a decisão de cortar as perdas, o que pode ser psicologicamente difícil.

Não tente adivinhar para onde está indo o mercado no curto prazo

Antecipar o mercado – entrar pouco antes de uma subida e sair pouco antes de uma queda – é incrivelmente difícil. Há poucas ocasiões durante toda uma carreira de investimentos em que Bolton sentiu-se seguro em relação à direção provável. E mesmo então ele não apostaria muito nessa visão.

Depois de décadas de experiência, Bolton concluiu que a direção do mercado nos próximos meses não pode ser prevista com consistência. Ele nos aconselha a nem tentar adivinhar o melhor momento para comprar ou vender ações. Ao tentar fazer isso, você provavelmente cairá na armadilha de ficar mais otimista quando o mercado sobe e mais pessimista quando o mercado cai. Quando o mercado está no alto, você vai ouvir todo tipo de argumentos persuasivos sobre um futuro cor-de-rosa, quando no fundo haverá uma infinidade de histórias tristes e destruidoras. Melhor do que isso é se concentrar em analisar empresas individuais e comprá-las quando tiverem um bom valor.

Ele nos aconselha a nem tentar adivinhar o melhor momento para comprar ou vender ações.

Não reduza suas fontes de ideias de um investimento

Ideias podem nascer em muitos lugares, então não fique muito preso às mesmas rotinas e material de leitura. Bolton gosta especialmente de fontes de informação não usadas pelas instituições de investimentos, ganhando, assim, uma vantagem sobre os outros.

Não siga a multidão

Se você está fazendo confortavelmente o mesmo que a multidão, está provavelmente atrasado:

> Quando quase todo mundo é cauteloso em relação às perspectivas, provavelmente estão errados, e as coisas vão melhorar. Da mesma forma, quando poucos estão preocupados, esse é o momento de ficar mais cauteloso. O mercado de ações é um excelente mecanismo de compensação. Quando todo mundo está preocupado sobre algo, é normalmente por causa do preço.[9]

Apesar de ser importante fazer sua própria análise e criar sua base, é igualmente importante ouvir o mercado – geralmente ele está certo.

Não coloque muito peso nas previsões macroeconômicas

Olhe além das projeções econômicas dos próximos dois anos. É muito frequente que o curto prazo possa parecer terrível quando o fundo do mercado de ações é alcançado; e pode parecer ótimo quando ele alcança seu pico e está a ponto de cair. Bolton sente-se desconfortável em visualizar as variáveis macroeconômicas porque não se vê como alguém que possui uma vantagem nas informações aqui; há centenas de outras pessoas olhando para esses dados, por que ele seria melhor que os outros? Entretanto, quando se trata de empresas individuais (especialmente as pequenas), ele

---

[9] Escrito por Anthony Bolton em: DAVIES, J. *Investing with Anthony Bolton*, p. 80.

ganha uma boa vantagem. Pode sair de uma reunião com os gestores seniores sentindo que sabe mais sobre essa empresa do que qualquer outro. Ele só aposta em coisas em que possui alguma vantagem sobre os outros e apostar em mudanças macroeconômicas não é uma delas.

Depois de dizer isso, há ocasiões em que ele vai ajustar seu portfólio ao ciclo do mercado de ações, que está normalmente ligado ao ciclo econômico. Por exemplo, quando julga que estamos em estágios avançados de um mercado em ascensão, assume um curso prudente e reduz alguns dos investimentos de maior risco, assim como aqueles que foram especialmente bem durante o período de ascensão. Essa atitude continua até acreditar que a tendência mudou e então começa a aceitar mais riscos.

Não compre por impulso ou dicas

Invista onde você tem uma vantagem competitiva baseada na sua capacidade de analisar uma empresa, não por uma extravagância ou dica de um amigo, jornal ou corretor.

Evite as ações cujo ganho está ligado à animação do mercado

Ações que têm um grande impulso positivo, sustentado por pessoas achando que podem vender a um preço maior porque a animação atual vai manter as ações avançando (em vez de se basear em qualidades fundamentais) devem ser mantidas a distância segura.

Não ignore uma evidência refutatória

Depois que uma ação é comprada há uma tendência humana natural a evitar olhar ou ignorar evidências que não confirmem nossa tese de investimento original; temos uma aversão psicológica à ideia de que tomamos uma decisão errada. Mantenha a mente aberta para ser receptivo a evidências refutatórias:

> Não seja muito cabeça dura sobre suas visões, mas não perca todas suas
> convicções. Idealmente, seu nível de convicção deve estar ao redor de

50% (em que 0% é igual a nenhuma convicção e 100% significa que você está tão convencido que deve nunca mudar sua visão).[10]

Esteja preparado para aceitar críticas

Você deve permanecer com a cabeça aberta quando ouvir conselhos de outros sobre o motivo de estar indo bem. Colegas podem ser capazes de ver mais claramente o que você está fazendo errado; procure conselhos e esteja preparado para aceitar críticas.

Seja cauteloso com ações de IPO [Oferta Pública Inicial]

Ações em uma IPO estão normalmente "precificadas para o vendedor, não para o comprador" e assim a maioria delas deve ser evitada.

Contratempos e dificuldades com esta postura

Como em todos os métodos usados por grandes investidores para terem melhor desempenho, o de Anthony Bolton exige muito esforço. Isso significa muito trabalho de base antes mesmo de conhecer os diretores, e depois reuniões regulares com os executivos antes e depois da compra. Isso levanta outra questão a muitos investidores: a menos que estejamos dirigindo fundos multibilionários, não seremos capazes de ter reuniões individuais como as que Bolton pode conseguir. Além do mais, a profundidade do conhecimento da situação econômica do setor, a estratégia corporativa e a contabilidade necessárias excluem muitas pessoas que não conseguirão copiá-lo.

Pontos centrais para levar em conta

- Procure situações especiais: empresas pouco amadas, desfavorecidas ou passando por um período de mudança.

---

[10] BOLTON, A. *Investing against the tide*, p. 145.

- Use o método de baixo para cima: avalie a empresa, procure uma marca ou patente forte.

- Tenha fortes níveis de convicção sobre as empresas: compre ou venda baseando-se nos níveis de convicção relativos.

- Todas as empresas nas quais você investe devem ter diretores com integridade e competência, baixas dívidas e boa geração de caixa.

- Desenvolva uma tese de investimento (justificativa rápida e fácil de entender) para toda empresa que está pensando em comprar.

- Para começar do zero, simule um portfólio que seja revisado todo mês.

- Mantenha uma lista de observação com potenciais candidatos a investimento.

- Mantenha uma mente independente, aceite seus erros e mantenha a curiosidade sobre como as coisas funcionam.

- Não tente adivinhar para onde vai o mercado ou a economia nos próximos meses.

- Mantenha a mente aberta para evidências e críticas refutatórias.

Um retorno ao investimento

Com o Special Situations Fund, Bolton tinha a permissão de investir até 20% do dinheiro em ações de fora do Reino Unido. Nos últimos dias do fundo, quase um quarto desses 20% ia para China, em Hong Kong. Ele escreveu em 2004 que:

> A China me interessa por três razões. A primeira é que é um dos lugares mais excitantes que já vi para encontrar novas ações, nos últimos tempos. A segunda é que a China se tornou um fator muito importante em determinar o que acontece com o resto do mundo do ponto de vista dos investimentos. Ir até lá e descobrir o que está acontecendo

me dá uma boa chance de estabelecer uma vantagem sobre outros investidores. Finalmente, tendo deixado minhas responsabilidades europeias, descobrir uma nova área é, em si mesmo, um novo desafio mental, algo para me manter interessado e alerta.[11]

Em 2009, ele não pôde resistir ao mercado chinês e anunciou que voltaria ao investimento profissional. Tinha passado alguns anos satisfazendo sua paixão pela música e até lançou um CD com seu trabalho (*My Beloved*). Tinha aconselhado generosamente os leitores do *Financial Times* e se tornado um reconhecido guru do mundo do investimento. Mas agora queria voltar à briga. Com seu título de "Presidente de Investimentos do Fidelity", começou uma nova vida em Hong Kong, para dirigir um novo fundo focado na China. Seu intelecto incansável e a necessidade de um desafio mental não permitem que ele descanse em uma aposentadoria calma. Vê que o centro de gravidade está claramente mudando para o Oriente e quer ser parte do processo. Vê que a trajetória da China é parecida com a de Taiwan ou a da Coreia do Sul nos anos 1980 e 1990 ou a do Japão nos 1960.

> Muitas áreas da economia estão na parte mais elevada de sua curva de desenvolvimento com a renda dos consumidores chegando a um nível em que um maior número de pessoas pode aspirar a comprar casas, carros e outros bens materiais. Por causa da escala do que está acontecendo e da efetividade de uma economia centralmente dirigida, que outros mercados emergentes não possuem, o mundo pode nunca ver nada parecido outra vez. É por tudo isso que estou adiando minha aposentadoria e voltando a administrar dinheiro. Estou convencido das oportunidades existentes na China hoje.[12]

---

[11] Anthony Bolton citado em: DAVIES, J. *Investing with Anthony Bolton*, p. 30.
[12] Escrito por Anthony Bolton em: Why I'm returning to running money – in China. *Financial Times*, 28 nov. 2009, p. 8.

AGRADECIMENTOS

Gostaria de agradecer às seguintes pessoas:

- Susan Henton e Rebecca Devlin, minhas assistentes pessoais, que contribuíram muito para a redação deste livro.

- Christopher Cudmore, editor-sênior da FT Prentice Hall, que teve grande fé no projeto e ajudou a melhorar os capítulos, além de toda a equipe na FT Prentice Hall, que contribuiu de muitas maneiras para a criação deste livro.

Agradecimentos do Editor

Estamos gratos às seguintes pessoas pela permissão de reproduzir material com direitos autorais:

- Extrato de uma entrevista com John Templeton no *Financial Post*, 25 de maio de 1987, p. 25 (Toronto);

- Uma entrevista com o professor Eric Kirzner, Universidade de Waterloo;

- Trechos do livro *O jeito Peter Lynch de investir*, de Peter Lynch com John Rothchild.

Em alguns casos, não conseguimos encontrar os donos do material com direito autoral e agradeceríamos qualquer informação que pudesse ajudar nesse sentido. Todo esforço foi feito para encontrá-los e pedimos desculpas a qualquer omissão não intencional. Ficaríamos felizes em inserir o agradecimento apropriado nas edições subsequentes desta publicação.

▪ REFERÊNCIAS ▪

Capítulo 1: Benjamin Graham

- BIANCO, A. Why Warren Buffett is breaking his own rules. *BusinessWeek*, 15 abr. 1985.

- Discurso de Warren Buffett na New York Society of Security Analysis em 6 de dezembro de 1994.

- BUFFETT, W. E. Carta aos acionistas. Disponível em: http://www.berkshirehathaway.com, 1989.

- GRAHAM, B. Is American business worth more dead than alive? Inflated treasuries and deflated stocks: are corporations milking their owners? *Forbes*, 1º jun. 1932.

- GRAHAM, B. *The Intelligent Investor*. 4ed. Nova York: HarperBusiness, 1997. [Ed. bras. *O investidor inteligente*. Rio de Janeiro: HarperCollins Brasil, 2017.]

- GRAHAM, B. *The Intelligent Investor*. Ed. rev. com comentários de Jason Zweig. Nova York: Harper Business Essentials, 2003.

- GRAHAM, B. *The memoirs of the dean of Wall Street*. Nova York: McGraw-Hill, 1996.

- GRAHAM, B.; DODD, D. *Security analysis*. Nova York: McGraw-Hill, 1934.

- GRAHAM, B.; MEREDITH, Spencer B. *A interpretação das demonstrações financeiras*. São Paulo: Saraiva, 2011.

- LENZNER, R. Warren Buffett's idea of heaven: I don't have to work with people I don't like. *Forbes 400*, 18 out. 1993.

- LOWE, J. *Lessons from the dean of Wall Street*. Dearborn Financial Publishing, Inc., 1994.

- LOWE, J. *The rediscovered Benjamin Graham*. Nova York: John Wiley and Sons Inc., 1999.

Capítulo 2: Philip Fisher

- FISHER, P. *Common Stocks, Uncommon Profits*. Nova York: John Wiley & Sons, 1996. [Ed. bras.: *Ações comuns, lucros extraordinários*. São Paulo: Benvirá, 2021.]

- FISHER, P. *Conservative Investors Sleep Well*. Nova York: John Wiley & Sons, 1996. [Ed. bras.: faz parte da obra *Ações comuns, lucros extraordinários*. São Paulo: Benvirá, 2021.]

- FISHER, P. *Developing an Investment Philosophy*. Nova York: John Wiley & Sons, 1996. [Ed. bras.: faz parte da obra *Ações comuns, lucros extraordinários*. São Paulo: Benvirá, 2021.].]

Capítulo 3: Warren Buffett e Charles Munger

- BAER, J. Man on the money with Buffett. *Financial Times*, 13 jul. 2008.

- BUFFETT, W. E. Carta aos sócios ao Buffett Partnership, 1967.

- BUFFETT, W. E. *Investing in equity markets*. Citado na Columbia University Business School – transcrição de um seminário realizado em 13 mar. 1985.

- BUFFETT, W. E. Carta aos acionistas incluída 1977-1999. Disponível em: http://www.berkshirehathaway.com.

- BUFFETT, W. E. The superinvestors of Graham-and-Doddsille. Transcrito em: *Hermes*, revista da Columbia Business School, outono de 1984. In: GRAHAM, B. *The Intelligent Investor*. 4ed. Nova York: HarperBusiness, 1997. [Ed. bras. *O investidor inteligente*. Rio de Janeiro: HarperCollins Brasil, 2017.]

- BUFFETT, W. E. *Warren Buffett talks business*. The University of North Carolina, Center for Public Television, Chapel Hill, 1995.

- DAVIS, L. J. Buffett takes stock. *New York Times Magazine*, 1º abr. 1990.

- DICKSON, M. Lessons from history: on Berkshire Hathaway's plan to buy the rest of GEICO. *Financial Times*, 28 ago. 1995.

- DORR, R. Ex-omahan traded law for board room. *Omaha World-Herald*, 3 ago. 1977.

- GRANT, L. The US$ 4 billion regular guy. *Los Angeles Times*, 7 abr. 1991.

- LENZNER, R. Warren Buffett's idea of heaven: I don't have to work with people I don't like. *Forbes 400*, 18 out. 1993.

- LEWIS, W. The dream team's realist'. *Financial Times*, 13 maio 1998.

- LOOMIS, C. J. The inside story of Warren Buffett. *Fortune*, 11 abr. 1988.

- LOWE, J. *Warren Buffett speaks*. Nova York: John Wiley and Sons Ltd., 1997.

- LOWENSTEIN, R. *The Making of an American Capitalist*. Nova York: Random House, 1995. [Ed. bras.: *Buffett: a formação de um capitalista americano*. Rio de Janeiro: Nova Fronteira, 1995.]

- MUNGER, C. Relatório anual da corporação financeira Wesco, 1989.

- MUNGER, C. T.; KOEPPEL, D. A. 1982 Annual Report of Blue Chip Stamps.

- *New York Post*. Warren Buffett Triples Profits. 14 maio 1994.

- RASMUSSEN, J. Billionaire talks strategy with students. *Omaha World-Herald*, 2 jan. 1994.

- SCHROEDER, A. *The Snowball: Warren Buffett and the Business of Life*. Londres: Bloomsbury, 2008. [Ed. bras.: *A bola de neve:* Warren Buffett e o negócio. Rio de Janeiro: Sextante, 2008.]

- SMITH, A. *Super money*. Nova York: Random House, 1972.

- TRAIN, J. *The Midas Touch*. Nova York: Harper and Row, 1987. [Ed. bras.: *O toque de Midas*. Rio de Janeiro: Best Seller, 2009.]

- URRY, M. The US$ 45 bn man makes his pitch. *Financial Times*, Weekend Money, 11/12 maio 1996.

Capítulo 4: **John Templeton**

- ALEXANDER, D. The Marco Polo of the class of 1934: Sir John Templeton. *The American Oxonian Journal*, 2004.

- *Barclays Capital*. Equity Gilt Study, 2009.

- BARTIROMO, M. *CNBC show Market Week with Maria*, 20 maio 2002.

- BLOOMFIELD, P. Depressed markets draw Templeton's eye. *The Financial Post* (Toronto, Canadá), 28 maio 1993.

- BRACKEY, H. J. Merger creates fund giant/Templeton, Franklin in deal. *USA Today*, 3 ago. 1992.

- CAWFIELD, D. Don't put all your eggs in the wrong basket. *The Toronto Star*, 20 jul. 2003.

- DE LOLLIS, B. Sir John Templeton, titan of investing, declared craze for Internet stocks history. *The Miami Herald*, 18 abr. 2000.

- GOOLD, D. Market watch value investing the Templeton way. *The Globe and Mail* (Canadá), 19 jul. 1996.

- HEMEON, J. Sir John favors Canadian stocks "They represent the best bargains", Templeton says. *The Toronto Star*, 27 jul. 1995.

- HERRMAN, R. *Sir John Templeton*. Philadelphia & London: Templeton Foundation Press, 1998.

- JOHN TEMPLETON FOUNDATION. Disponível em: http://www.templeton.org.

- KIRZNER, E. Gospel according to Templeton. *The Financial Post* (Toronto, Canadá), 25 maio 1987.

- MARCIAL, G. G. I have never seen so many stocks... so undervalued. *BusinessWeek*, 5 nov. 1990.

- MCINTOSH, A. Templeton turns mishap into gains. *The Globe and Mail* (Canadá), 25 jul. 1985.

- PROCTOR, W. *The Templeton touch*. Nova York: Doubleday & Company Inc., 1983.

- ROSS, N. *Lessons from the legends of Wall Street*. Nova York: MJF Books, 2000.

- RUBIN, S. Sir John's outlook: for a career pessimist, fund titan is unabashedly optimistic'. *The Record* (Kitchener-Waterloo Ontário), 6 ago. 1996.

- SIR JOHN'S GAME PLAN. Templeton is still backing stocks with fundamental value. *Equity International*, 1º jun. 1988.

- TAKING ADVANTAGE OF A TEMPORARY INSANITY. *The Business Times*, Cingapura, 23 maio 2001.

- TEMPLETON, J. M.; ELLISON, J. *The Templeton plan*. Nova York: HarperPaperbacks, 1992.

- TEMPLETON, L. C.; PHILLIPS, S. *Investing the Templeton way*, Nova York: McGraw-Hill, 2008.

- TEMPLETON'S CREED. *Business Magazine*, 2 nov. 1989.

Capítulo 5: **George Soros**

- FREELAND, C. The credit crunch according to Soros. *Financial Times*, 31 jan. 2009.

- KAUFMAN, M. T. *Soros*. Nova York: Vintage Books, 2002. [Ed. bras.: *Soros: a vida de um bilionário messiânico*. Rio de Janeiro: Imago, 2003.]

- SLATER, R. *Soros: The World's Most Influential Investor*. Nova York: McGraw-Hill, 2009. [Ed. bras.: *George Soros: definitivo*. Rio de Janeiro: Campus, 2009.]

- SOROS, G. *The Alchemy of Finance*. Nova York: John Wiley & Sons, 1994. [Ed. bras.: *A alquimia das finanças*. Rio de Janeiro: Nova Fronteira, 1994.]

- SOROS, G. *Soros on Soros*. Nova York: John Wiley & Sons Inc., 1995.

- SOROS, G. *The crash of 2008 and what it means*. Nova York: PublicAffairs, 2008.

Capítulo 6: **Peter Lynch**

- LYNCH, P.; ROTHCHILD, R. *One Up On Wall Street*. Nova York: Simon & Schuster, 1989. [Ed. bras.: *O jeito Peter Lynch de investir*. São Paulo: Benvirá, 2019.]

- LYNCH, P. *Beating the street*. Nova York: Simon & Schuster, 1994.

Capítulo 7: **John Neff**

- NEFF, J.; MINTZ, S. L. *John Neff on investing*. Nova York: John Wiley & Sons, Inc., 1999.

Capítulo 8: **Anthony Bolton**

- BOLTON, A. Heed the alarms. *Financial Times*, 2 maio 2009.

- BOLTON, A. *Investing against the tide*. Harlow: FT Prentice Hall, 2009.

- BOLTON, A. Why I'm returning to running money – in China. *Financial Times*, 28 nov. 2009.

- DAVIES, J. *Investing with Anthony Bolton*. Harriman House, 2004.

- TUCKER, S. Fidelity's Bolton turns back on retirement to set up China fund. *Financial Times*, 27 nov. 2009.